Gregg Braden

Das Erwachen der neuen Erde

Die Rückkehr einer vergessenen Dimension

Gregg Braden

Das Erwachen der neuen Erde

Die Rückkehr einer vergessenen Dimension

HANS-NIETSCH-VERLAG

Übersetzt aus dem Amerikanischen
von Olaf Baumunk
Bearbeitung und Lektorat: Ulrich Arndt

Titel der Originalausgabe:
AWAKENING TO ZERO POINT: The Collective Initiation
© 1993 by Gregg Braden
All rights reserved
Translation rights arranged with
Radio Bookstore Press, Bellevue, USA

1. Auflage 4/99
2. Auflage 4/00

Deutsche Ausgabe:
© 1999 by Hans-Nietsch-Verlag
Alle Rechte vorbehalten

Umschlaggestaltung: Titusz Pan / Doris Arndt
Satz und Innengestaltung: Hans-Nietsch-Verlag

Hans-Nietsch-Verlag, Poststraße 3, D-79098 Freiburg
E-Mail: info@nietsch.de; Internet: www.nietsch.de

ISBN 3-929475-85-5

INHALT

	Widmung	6
	Danksagung	7
	Gebet für innere Klarheit	9
	Das Null-Punkt-Phänomen	11
	Vorwort des Autors	19

Einführung	**Die kollektive Einweihung**	
	Die Anfänge	21
Kap. I	**Die Zeitenwende**	
	Das Erwachen der neuen Erde	33
Kap. II	**Die Sprache der Schöpfung**	
	Materie, Energie und Licht	98
Kap. III	**Interdimensionale Schaltkreise**	
	Die Struktur unseres Bewußtseins	146
Kap. IV	**Kornkreise**	
	Die Resonanzsymbole des Wandels	167
Kap. V	**Die Botschaft des Null-Punkts**	
	Der „Universale Christus"	198
Kap. VI	**Die Illusion des Getrenntseins**	
	Die holographische Botschaft der Wahrheit	224
Kap. VII	**Erwachen am Null-Punkt**	
	Die zentralen Thesen und Fakten	
	zum Wandel	231

WIDMUNG

Diese Arbeit widme ich mit größter Liebe
und in höchster Wahrheit euch,
die ihr fern der Heimat weilt,
unaussprechliche Freuden kennt
und großen Schmerz ertragt
und so diese Erderfahrung ermöglicht.
Eure Integrität ist unübertrefflich,
eure Gesellschaft eine Ehre.

AW RA
Die Auferstehung des Lichts.

VEY ATA TIM SHAL BOW
Ein unermeßliches Feld des Wissens und
der Meditation hat sich geöffnet.

TOW VA AW RA
Das große Licht leuchtet wieder.

(Einweihungsspruch aus einem
alten hebräischen Text)

DANKSAGUNG

Es ist mir nicht möglich, alle namentlich aufzuzählen, die an der Entstehung von *Das Erwachen der neuen Erde* beteiligt waren. Jeder einzelne, dessen Lebensweg auch Teil meines Weges wurde, hat auf seine Weise zu diesem Buch beigetragen. Jeder war mein Lehrer auf dem Weg, den wir zusammen gingen. Ich möchte meinen Dank speziell an die richten, die an meine Arbeit geglaubt haben und dann geduldig warten mußten, weil das Originalmanuskript 1991 auf mysteriöse Weise verschwand. Eure Unterstützung und eure Ehrlichkeit werden in einigen Passagen in *Das Erwachen der neuen Erde* reflektiert.

An einem entscheidenden Dreh- und Angelpunkt meines Lebens wurden mir zwei wichtige Menschen vorgestellt, die heute noch meine Freunde sind. Hiermit möchte ich meinen Dank aussprechen an:

Drunvalo Melchizedek für die Reinheit, mit der du gibst, lebst und deine Wahrheit teilst, die Wahrheit des Drunvalo. Dank sei dir für deine großzügigen Workshops „Flower of Life" und „Mer-Ka-Ba" und deine Beiträge für diese Arbeit. Mein größter Dank gilt deiner Freundschaft.

Sananda Ra für deine Musik, deinen Sinn für Abenteuer und Freundschaft. Du inspiriertest mich, die heiligen Stätten der Erde zu besuchen und andere dorthin zu führen.

Sharon und **Duaine Warren** und dem **CCCS** für eure ehrliche Unterstützung. Es war für mich von unschätzbarem Wert, was ihr an Zeit und Bereitschaft investieren konntet. Eure Freundschaft ist mir eine große Ehre.

Gil und **Carol Gray** für eure Unterstützung, eure Beiträge und eure Ermutigungen in den Jahren der Herausforderung. Unsere Zeit zusammen und unsere Freundschaft liegen gut behütet tief in meinem Herzen.

Meine Mutter **Silvia Braden** für deine Geduld in der Phase meiner Persönlichkeitsbildung und für deine Akzeptanz neuer Ideen. Deine Liebe bedeutet mir mehr, als ich je ausdrücken konnte.

Alex Gray für deine Bereitschaft, uns durch die visionäre Kunst deiner „Heiligen Spiegel" an deiner Suche nach dem Sinn des Lebens teilhaben zu lassen. Alex, durch deine Großzügigkeit konnten auch andere Menschen mitarbeiten und etwas „Lebendiges" in ihrem Leben erfahren.

Dan Winter für deinen Beitrag „Alphabet des Herzens", mit dem es möglich wurde, die Resonanzverhältnisse zwischen der Erde und dem Herzen, Gehirn, Immunsystem und den Zellen zu bestimmen. Diese Arbeit schafft eine echte Verbindung zu innerstem Wissen.

GEBET FÜR INNERE KLARHEIT

Ich danke dem Schicksal, daß wir uns während der Zeit, in der ihr euch mit *Das Erwachen der neuen Erde* beschäftigt, in Geist und Herz vereinigen dürfen. Als ich dieses Material empfing, habe ich an euch gedacht. Ich widme euch all die Liebe und alle Erkenntnis, die euch dieser Text geben kann. Ihr seid es, die in eine neue Weisheit eingeführt werdet.

Jedes Mal, wenn wir in eine bestimmte Richtung denken, wird der Zugang zum Gedächtnis durchlässiger für den nächsten Gedanken in diese Richtung. Ihr seid Pioniere und so etwas wie Geburtshelfer gleichzeitig, denn ihr werdet alle Grenzen der menschlichen Erfahrung sprengen und in Bereiche vordringen, die vor euch noch niemand erfahren konnte. Eine neue Welt wird geboren.

Ich möchte euch um ein offenes Herz und viel Toleranz bitten, während ich euch dieses Material offenbare. Ich bitte um Nachsicht und Verständnis für meine Worte, wenn diese nicht eurer Ausdrucksweise entsprechen. Bitte versucht, den inneren Sinn des Ganzen zu verstehen, indem ihr mit Herz und Verstand zugleich lest.

Ich habe um die Fähigkeit gebeten, diese Informationen in eine für euch sinnvolle Form bringen zu können. Ich hoffe, daß eure Fragen beantwortet werden, noch bevor sie gestellt sind. Für alle Menschen bitte ich um Weisheit, die Wahrheit erkennen zu können, und um Kraft, diese Wahrheit im täglichen Leben umsetzen zu können. In Gegenwart der lebendigen inneren Intelligenz, die unendlich kreativ ist.

DER NULL-PUNKT: EINE ERSTE DEFINITION

Die Menge der Schwingungsenergie,
die mit der Materie verbunden ist
und die Parameter der Materie definiert,
verringert sich auf Null.

Einem Beobachter erscheint die Welt
am Null-Punkt sehr still,
während der Teilnehmer die grundlegende
Restrukturierung der Grenzen erfährt,
die die Erfahrung definieren.

Die Erde und unsere Körper bereiten
sich auf eine Null-Punkt-Erfahrung
des Wandels vor, die seit alters her auch
als die „Zeitenwende" bezeichnet wird.

Das Null-Punkt-Phänomen

Kommt es Ihnen auch so vor, als würde die Zeit immer schneller vergehen? Bemerken Sie Veränderungen in Ihren Schlafgewohnheiten und Traumzuständen – einen Wechsel zwischen einem totenähnlichen Schlaf und Perioden lebhaften Träumens? Haben sich Ihre Emotionen und Beziehungen intensiviert? Werden in Ihrem Leben Déjà-vu-Erlebnisse immer häufiger? Und was ist mit jenem vagen Gefühl, daß sich irgend etwas grundlegend verändert hat? Womöglich werden Sie sich ebenso wie ich über die Nachricht freuen, daß Sie sich dies nicht bloß einbilden. Sie sind nicht allein. Es gibt gute Gründe für diese Erfahrungen.

Aus verschiedenen Quellen tauchen immer mehr Erklärungen für diese Phänomene auf. Obgleich es sich um psychische Erfahrungen handelt, könnten sie eine physiologische und geophysikalische Grundlage haben. Die Veränderungen im Erdkörper beeinflussen auch unsere Körper, da zwischen beiden eine subtile Verbindung besteht.

Wir werden uns dieser Verbindung oft erst bewußt, wenn wir uns das im Einklang mit natürlichen Zyklen stehende Leben und Verhalten verschiedener Tierarten vergegenwärtigen. Tiere reagieren auf Ebbe und Flut oder die Mondzyklen. Kürzlich wurde im Gehirn von Säugetieren (einschließlich uns Menschen) und Vögeln eine spezialisierte Nervenzelle entdeckt, die es dem Organismus ermöglicht, sich auf das Magnetfeld der Erde einzustellen. Diese Zellen verleihen Tauben und Meerestieren ihren Orientierungssinn. Gleichzeitig läßt sich nunmehr erklären, warum manche Menschen und Tiere Erdbeben im voraus erahnen können: Sie nehmen die starken Schwankungen des Erdmagnetfelds wahr, die in den Stunden und Tagen vor seismischen Ereignissen auftreten. Womöglich wissen wir nun auch, warum sich Schafe in Reihen auf magnetische Kraftlinien der Erde setzen. Wir sind demnach auf das Erdmagnetfeld eingestimmt, und wir werden von ihm beeinflußt. Doch welche Veränderungen vollziehen sich gegenwärtig?

Die Veränderungen sind zyklisch und erstrecken sich auf enorm lange Zeiträume. Aus diesem Grund sind sich die meisten von uns ihrer nicht bewußt. Am besten lassen sich die Auswirkungen vergangener Zyklen an geologischen Funden erkennen – jenem Protokoll, das uns die Erde selbst bietet. Die Wissenschaft weiß nur wenig darüber, wie sich diese Zyklen interpretieren lassen und was sie über die Zukunft aussagen. Diese Informationen finden wir womöglich in den Aufzeichnungen von Kulturen, die vor langer Zeit existierten.

Bahnbrechende neue Entdeckungen stammen von Gregg Braden, der durch die Kombination von altem und neuem Wissen eine faszinierende und, wenn seine Theorien stimmen, überaus wichtige Gesamtschau entwickelte. Bradens berufliche Karriere und persönliche Erfahrungen sind eng mit diesen neuen Beweisen verbunden. Sein Fachwissen als Computersystem-Entwickler und Geologe führten ihn zu seinen Einsichten in die geophysischen Zyklen. Zwei Nahtoderfahrungen in jungen Jahren und seine langjährige Arbeit als Reiseleiter zu heiligen Stätten der Erde inspirierten ihn zu seinen Forschungsarbeiten über die Tempel, Texte, Mythen und Traditionen verschiedener alter Kulturen.

Braden entdeckte, daß frühere Kulturen diese Zyklen nicht nur wahrnahmen und aufzeichneten, sondern durch ihre Erkenntnisse einen leichteren Zugang zu höheren Bewußtseinszuständen fanden. Sie errichteten Tempel und nutzten Kraftorte, die in ihren geophysikalischen Bedingungen mit der heutigen Situation des Erdmagnetfelds vergleichbar sind. Diesen jetzt bevorstehenden entscheidenden Punkt im Zyklus bezeichneten sie als „Zeitenwende". Zudem haben uns diese Kulturen Anweisungen hinterlassen, an denen wir uns in der kommenden Zeit orientieren können.

Geophysikalische Bedingung Nr. 1:
Die schwankende Grundfrequenz der Erde

Die Grundfrequenz der Erde kann mit einem Puls- oder Herzschlag verglichen werden. Obgleich sich die Studien teilweise widersprechen und umstritten sind, gibt es Hinweise darauf, daß diese Pulsrate schwankt. Welcher Mechanismus diese Pulsrate antreibt und wie wir durch sie beeinflußt werden, ist bislang unbekannt. Braden hält die Schwankungen für beträchtlich und meint, die Schwingungsrate der Erde beeinflusse unsere eigene.

Geophysikalische Bedingung Nr. 2
Das abnehmende Magnetfeld der Erde

Es wird allgemein anerkannt, daß die Stärke des Erdmagnetfelds abnimmt. Laut Professor Bannerjee von der University of New Mexico hat das Feld in den letzten 4 000 Jahren die Hälfte seiner Intensität verloren. Da diese Verminderung der Feldstärke der Vorläufer magnetischer Polumkehrungen sein könnte, rechnen manche mit unmittelbar bevorstehenden dramatischen Veränderungen. Braden meint, die zyklischen Veränderungen gingen stets einher mit bedeutenden geschichtlichen Ereignissen. Über enorm lange Zeiträume hat es bereits mehrere derartige Wandlungen gegeben.

Das Buch von der Vergangenheit der Erde

Geologische Funde sind wie ein großes Buch, dessen sedimentäre Seiten die Ereignisse ihrer jeweiligen Zeit aufzeichnen. Magnetische Polumkehrungen hinterlassen ihre Spuren in den Furchen des Meeresgrunds. Dabei haben sich die Eisenpartikel geschmolzener Steine zum Nordpol zusammengefügt, als die Lava auskühlte und sich verhärtete. Durch Kernuntersuchungen können wir heute die magnetische Ausrichtung „lesen", bei der es periodisch zu einer Umkehrung um 180 Grad kommt. In den letzten 76 Millionen Jahren hat es 171 derartige Umkehrungen und neun in den letzten vier Millionen Jahren gegeben. „Ich habe den Verdacht, daß sich diese magnetischen Umkehrungen sehr schnell vollziehen, sobald sich das Erdmagnetfeld dem Null-Punkt nähert, um sich dann wieder aufzubauen", sagt Braden.

„Es mag schon bald oder in Tausenden von Jahren passieren. Es ist unmöglich, auf der Grundlage geologischer Funde genaue Zeitpunkte zu bestimmen", sagt Vince Migliore, Herausgeber des *Geo-Monitor Newsletter*. „Wir wissen jedoch, daß das geomagnetische Feld der Erde, das immer wieder in der Vergangenheit Schwankungen aufwies, viel schwächer als früher ist." Ich fragte ihn, wie man es gegenwärtig auf einer Skala von 0 bis 10 einordnen könne. Migliore antwortete: „1,5!" Und was wissen die Wissenschaftler über die zu erwartenden Auswirkungen? Laut Migliore ist eine gewaltige Wanderung der Magnetpole ein bei derartigen Ereignissen üblicherweise zu beobachtendes Phänomen. Es häufen sich die Berichte über magnetische Anomalien, die mit Hilfe von Kompassen erfaßt werden. Dabei kommt es zu Abweichungen von bis zu 15 oder gar 20 Grad vom magnetischen Nordpol.

Tempelmechanik

Braden hat viele alte Tempel vermessen, von denen ungewöhnliche Magnetfelder und Frequenzen ausgehen. Andere Untersuchungen bestätigen seine Ergebnisse: Vom 19. Jahrhundert bis in die Gegenwart berichten Menschen davon, dröhnende oder summende Geräusche zu hören, ungewöhnliches Leuchten zu sehen oder Funken zu fühlen, die von megalithischen Steinen und der Cheops-Pyramide ausgehen.

Als Einwohner New Mexicos verbringt Braden viel Zeit in den Tempeln seiner Umgebung. Braden zufolge wird das, was in anderen Ländern als Tempel gilt, im Südwesten der USA als „Indianerruine" bezeichnet. Durch diese Einschätzung wird unser Denken über die Bedeutsamkeit dieser Fundstätten geprägt. In den kreisförmigen, unterirdischen „Kivas" der tausend

Jahre alten Anasazi-Kultur sieht Braden Resonanzstrukturen, die der Einstimmung auf veränderte Bewußtseinszustände dienten. Eine widerhallende Höhle ist ein Hohlraum, dessen Dimensionen eine natürliche Frequenz aufweisen, durch die es zu einem harmonischen Rückkopplungseffekt und der Einstimmung auf eine weitere Frequenz kommt. „Im Falle einiger Kivas war diese andere Frequenz der menschliche Geist", sagt Braden.

Der Besuch eines Kiva

Braden erzählt, wie er einst eine Reisegruppe zu einem gut erhaltenen Kiva führte. Dort angekommen, wurde ihnen gesagt, sie dürften dieses Mal nicht auf indianischen Zederflöten spielen, wie es sonst üblich war. „Ich hatte mich bereits auf die ungewöhnliche Akustik des Kiva gefreut. Sie versetzt mich stets in einen Zustand meditativer Träumerei. Der Aufseher sagte uns jedoch, Musikinstrumente seien verboten worden, weil ein Tourist an einer Gehirnblutung gestorben war, als er in der Mitte des Kiva in eine Muschelschale blies. Die Verwaltung des Nationalparks wollte keine weiteren Zwischenfälle riskieren."

Mein Mann Paul machte jedoch in demselben Kiva eine wunderbare Erfahrung. Mit Braden als unserem Führer wanderten Paul und ich mehrere Tage auf den staubigen Pfaden, die die Kivas unterschiedlicher Dimensionen (und Frequenzen) miteinander verbinden. Als wir durch einen Kiva gingen, hielt Paul plötzlich inne und besann sich auf seine inneren Sinne. Er setzte sich in der Mitte der Höhle nieder, schloß seine Augen und konzentrierte sich. Er nahm so intensive emotionale Energie wahr, daß er sich in eine Ecke des Kiva begab, wo er seine Meditation fortsetzte und ein Erwachen erlebte, das er noch heute als richtungsweisend für sein Leben beschreibt.

Innere Mechanismen

Ist es ein Zufall, daß es in vielen als heilig verehrten Tempeln und Kraftorten zu tiefen spirituellen Erfahrungen kommt?

Manche Studien berichten, die oberen Kammern der Cheops-Pyramide wiesen erheblich geringere magnetische Meßwerte und erheblich höhere Frequenzen auf als die unteren Kammern. Braden meint, die Cheops-Pyramide sei lediglich ein Beispiel für die von früheren Kulturen entwickelte Fähigkeit, in speziellen Kammern Initiationen in veränderte Bewußtseinszustände vorzunehmen.

Welche Auswirkungen haben das verringerte Magnetfeld und die erhöhte Frequenz auf uns?

„Die Möglichkeit, leichter jene Muster zu verändern, die bestimmen, wie und warum wir lieben, bewerten, uns ängstigen, fühlen und leiden", sagt Braden. „Ein starkes Magnetfeld fixiert emotionale und mentale Muster über Generationen hinweg im morphogenetischen Feld. Bei einer Abnahme des Magnetfelds lockern sich diese Strukturen. Gleichzeitig finden wir leichter Zugang zu höheren Zuständen, auf die sich die Zellen unseres Körpers einstellen. Die Frequenz der Erde ist wie eine Stimmgabel und bestimmt somit auch unsere eigene Frequenz."

Aufzeichnungen über frühere Wandlungsprozesse

Schriftliche und mündliche Überlieferungen alter Kulturen berichten von den durch frühere Zyklen ausgelösten Veränderungen. „Die Geschichtsschreiber hielten für uns die wichtigsten Anzeichen solcher Ereignisse fest. Aus ihren Schilderungen können wir entnehmen, was wir zu erwarten und mit welcher Einstellung wir diesen Zeiten entgegenzusehen haben", sagt Braden. „Dazu gehört, die Möglichkeit, in höhere Bewußtseinszustände zu gelangen, bestmöglich zu nutzen. Besondere Bedeutung kommt hierbei den Emotionen zu. Die Essener entwickelten diese Strategien zu einer eigenen Wissenschaft. Die Initiationen der geheimnisvollen alten ägyptischen Schulen fanden in mehreren speziellen Tempeln statt, die nacheinander aufgesucht wurden. Dabei war jeder Tempel und jede Tempelgottheit jeweils einem Aspekt der menschlichen Psyche gewidmet. Erst wenn dieser Aspekt integriert war, wurde zur nächsten Stufe übergegangen."

Einweihungsriten

Warum sind Emotionen so wichtig? Bei der Betrachtung neuer Erkenntnisse biotechnologischer Forschung fand Braden, daß unsere DNS, der Code unseres Lebens, von unseren Emotionen beeinflußt wird. Braden zufolge treten bestimmte Kodierungsvarianten der DNS von Zeit zu Zeit als Möglichkeiten auf, die sich durchsetzen können, aber nicht müssen. Emotionen aktivieren spezifische biochemische Substanzen, welche die elektrische Spannung und die Frequenz der Zellen beeinflussen, auf die Moleküle wie die DNS reagieren. Dadurch können unsere Emotionen wie „Schalter" wirken, die diese Möglichkeiten innerhalb unserer DNS „ein-" oder „ausschalten". Dabei können neue Aminosäuren gebildet werden (immer häufiger wird von spontanen Mutationen berichtet), die wesentlich für einen evolutionären Quantensprung sind. Die alten Traditionen bieten also vielschichtige und erfolgreiche Strategien für das heutige Leben.

Die Erde als globaler Tempel für die kollektive Einweihung

„Wir leben in einer Zeit, in der ein vor 200 000 Jahren begonnener Zyklus und ein seit 2 000 Jahren andauernder Prozeß der Einweihung ihr Ende finden", sagt Braden. „Frühere Kulturen haben diese besonderen Bedingungen erzeugt, um zu höheren Zuständen zu gelangen. Heute müssen wir uns dafür keine speziellen Tempelkammern mehr bauen. Angesichts der gegenwärtigen weltweiten geophysikalischen Veränderungen leben wir in einer globalen Initiationskammer. Es hat den Anschein, als würde uns die Erde selbst auf die nächste Phase der Evolution vorbereiten."

Die Wissenschaft mag zu Erkenntnissen kommen, für die es kaum Vergleichsmöglichkeiten gibt. Braden sagt jedoch, daß „alte Traditionen das Wissen um die entscheidenden Momente der Menschheitsgeschichte bewahrt haben. Diese Weisheiten ermöglichen uns, tiefgreifende Veränderungen ohne Angst zu durchlaufen. Einer dieser Momente ist jetzt gekommen. Es liegt an uns, aus diesen Überlieferungen zu lernen. Unser Leben bereitet uns auf den Quantensprung vor. Die Vorhersagen des aufgezeichneten Zeitplans stimmen. Die Zeit ist jetzt."

In der chinesischen Kultur heißt es: „Mögest du in interessanten Zeiten leben." Für diejenigen, die sich vor Veränderungen fürchten und Langeweile mit Sicherheit gleichsetzen, ist dieser Wunsch wie ein Fluch. Ausgehend von unserer gegenwärtigen Situation können wir jedoch interessante Zeiten auch als eine sich nur selten bietende Möglichkeit ansehen – eine Chance, die Dinge zum Guten zu wenden. Wir stehen vor einer abenteuerlichen, kollektiven Reise. Wohin sie führt, hängt von jedem einzelnen ab.

Laura Lee

Laura Lee ist Autorin zahlreicher Beiträge für US-amerikanische Magazine und Zeitschriften. Sie ist Moderatorin einer Radio-Talkshow, *The Laura Lee Show*, die landesweit in den USA gesendet wird.

Vorwort des Autors

Ich möchte dir in diesem Buch eine Synthese anbieten, die in umfassender Weise Zusammenhänge zwischen derzeitigen Veränderungen und Ereignissen in unserem Sonnensystem, unserer irdischen Welt und sogar in jeder Zelle unseres Körpers aufzeigt. Alles steht miteinander in Verbindung. Es ist mein Ziel und meine Hoffnung, daß die Informationen auf diesen Seiten zu einem besseren Verständnis der planetarischen und menschlichen Evolution beitragen. Dein ganzes Leben, all deine Erfahrungen, deine Freuden und Leiden, alles, was du je gefühlt oder berührt, erschaffen oder aufgelöst hast, dies waren und sind nur Teile eines umfassenderen Prozesses – eines Prozesses, der nur dazu dient, daß du emotional und körperlich fähig wirst, die kommenden großen Veränderungen in deiner Welt anzunehmen und zu integrieren. Die Evolutionsprozesse, die sich um dich herum entfalten, kommen aus dir selbst, handeln von dir und sind für dich bestimmt. Vielleicht hilft dir das hier zusammengestellte Material, einen äußerlichen, verbalen Ausdruck für das zu finden, was du innerlich bereits fühlst. Dadurch kann die Wahrheit ein stärkeres Fundament in der Welt bekommen und für andere Menschen zugänglich werden.

Es ist nicht meine Absicht, jemanden in seinem Glauben zu erschüttern oder zu belehren. *Das Erwachen der neuen Erde* ist weder religiös noch metaphysisch oder wissenschaftlich. Vielmehr kann sein Inhalt dich lehren, Religion, Metaphysik und die Wissenschaften richtig zu verstehen. Sie alle sind nämlich aus einer einzigen fundamentalen Wahrheit hervorgegangen, die jedoch im Laufe der Zeit bis zur Unkenntlichkeit verzerrt worden ist. Ihre Fragmentierung in Religion, Metaphysik und

Wissenschaft ist beispielhaft dafür, wie man versucht hat, Erfahrungen in leichtverdauliche Wissenspakete zu fassen. Sprache und Vorstellungskraft bringen aus der Einheit eine Vielfalt hervor. Dadurch entsteht wiederum ein Gefühl des Getrenntseins und des totalen Unverständnisses für das wahre Leben. In der Einheit aber kann es keine Dualität geben.

Das Erwachen der neuen Erde präsentiert eine Vielzahl an Informationen, ohne sie in Schubladen zu pressen. Du brauchst nicht mehr andere zu bitten, sie für dich zu interpretieren. Alle wirklichen Antworten liegen vielmehr in dir selbst. In jeder deiner Zellen atmet eine lebendige Intelligenz, die dein gesamtes Wesen mit Lebenskraft erfüllt. Du brauchst deine Wahrheit nicht länger außerhalb von dir zu suchen. In deinem Leben wird es jetzt Zeit, daß du deine innere Wahrheit erkennst. Sie war immer bei dir, auf allen deinen Reisen, und hat geduldig darauf gewartet, daß du sie anerkennst und akzeptierst. Deine Suche hat dich zu vielen Lektionen und Beziehungen sowie zu vielfältigen Überlegungen geführt, damit du an den Punkt gelangen konntest, wo du heute bist.

Ich hoffe sehr, daß die folgenden Informationen wirklich zu einem Teil deines täglichen Lebens werden und du Frieden im Wissen findest. Jedoch biete ich dir dieses Wissen mit großem Respekt vor dir und deinen Erfahrungen, deiner Persönlichkeit und deinem Weg an. Es bleibt ganz deine Entscheidung, das im Folgenden beschriebene „Erwachen am Null-Punkt" zu akzeptieren und wie du daran teilhaben willst.

Einführung

DIE KOLLEKTIVE EINWEIHUNG
Die Anfänge

 Wenn du etwas als falsch erkennst, was du früher als wahr angesehen hast, kannst du nie mehr deine alte Überzeugung vertreten.

Jiddu Krishnamurti

Ein später Nachmittag im Januar 1987. Es war Winter in Ägypten, und die Kälte machte sich bemerkbar, als die Sonne hinter den Berggipfeln des Sinai versank. Letzte Nacht waren die Temperaturen unter den Gefrierpunkt gefallen, und an jenen Stellen, die heute kein Sonnenstrahl erreicht hatte, sah man noch Spuren von Schnee. Ich hatte einen Felsvorsprung gefunden, von dem aus ich die gesamte Treppe, die sich mit ihren 2 000 grob gehauenen Stufen vom Gipfel des heiligen Moses-Berges hinabwindet, überblicken konnte. Auch auf einigen der Stufen, die von Mönchen aus dem 900 Meter tiefer gelegenen Kloster angelegt worden waren, glänzten noch Schneereste in der abendlichen Sonne.

Wir hatten das Dorf St. Katharina vor neun Stunden zu Fuß, einige Reisende auch auf Kamelen, verlassen. Mein Führer und meine Begleiter waren schon wieder auf dem Rückweg und suchten sich dabei eine Route quer über die Felsabhänge, um ihre Marschzeit zu verkürzen. Mir tat es gut, die müden Beine etwas auszuruhen und den Blick über die groben Stufen schweifen zu lassen. Obwohl ich wußte, daß mich auf dem Rückweg die Dunkelheit einholen würde, verharrte ich noch.

Voller Ehrfurcht kamen mir erneut die Umstände in den Sinn, die zu dieser heiligen Reise geführt hatten und mir jetzt gestatteten, auf dem Moses-Berg die Abenddämmerung zu erleben. In meiner Kindheit hatte ich eine Nahtoderfahrung erlebt, durch die mir die gleichzeitige Existenz mehrerer Realitätsebenen offenbart worden war. Wenig später hatte mich ein zweites Nahtoderlebnis, bei dem ich fast ertrunken wäre, gelehrt, was „loslassen" heißt. Die daraus resultierenden Fieberanfälle dauerten manchmal tagelang. Genau vor neun Wochen hatte ich zudem einen siebentägigen Fieberanfall erlitten, bei dem meine Körpertemperatur meist mehr als 40 Grad betrug. Unmittelbar danach hatte ich in Taos, New Mexico, die unglaublichsten Dinge erlebt, die mich schließlich hierher geführt hatten.

Ich weiß nicht mehr genau, wann es anfing. Ich bemerkte den „inneren Wandel" jedenfalls erst, als sich zwei Fragen in meinem Bewußtsein festzusetzen begannen. Diese Fragen überwältigten mich und brachten alle anderen Gedanken und Gefühle zum Schweigen. Ich hatte sie mir zwar schon zuvor gestellt, jedoch nie eine Antwort darauf gefunden. Heute nacht am Moses-Berg sollte sich dies ändern, so ahnte ich nun. Die Worte waren schon da:

1. Was ist das größte Geschenk, das ich mir oder anderen machen kann?

2. Wenn ich heute stürbe und auf mein Leben zurückblickte, könnte ich dann sagen, daß ich meine Aufgabe im Leben erfüllt habe?

Ich fühlte mich zutiefst erleichtert, als sich mir ein Weg, die Antworten darauf zu finden, auftat. Sofort begann ich, vorsichtig von dem Grat herunterzuklettern, und machte mich auf den Weg zurück zum Kloster und zum Dorf St. Katharina. Gedankenversunken kam ich um 19.30 Uhr im Dorf an. Nach dem Abendessen setzte ich mich ins Freie hinter den Bungalow, in dem ich übernachtete. Ich hüllte mich in eine Decke und begann zu meditieren. Es war eine wunderschöne klare und kalte Neumondnacht in der Sinaiwüste, die mich an die Nächte in den Bergen New Mexicos erinnerte.

Plötzlich bemerkte ich ein leises Klingeln im Ohr (das bis heute anhält), gefolgt von einer Beschleunigung des Herzschlages und der Atmung. Irgend etwas geschah. Ich öffnete meine Augen und sah, wie sich im Himmel direkt über meinem Bungalow eine Art Dunst bildete. Ich stand auf und entfernte mich ein paar Schritte, um einen besseren Überblick zu bekommen. Wie ich feststellte, war der Himmel sternenklar. Als ich wieder zu meinem Meditationsplatz zurückkehrte, war jedoch die eigentümliche „Wolke" über meinem Häuschen noch dichter geworden.

Als ich die Augen schloß, überkam mich ein sehr unangenehmes Gefühl. Ich öffnete sie wieder und sah, wie der Dunst vor meinen Augen verschwand. Sekunden später geschah nochmals das gleiche, aber diesmal war das Gefühl anders: Mein Körper schien sich unermeßlich weit auszudehnen. Der Dunst verdichtete sich immer mehr und reichte nun bis zum Boden, während er mich und das Anwesen vollständig einhüllte. (Am nächsten Morgen stellte sich heraus, daß die anderen Bewohner des Bungalows nichts bemerkt und keine ähnlichen Erfahrungen gemacht hatten.)

Im Laufe der nächtlichen Meditation fühlte ich mich immer wohler mit der neuartigen Wahrnehmung, denn mir wurde klar, daß sie mir den Zugang zu wahrem Wissen eröffnen würde. Ich war aber auch sicher, daß ich die kommenden Erkenntnisse dieser Nacht nur nutzen konnte, wenn ich nach ihnen leben würde. Ich stellte meine Fragen, auf die ich noch nie eine Antwort erhalten hatte. Sofort fing mein Körper an zu vibrieren. Mein Herz flatterte, und trotz der kühlen Wüstenluft schwitzte ich binnen kurzem meine Kleider klatschnaß. Ich merkte schnell, daß meine Fragerei den seltsamen Prozeß nur hemmte, denn die Antworten kamen schneller, als ich überhaupt fragen konnte. Ich konzentrierte mich nun stattdessen darauf, die Flut von Informationen, die mich ununterbrochen durchströmte, bestmöglich aufzunehmen. Das Gefühl für Zeit war mir während dieser Erfahrung gänzlich abhanden gekommen. Später sollte sich herausstellen, daß sie nur 20 Minuten gedauert hatte.

In dieser Meditation hatte ich ungehinderten Zugang zu allen gewünschten Informationen. Ich fing an, die Informationen von einem Standpunkt aus zu sehen, der meinem lebenslangen Glauben an die Einheit aller Dinge entsprach. Ich wurde „gebeten", mich stets daran zu erinnern, daß ich Zugang zu der „Ebene des Wissen" hätte, sobald ich das Gefühl aus dieser Meditation in mir wachriefe. In dieser Nacht traf ich ganz bewußt eine Entscheidung, die meine bisherige Einstellung zu Frau, Familie, Freunden und Karriere sowie allen Mitmenschen verändern sollte. Ich wußte, wenn ich nur ab und zu dieses Gefühl erzeugen würde, konnte ich keine Vollkommenheit erlangen. In dieser Nacht der Wüstenmeditation entschied ich mich, selbst möglichst ganz zu diesem Gefühl zu werden.

Die Folge davon war, daß ich in jener kalten Nacht in der Sinaiwüste zum ersten Mal meine „Gruppen"-Mer-Ka-Ba wahrnahm („Mer-Ka-Ba", hebräisch für „Gotteswagen". Der aus der jüdischen und ägyptischen Mystik bekannte Begriff wird hier als Bezeichnung des Licht- und Bewußtseinskörpers eines Menschen oder von Gruppen verwendet; d. Übers.). Ich wurde mir dieses „Lichtkörper-Geist-Fahrzeugs" des Einzel- und Gruppenbewußtseins gewahr. Der Abend auf dem Moses-Berg sowie spätere Reisen in die Andenregionen Boliviens und Südperus sollten mich in die Lage versetzen, die in diesem Buch niedergelegten Informationen über das „Erwachen" zu verstehen und in eine zeitgemäße verständliche Form zu bringen.

Was ist das größte Geschenk, das ich dir anbieten kann?

Ich glaube, es ist das Geschenk deiner selbst in deiner Ganzheit und Vollkommenheit ohne die von anderen übernommenen Muster und Strukturen. Dazu dienen dieses Buch und die Seminare, die ich gebe.

Und die zweite eingangs gestellte Frage? „Wenn ich heute stürbe, hätte ich dann das Gefühl, meine Aufgabe erfüllt zu haben?"

Nachdem ich nun die Informationen zum „Erwachen der neuen Erde" schon einige Jahre verbreitet habe, wäre meine Antwort: Ja, fast...

Ereignisse der jüngsten Vergangenheit

Alle Menschen fühlen es. Irgend etwas ist heute nicht mehr wie sonst. Auf irgendeiner Ebene spüren alle, daß sich etwas verändert hat. Sie fühlen die Spannungen, die mit den gegenwärtigen stürmischen Veränderungen einhergehen. Einige Leute meinen, sie würden eine elektrische Erregung auf niederer Ebene wahrnehmen. Andere sagen ganz einfach, daß wir vor gigantischen Ereignissen stehen. Manch einer fühlt Wellen, die bis in die letzte Zelle wandern, wobei es scheint, daß Zeit und Lebensrhythmus beschleunigt verlaufen. Andere sind nur noch verwirrt. Nichts paßt mehr zusammen. Die Welt um uns herum verändert sich so schnell, daß wir nicht mehr mitkommen und die Kontrolle über unser Leben verlieren. Wer jetzt nicht „loslassen" und sich den Veränderungen anpassen kann, wird sicher schmerzliche Erfahrungen machen.

Aufgrund von täglichen Ereignissen scheint es so, als ob man dauernd seine Weltanschauung erneuern müßte. Obwohl diese Ereignisse weltweit passieren, werden sie in den Medien kaum beachtet. Wenn man alles im großen Zusammenhang sieht, zeigt sich eine Kontinuität in allem, was sonst nur als Zufälligkeit erscheint. Viele Angehörige traditioneller Kulturen sehen in unserer augenblicklichen Zeit das Ende eines großen Kreislaufes, dessen Anfang nur noch ein schwacher Schimmer im Gedächtnis der Menschheit ist. Ob man an das Ende eines Zeitalters glaubt oder nicht, die Tatsache bleibt, daß wir in einem relativ kurzen Zeitraum der menschlichen Geschichte Dinge miterleben konnten, die das dickste Fundament jeder Weltanschauung erschüttert haben. Ich habe einige Ereignisse, die eine nähere Untersuchung rechtfertigen, gesammelt und zusammengestellt.

■ Tausende von Menschen weltweit haben einen gemeinsamen Traum von nie dagewesenen Veränderungen. Fast einheitlich dreht es sich in allen Träumen um enorme Veränderungen im menschlichen Bewußtsein, von einschneidenden Veränderungen auf der Erde begleitet, die sich in sozialen, politischen, ökonomischen, meteorologischen und seismischen Bereichen äußern.

■ Massenflucht aus den Ballungszentren. Allein aus Kalifornien sind bis Ende 1993 2,4 bis 3 Millionen Menschen weggezogen. Die Umzugsfirmen wie U-haul, Ryder, Thrifty und Budget vermieteten keine Fahrzeuge mehr, die den Staat verlassen sollten, da zu wenige Fahrzeuge zurückkehrten.

■ Der Zusammenbruch von Systemen, die bisher als Sicherheit und Überlebensgarantie galten, wie die Ökonomie.

■ Der Fall der Mauer in Berlin 1991/92 geschah in Verbindung mit dem Abbau des Denkens, das zum Bau der Mauer geführt hatte.

■ Gravierende Einschnitte in das US-Budget für militärische Ausgaben, begleitet von der Schließung zahlreicher Militärstützpunkte und der Umwandlung der Militärtechnologie in friedliche Technologie.

■ Die Anerkennung von Beweisen dafür, daß technisch hochentwickelte Kulturen auf der Erde existiert haben, bevor sie am Ende der letzten Eiszeit vor über 10 000 Jahren verschwanden.

● Archäologische und geologische Beweise für frühere Hoch-Zivilisationen zwingen unsere Gelehrten, die bisher akzeptierte Chronologie der menschlichen Geschichte in Frage zu stellen. (Das Alter der Sphinx wird jetzt als doppelt so hoch angesehen wie in früheren Schätzungen. Die Technik, eine solche Statue zu bauen, soll damals gar nicht existiert haben. Wer hat sie dann gebaut?)

● Studien haben gezeigt, daß die äußeren Steinblöcke der Cheops-Pyramide nicht aus dem natürlich vorkommenden Kalkstein hergestellt wurden. Kernproben weisen daraufhin, daß die massiven Blöcke aus gegossenem Material sind. Nur so konnten die strukturelle Paßform und kleinen Toleranzabstände verwirklicht werden. Wir haben erst in den letzten 30 Jahren angefangen, etwas über die künstliche Herstellung von Steinen zu lernen.

● Die NASA hat wahrscheinlich Beweise in ihrem Raum-
fahrtprogramm gewonnen, die darauf hinweisen, daß
technologisch hochentwickelte Gesellschaften auf mindestens einem der anderen Planeten unseres Sonnensystems
existierten und Kontakte zu uralten Kultplätzen auf Erden
hatten. Es gibt großen Widerstand gegen die Veröffent-
lichung dieser Beweise.

■ Dramatische metereologische Veränderungen treten weltweit auf.

● Rekordregenfälle im Bereich des Missisippi haben 1993
zu großen Überschwemmungen im mittleren Westen der
USA geführt. Es gab 50 Tote, 50 000 Häuser wurden beschädigt oder zerstört und 54 000 Menschen evakuiert.

● Die USA wurden 1993 vom „Sturm des Jahrhunderts"
heimgesucht. Ein Drittel des Landes verschwand unter
einer Schneedecke. Es gab 320 Tote. Es schneite sogar in
Alabama und in Tennessee, wo es sonst keinen Schnee
gibt.

● 1993 gab es an 76 Tagen mehr als 37,8 Grad C in Phoenix,
Arizona. Es gab einige Tote. An einem Tag war der Flug-
hafen von Phoenix geschlossen, da die Flugzeuge mangels
„Lift" nicht starten konnten. Rekordtemperaturen unter
Null wurden 1993 in Syracuse mit −30 Grad C und in
Alpena mit −37 Grad C gemessen. Mindestens 3 Menschen
starben an einem Wochenende.

■ Studien der NASA aus dem Jahr 1992 betonen, daß der
Abbau der Ozonschicht in der nördlichen Hemisphäre bis
1994 ca. 40 % erreichen könnte, was Augen, Haut, Immunsystem, die Pflanzen- und die Meereswelt schädigen würde.
1993 wurde der größte Ozonabbau festgestellt, der je ver-
zeichnet wurde.

■ Viele Menschen verlangen nach alternativen Heilmethoden,
um sich auf die Veränderungen einstellen zu können.

■ Der dramatische Anstieg von Berichten und Dokumentationen, die sich auf die Begegnungen mit Außerirdischen beziehen. Diese Begegnungen geschehen weltweit und erstrecken sich von positiven Erfahrungen mit liebevollen und wohlwollenden Wesen bis hin zu gewaltsamen Entführungen und körperlichen Mißhandlungen.

■ Es gibt eine große Medienkampagne, mit der die Öffentlichkeit auf mögliche Kontakte mit Außerirdischen vorzubereitet werden soll. Dazu dienen z. B. Filme wie „Cocoon" und Fernsehserien wie „Akte X".

■ Es gibt eine Reihe neuer Viren, die das wehrlose menschliche System befallen. Weder das HIV-Virus noch andere neue Viren lassen sich mit herkömmlichen Mitteln behandeln. 1992 gab es Schätzungen, daß 10 bis 12 Millionen Menschen vom HIV-Virus befallen sind.

■ Neue Arten von Bakterien wurden entdeckt, die resistent gegen allle zur Zeit bekannten Heilmittel sind. 1992 starben in US-Krankenhäusern 13 300 Patienten an Infektionen mit diesen Bakterien.

■ Weltweit ist eine bemerkenswerte Zunahme an seismischen Ereignissen zu verzeichnen, wobei die Intensität und die Dauer der Ereignisse auch stark angestiegen ist.

■ Es gibt eine bemerkenswerte Zunahme an „Wunderheilungen" bei Patienten, die von den Ärzten schon aufgegeben waren.

■ Es gibt eine Rekordanzahl alternativer Gemeinschaften, die sich außerhalb der etablierten Gesellschaft gebildet haben.

■ Es ist ein dramatischer Anstieg im Auftreten der Kornkreise zu verzeichnen. Die immer komplexer werdenden Glyphen erscheinen in Getreidefeldern weltweit und beruhen auf mathematischen Konstanten, uralten und heiligen Symbolen traditioneller Kulturen, genetischen Codes und der Heiligen Geometrie.

Offensichtlich ist das Leben auf der Erde nicht mehr so, wie es sonst immer war. Alle diese beschriebenen Ereignisse hängen miteinander zusammen, so unterschiedlich sie auch sein mögen. Alle passieren gerade jetzt! Alle sind nur einzelne Erscheinungsformen eines viel bedeutsameren Prozesses. Das Element, das allen Phänomenen zugrunde liegt, ist ein großer kosmischer Wandel, der die Energiestrukturen verändert. Was bedeuten diese Veränderungen? Haben sie einen Grund und verfolgen sie einen Zweck? Die Antwort ist ein klares Ja, und wir selbst sind ein Teil des Grundes und des Zweckes.

Es werden immer mehr Ereignisse als normal eingestuft, Ereignisse, die nie geschehen können, wie viele sagen. Die Menschheit befindet sich in dem raschen Erkenntnisprozeß, daß es nötig ist, sich neu zu organisieren, um sich an die neuen Strukturen anzupassen. Alte Strukturen, die nicht in Harmonie mit den neu entstehenden Strukturen des Denkens stehen, fallen weg und schaffen so Platz für einen stabileren Strukturrahmen, der mit dem neuen Gedankengut in Harmonie steht. Die Welt, die wir jetzt wahrnehmen, wird nie mehr wie die Welt früherer Generationen sein. Das kann sie auch nicht!

Die Veränderungen in vielen Bereichen der Gesellschaft erscheinen wie eine massive Auflösung, wobei die Systeme alle einen Punkt erreichen, an dem sie nicht mehr funktionieren und zusammenbrechen, was momentan alles auf einen Zeitpunkt zusammenläuft. Warum?

Die hier aufgelisteten Ereignisse wurden über einen Zeitraum von 30 Jahren beobachtet und sind mehr als nur bloße Zufälle. Bitte betrachte diese Ereignisse mit deinen eigenen Augen. Erfühle mit deinem eigenen Herzen, was sie bedeuten, und laß dich nicht von den gängigen Interpretationen der Massenmedien oder durch konventionelle Meinungen beeinflussen. Diese Welt, die du als deine Welt kennst, ist dabei, sich sehr schnell zu verändern. Die strukturellen Richtlinien, nach denen du gelernt hast, zu denken, zu sehen und zu handeln, verändern sich jedoch nicht nur um dich herum – sie verwandeln sich auch in dir!

Die Wissenden

Der äußere Prozeß, der sich auf der Erde gerade vollzieht und jede Zelle deines Körpers beeinflußt, ist ungeheuer machtvoll und tiefgreifend. Die uralten Schriften, die darüber berichten, wurden daher aus Sicherheitsgründen stets in unzugänglichen „Bibliotheken" oder alten Mysterienschulen verborgen. Hinweise auf diesen Prozeß und seine Bedeutung für die Menschheit sind der eigentliche Kern aller Religionen und vieler heiliger Orden und mystischer Sekten – seit ewigen Zeiten bis heute. Die jüdisch-christlichen Traditionen, die Essener-Bruderschaft, die Rosenkreuzer, der Golden Dawn und viele, viele andere haben ihre gemeinsamen Wurzeln in dieser einzigen fundamentalen Quelle des Wissens, mit der die Menschheit bis heute in Verbindung steht. Einige Menschen haben ihr Leben dafür gegeben, den tieferen Sinn der gegenwärtigen Veränderungen zu entdecken. Die Ereignisse, die jetzt passieren, wurden vielfach prophezeit. Die Prophezeiungen wurden willkommen geheißen, aber auch ins Lächerliche gezogen. Sie wurden als unglaubwürdig und unmöglich, als Aberglaube und Märchen bezeichnet.

Es wird immer Menschen geben, die diesen Prozeß nicht verstehen. Sie weigern sich anzuerkennen, was täglich vor ihrer Haustür passiert. Sie sind derart unsensibel geworden, daß sie die Stimme ihrer inneren Führung zwar noch hören mögen, sie jedoch nicht erkennen und ihr nicht folgen. Sie sehen zwar die Veränderungen in ihrer Welt, aber sie verstehen sie nicht. Sie erwarten, daß das Leben immer so weitergeht wie bisher. Auf der anderen Seite aber gab und gibt es auch die Wissenden.

Die Tatsache, daß du dieses Buch bis hierhin gelesen hast, weist deutlich darauf hin, daß du bereit bist, diese Informationen in dein Leben zu integrieren – nicht nur um etwas Neues rein intellektuell zu wissen, sondern um es ganz zu verstehen. Die Informationen in diesem Text werden jeden tief bewegen, wenn er deren Sinn erkennt – egal, welchen Glauben, welche Ansichten oder Vorurteile er hat. Es wird nicht möglich sein, *Das Erwachen der neuen Erde* zu lesen, ohne davon auch emotional berührt zu werden. Die entstehenden Gefühle sind jedoch ein wertvoller Antrieb und zugleich ein Werkzeug für dich, ein anderer Mensch zu werden und deine Wachsamkeit für das zu schärfen, was um dich herum in der Welt passiert. Diese Gefühle sollen auch dein Mitgefühl für alle Menschen der Erde stärken. Jeder nimmt die jetzigen Ereignisse anders auf und reagiert darauf in verschiedener Art und Weise. Jetzt aber ist die Zeit gekommen, auf die alle schon gewartet haben, nach der sich alle sehnen – wenn auch vielfach unbewußt. Dies ist der Zeitpunkt, auf den du in jedem deiner Leben durch alle Erfahrungen und Beziehungen vorbereitet wurdest. Zweifelsohne bist du gerade wegen der jetzt anstehenden Ereignisse in diese Welt gekommen. In deinem jetzigen Leben bist du Zeuge eines in jeder Beziehung äußerst seltenen Ereignisses: der Geburt einer neuen Welt. Die Ereignisse in deinem Leben sind der Prozeß, der diese Geburt möglich macht!

Heilige Zeichen

Die Informationen in diesem Text werden dir helfen, den Prozeß der Schöpfung zu verstehen, obwohl du ihn auf einer anderen, tieferen Ebene deines Selbst bereits kennst. Denn: Alles passiert um dich herum und durch dich, alles dieses bist du selbst! Es gibt keinen Unterschied und keine Trennung zwischen dir und deiner Welt. Du weißt auch, daß du ein Teil von allem bist. Alles, was du berührst, fühlst, schmeckst, hörst, siehst und erschaffst oder auflöst, ist ein Teil von dem, was schon immer war. Als ein Wesen unendlicher Kraft existierst du sozusagen als ein Brennpunkt innerhalb eines großen Spektrums von Energie, bei dem sich ein Teil als individuelle Persönlichkeit verdichtet hat. Dies ist nötig, damit du eine Höchstmenge an Erfahrungen machen kannst. Diese Erfahrungen nennst du dein Leben.

Als du in dieses Leben gekommen bist, hast du bis zu einem gewissen Grad gewußt, daß es schwierig werden würde, die Illusionen von Schwerkraft und Magnetismus zu durchschauen. Aber wie schwer es tatsächlich sein würde, das hast du nicht gewußt. Du wußtest auch, daß die Erfahrungen schmerzhaft sein würden, aber nicht wie schmerzhaft. Du hast ebenfalls gewußt, daß es schwierig werden würde, sich hier auf Erden zu erinnern, wer du wirklich bist, woher du kommst und welchen Sinn das Ganze hat. Aber obwohl du all dies gewußt und geahnt hast, bist du mit der Teilnahme an diesem Prozeß einverstanden gewesen. Denn: Du wußtest auch, daß du dich am Ende der „Reise" zu gegebener Zeit an alles erinnern würdest. Du wußtest, daß es Zeichen, „heilige Symbole", Formen oder Strukturen geben würde, die dir helfen, dich zu erinnern. Sie würden dich später auf deinem Weg „erwarten", zu einem Zeitpunkt, an dem du sie am dringendsten benötigst.

Du hast auch gewußt, daß dein Gedächtnis durch gewisse Worte zum richtigen Zeitpunkt erweckt werden würde und daß du sie erkennen würdest. Vielleicht findest du eben diese Worte auf den Seiten dieses Buches. Vielleicht erhältst du durch verschlüsselte Symbole, die in Worten oder Zeichen verborgen sind, Zugang zu deinem Gedächtnis – zu deinem Wissen aus der Vergangenheit und der Zukunft. Vielleicht ist jetzt Zeit für dich, „am Null-Punkt" zu erwachen.

I. Kapitel

DIE ZEITENWENDE
Das Erwachen der neuen Erde

 Niemand kann euch etwas anderes offenbaren als das, was schon untergründig in eurem Bewußtsein dämmert.

Die Vision eines Menschen verleiht einem anderen Menschen keine Flügel. So wie Gott jeden einzelnen von euch kennt, so muß jeder von euch für sich allein Gott erkennen und die Mysterien der Erde entschlüsseln.

Der Prophet, Khalil Gibran

Momentan besteht dein Leben auf Erden aus einem Prozeß nie dagewesener Tragweite. Dieser Prozeß erfordert Kenntnisse aus Religion, Wissenschaft und/oder alten mystischen Traditionen. Ohne derartige Kenntnisse wird die gegenwärtige Entwicklung – bildlich gesprochen – zu einer bloßen Vorwärtsbewegung, welche die Evolution verzögert, und nicht zu einer aufwärtsführende Spiralbewegung.

Die gegenwärtige Phase, auf die in früheren Zeiten mit Begriffen wie „der Wandel der Zeitalter" oder einfach „der Wandel" hingewiesen wurde, ist durch dramatische Veränderungen charakterisiert. Diese finden sowohl auf der materiellen Ebene der Erde als auch im menschlichen Bewußtsein statt. Die Zeit des Wandels zeigt das Ende des alten, jetzt abgelaufenen Paradigmas an und gleichzeitig die Geburt eines neuen Paradigmas. Dieses wird aus der Erkenntnis der Einheit allen Lebens erwachsen.

Die Auswirkungen dieses Wandels haben einen Widerhall in jedem einzelnen Aspekt der Schöpfung und stehen in Resonanz mit allem biologischen Leben, das in der schützenden Hülle der Erde existiert. Jede Zelle in jeder Lebensform ist dabei, ihre biochemischen Prozesse so zu verändern, daß sie höhere

Frequenzen und Energiemengen sowie komplexere Informationsmuster erzeugen und verarbeiten kann.

Der Wandel kündigt den Anbruch eines neuen Zeitalters an. Er ist das vermutlich bedeutungsvollste Ereignis, das es in der Geschichte der Menschheit je geben wird, denn er läutet das Ende eines 200 000 Jahre währenden Zyklus ein. Die gegenwärtige rapide Abnahme der Stärke des Erdmagnetfeldes und die gleichzeitige Zunahme der Grundfrequenz der Erde bewirken den Beginn eines neuen Schwingungsmusters im Bewußtsein der Menschen – eine Geburt, aber gleichzeitig auch einen Tod. Der menschliche Körper muß nämlich seine physischen und morphogenetischen (formgebenden) Energiefelder umstrukturieren, um sich an die neuen Umweltbedingungen des ihn umgebenden Feldes, an den neuen geometrischen Code anpassen zu können. Durch diese Anpassung des Körpers entstehen auch im Bewußtsein radikal veränderte, „tiefere" Gedanken und Gefühle. Für viele Menschen kann dies allerdings zunächst die Materialisation von Dingen bedeuten, die sie sich am wenigsten gewünscht hätten – nämlich ihrer tiefsten Ängste. Machen sie sich jedoch diese Ängste bewußt, können ihre Ursachen entdeckt und aufgelöst werden.

Alles, was du je gewußt, gefühlt, berührt, erschaffen oder zerstört hast, wird zu einem Teil des Wandels. Und zugleich hat alles, was du je in diesem und in anderen Leben erfahren hast, dazu beigetragen, daß jetzt die Zeit des Wandels Wirklichkeit werden kann.

Das Ereignis des Wandels markiert das Ende des Zyklus, der der Entwicklung des Denkens diente. Aufgrund der sehr unterschiedlichen Interpretationen dieses seit Jahrtausenden prophezeiten, gefeierten und gefürchteten Ereignisses sind unzählige Religionen, Glaubenssysteme, Sekten, Kulte und Logen entstanden. Die vielfältigen Bezeichnungen für den Wandel weisen auf die unterschiedlichen Ebenen des Wissens und des Erkennens ihrer Protagonisten hin. Eine kleine unvollständige Sammlung verdeutlicht dies:

- Das neue Zeitalter
- Das zweite Erscheinen
- Die vierte Dimension
- Die sechste Welt

- Armaggedon
- Der Polsprung
- Planetarische Auferstehung
- Das Ende eines Zyklus
- Das Entzücken

- Planetarisches Erntefest
- Der Dimensionswechsel
- Das Wassermann-Zeitalter
- Die Tage des höchsten Gerichts

Die Begriffe stehen für verschiedene Teilaspekte ein und desselben Prozesses. Zahlreiche Bücher, Seminare, Workshops, Studiengruppen und Retreats beschäftigen sich mit einem oder mehreren der obengenannten Aspekte, ohne den eigentlichen tieferen Charakter des Ereignisses zu erfassen. Um das in diesem Buch präsentierte Wissen davon abzuheben, möchte ich einen weiteren Begriff benutzen: „der Prozeß, Christus zu verinnerlichen". Dies ist keine religiöse Formulierung, sondern nur ein Ausdruck für das wirkliche menschliche Potential. Die Bezeichnung „Christus" wird hier ohne jeden Bezug zu einem Glauben benutzt, sondern bezeichnet hochentwickelte Wesen, von denen das letzte vor fast 2 000 Jahren auf diese Erde gekommen ist. Sein Ziel war es, uns Einsicht in eben jenen Prozeß zu geben, der gegenwärtig seinem Höhepunkt zusteuert.

Prophezeiungen eines Weltenwandels

In uralten Systemen der Zeitberechnung kommt der jetzigen Phase eine ganz besondere Bedeutung in der gesamten Geschichte der Menschheit und des Planeten zu. Fast einheitlich weisen historische Kalender auf das Ende einer Epoche und den Beginn eines neuen Erfahrungszyklus hin:

Viele der amerikanischen Ureinwohner wie die Lakota, Cherokee, Sioux und Hopi sprechen heute bereits offen davon, daß unsere Zeit genau die Zeit ihrer Prophezeiungen ist, in der ein großer Zyklus beendet und eine neue Welt geboren wird. So wurden z.B. die geheimen Hopi-Überlieferungen, die man seit Jahrhunderten innerhalb des Stammes bewahrt hatte, 1979 bei einem Ältesten-Treffen in Nord-Arizona der Öffentlichkeit zugänglich gemacht. In diesen Überlieferungen wird die

Existenz von fünf aufeinanderfolgenden Welten beschrieben. Wir leben derzeit in der letzten, der fünften Welt. Jedoch wird auch vom Kommen einer neuen, sechsten Welt berichtet, der „Welt des Bewußtseins".

Jede der früheren Welten endete, als die Trennung zwischen Geist und Herz so groß geworden war, daß es nur noch durch eine „neue Erde" möglich war, Ordnung und Harmonie wiedererstehen zu lassen. Die Trennung von der alten Welt wurde immer von katastrophalen Veränderungen begleitet. Eine endete durch Feuer, eine weitere durch Eis und eine durch einen schrecklichen Regen, der als die biblische Sintflut bekannt ist. Diese Katastrophen werden als eine Art Reinigung zur Vorbereitung für das Entstehen einer neuen Welt interpretiert. Nach Auffassung der Hopi-Ältesten haben die in ihren uralten Prophezeiungen für die Übergangszeit angekündigten Geschehnisse sehr viele Ähnlichkeiten mit den gegenwärtigen weltweiten Ereignissen. Die Menschheit sollte daher die „Weisheiten der Hopi" achten und ihre Mahnungen beherzigen.

Ähnliches berichten die aztekischen Überlieferungen über die vier vergangenen „Sonnen" der Erdgeschichte. Jede Sonne steht für eine Erdepoche; ihr jeweiliges Ende war durch gewaltige Veränderungen charakterisiert. Die „Erste Sonne" namens „Nahui Ocelotl" war eine Zeit, als unsere Welt von gigantischen Wesen bevölkert war, die in der Erde lebten. Ihr Ende kam, als das Tierreich die Herrschaft über das menschliche Reich errang. Die „Zweite Sonne" namens „Nahui Ehecatl" sah eine neue Menschheit, die mit der Fähigkeit ausgestattet war, Pflanzen zu kultivieren und zu kreuzen. Das Ende dieser Periode wurde durch große Winde herbeigeführt, die die Erde verwüsteten. Zur Zeit der „Dritten Sonne" erbaute die Menschheit große Tempel und Städte. Ein „Feuerregen" sowie große Schlünde, die sich in der Erde auftaten, brachten diesen Zyklus zu seinem Ende. Die „Vierte Sonne" der Erde war ein Zeitalter des Wassers. Die Menschheit lernte, die großen Ozeane zu befahren. Eine große Flut brachte diese Welt zum Versinken und machte den Weg frei für die „Fünfte Sonne", unter der wir jetzt leben. Während der aztekische Kalender diese Zeitalter der „Fünf Sonnen" klar beschreibt, lassen die Prophezeiungen offen, wie die „Fünfte Sonne" enden wird.

Der mittlerweile ebenfalls weltweit bekannt gewordene Maya-Kalender besteht aus großen Zyklen von jeweils 5239 Jahren, wobei ein Jahr 360 Tage hat. Dieses uralte System der Zeitrechnung soll seit 18 630 Jahren existieren und läßt deutlich erkennen, daß unsere heutige Zeit eine große Bedeutung für Erde und Menschheit hat. Jose Arguelles betont in seinem Buch *Der Maya-Faktor*, daß im Jahr 1992 der letzte Abschnitt eines großen Zyklus beginnt. Diese letzte Zeitspanne soll 20 Jahre dauern und im Dezember 2012 zu Ende gehen. An diesem Punkt endet der Maya-Kalender und markiert den Anfang eines neuen Zeitalters, für das es zur Zeit noch keine Kalenderrechnung gibt. Der Maya-Kalender sagt also ebenfalls voraus, daß gerade der Zeitraum, in dem wir heute leben, die Zeit des großen Wandels sei.

Der berühmte griechische Philosoph Plato berichtete von Solon, seinem Vorfahr, daß dieser sich mit den Hohenpriestern von Ägypten getroffen habe. Diese erzählten Solon von alten Dokumenten, in denen es Hinweise auf frühere Zyklen der Zerstörung und Auferstehung gab. Der Beginn eines neuen Zeitalters soll von Veränderungen in den Achsenneigungen und Bewegungen der Planeten begleitet worden sein – die Erde eingeschlossen.

Hinweise auf derart gravierende Ereignisse finden sich auch im verlorengegangenen biblischen *Buch des Henoch* (nicht zu verwechseln mit dem heute bekannten Buch *Schlüssel des Enoch* von J.J. Hurtak). In Kapitel 54 steht über die Zeit kurz vor der Sintflut: „Die Erde neigte sich in ihrer Achse." Nach Henochs Visionen, die er seinem Sohn Methusalem mitgeteilt hat, sollen diese früheren dramatischen Ereignisse von den kommenden sogar noch übertroffen werden.

Auch andere Passagen in der Bibel weisen klar, aber unvollständig auf die Zeit des großen Wandels hin:

Und alles, was auf Erden je geschaffen wurde, wird zu seiner Zeit vergehen... In diesen Tagen werden die Früchte der Erde nicht zu ihrer Zeit reifen... Der Himmel wird stillstehen. Der Mond wird seine Gesetze ändern und nicht zu gewohnter Zeit erscheinen.

Das Buch Henoch

Der alte Himmel wird vergehen, und ein neuer Himmel wird entstehen.

Das Buch Henoch

Und es werden da und dort Hungersnöte und Erdbeben kommen, wie sie die Erde noch nie gesehen hat... Sogleich aber nach der Drangsal jener Tage wird die Sonne sich verdunkeln, und der Mond wird seinen Schein nicht geben, und die Sterne werden vom Himmel fallen.

MATTHÄUS 24,7

Ich sah einen neuen Himmel und eine neue Erde, denn der alte Himmel und die alte Erde waren vergangen. OFFENBARUNG 19,11

Die berühmten, 40 000 Jahre alten Smaragd-Tafeln von Thot wurden in mehrere Sprachen übersetzt. Sie präsentieren kein gechanneltes Material, sondern die direkten Worte Thots. Diese wurden auf Kristalltafeln festgehalten, um das Erbe der Mysterien für die Menschheit in diesem Zyklus aufzubewahren. Die Tafeln wurden 1925 zuletzt gesehen. Ihr Inhalt aber war bereits als „Lehren des Hermes Trismegistos" zur Grundlage zahlreicher Bruderschaften wie die der Freimaurer und vieler esoterischer Zirkel geworden. Wiederholt weisen die Tafeln darauf hin, daß die Menschheit einem Wandel unterworfen wird, damit sie eine neue Form der Beziehung zwischen Finsternis und Licht verstehen lernt.

Der Mensch ist in einem Prozeß der Veränderung, hin zu Formen des Lichts, die nicht von dieser Welt sind; er wächst mit der Zeit in die Formlosigkeit hinein auf der Ebene eines höheren Zyklus. Wisse, du mußt formlos werden, bevor du eins wirst mit dem Licht. *Die Smaragd-Tafeln von Thot,* TAFEL 8

Wenn die Menschheit wieder den Ozean überquert und in der Luft fliegt wie die Vögel mit ihren Schwingen; wenn sie gelernt hat, den Blitz nutzbar zu machen, dann wird die Zeit des Krieges beginnen. Groß wird der Kampf sein zwischen den Mächten, groß wird der Kampf sein zwischen der Finsternis und dem Licht. Nation wird sich gegen Nation erheben, indem sie die dunklen Kräfte benutzt, um die Erde zu zertrümmern.

Dann werden die Söhne des Morgens vortreten und den Menschenkindern ihre Anordnungen geben, indem sie sagen: „Oh ihr Menschen, laßt ab von dem Nachstellen gegen eure Brüder, nur so könnt ihr ins Licht kommen. Dann soll das Zeitalter des Lichts entfaltet werden, indem alle Menschen das Licht des Ziels suchen.

Die Smaragd-Tafeln von Thot, TAFEL 12

Der Wandel: unser Weg nach Hause

Jahrtausendelang wurde über den Wandel nachgedacht, wurden Theorien aufgestellt, Hypothesen erfunden und Andachten zelebriert. Aufgrund gutgemeinter Interpretationen haben sich Religionen entwickelt, die jedoch leider ein verzerrtes Bild von der fundamentalen, nur schwer faßbaren Energie der Schöpfung zeichnen. Die Konsequenzen des Wandels gehen in Wahrheit weit über alle begrenzten Sichtweisen von Religion, Wissenschaft oder Mystizismus hinaus. Sie alle sind nur Sprachen, die im Laufe der Zeit als Versuch entstanden sind, das Wunder der Schöpfung zu verstehen und zu beschreiben. Der Wandel als wahres letztes Schicksal der Menschheit ist in Wirklichkeit ein kreativer, dynamischer Prozeß, bei dem der Wandel jedes einzelnen einen Teil der größeren, allumfassenden Wahrheit darstellt.

Der Prozeß des Wandels läßt sich mit einem Vorgang vergleichen, den wir täglich erleben können, nämlich wenn Wasser seinen Aggregatzustand verändert. Wasser existiert bekanntlich als Eis, in flüssigem Zustand oder in Form von Dampf. Chemisch gesehen ist aber alles das gleiche H_2O. Unter physikalischem bzw. geometrischem Gesichtspunkt hingegen ist die Struktur der Wassermoleküle und damit ihre molekulare Dichte jeweils verschieden. In der speziellen Grafik des Phasendiagramms wird gezeigt, daß Wasser in drei verschiedenen Zuständen oder einer Kombination von drei Zuständen auftreten kann. Dies wird als Funktion von Temperatur und Druck dargestellt. An der horizontalen X-Achse ist von links nach rechts die Änderung der Temperatur eingetragen. Die vertikale Y-Achse gibt von unten nach oben die Zunahme des Drucks an. Zusammengefaßt stellt die Abbildung folgendes dar:

Bei niedrigen Temperaturen gefriert Wasser auch unter hohem Druck zu Eis. Chemisch bleibt es H_2O, jedoch wurde die Struktur fester, da sich die Moleküle nur noch sehr langsam bewegen. Wenn Temperatur und Druck ansteigen, wird das Wasser schließlich zu Dampf. Chemisch ist es immer noch Wasser, allerdings bewegen sich die Moleküle jetzt weitaus schneller. Bei mittleren Temperaturen und hohem Druck ist Wasser flüssig. Wieder ist es chemisch gesehen das gleiche H_2O, jedoch ist die Bewegung der Moleküle jetzt schneller als im Eis, aber langsamer als im Dampf.

Es gibt allerdings einen speziellen Punkt in diesem Diagramm, an dem die Grenzen zwischen allen Aggregatzuständen zusammentreffen, „triple point" genannt. Hier existiert das Wasser gleichzeitig in allen seinen Aggregatzuständen – fest, flüssig und gasförmig. Aber auch hier bleibt es chemisch gesehen das gleiche Wasser.

Auch im Mineralreich gibt es Beispiele dafür, wie sich Materie in seinem physikalischen Zustand und seiner sichtbaren Form verändern kann. So wachsen etwa viele Kristalle in ganz

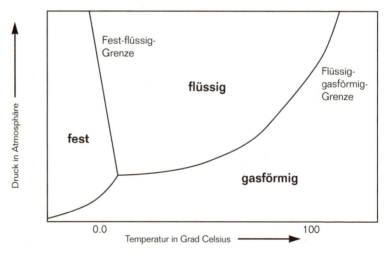

Abb. 1: Der Wechsel der drei Aggregatzustände von Wasser – fest, flüssig und gasförmig – in Abhängigkeit von Temperatur und Druck. In einem Punkt kann es seltsamerweise alle drei Zustände annehmen.

unterschiedlichen Formen, obwohl ihre chemische Zusammensetzung identisch ist. Zum Beispiel findet man das Mineral Fluorit (Flußspat) einerseits als große Haufen von perfekten Würfeln, die sich alle eng aneinanderschmiegen. Andererseits können am selben Fundort auch Fluorite in Form eines Oktaeders vorkommen, also als Doppelpyramide, bei der die Grundflächen aufeinanderliegen. Chemisch gesehen sind auch diese beiden Formen identisch, nämlich CaF_2. Ein weiteres Beispiel für Formenwandel ist der Eisenkies. Ihn kann man als Würfel finden – einzeln oder im Verband mit anderen –, aber auch in Form eines Dodekaeders, also eines regelmäßigen Körpers mit zwölf fünfeckigen Flächen. Beide Erscheinungsformen sind chemisch identisch, jedoch strukturell verschieden. Diese Formenwandlung und das am Wasser-Phasendiagramm beschriebene Phänomen ähneln dem physikalischen Prinzip des gegenwärtigen planetarischen Wandels: Chemisch bleibt die Erde gleich, jedoch verändern sich die morphogenetischen Felder der Erde.

Der Zustand unserer „Umwelt"* verändert sich. Die Magnetfelder unseres Planeten und seine Grundresonanz-Frequenz (gemeint ist die sogenannte „Schumann-Frequenz"; d. Übers.) nehmen ein neues Schwingungsmuster an. So, wie sich Wasser bei Änderung von Druck und Temperatur verändert, zieht sich jetzt die Erde „ein neues Kleid" an – chemisch identisch, doch strukturell verschieden.

Auch die menschliche Form kann sich je nach Umweltbedingungen verändern. Diese „formende" Umwelt wird vor allem durch die Magnetfelder, Frequenzen und Energien der Erde bestimmt. Störungen dieser Magnetfelder und Energien können schwerwiegende Auswirkungen auf die Menschheit haben und sogar zu Katastrophen führen.

Der „Erdorganismus" funktionierte in den letzten 200 000 Jahren innerhalb eines bestimmten Frequenzspektrums. Jegliche Materie, die das menschliche Bewußtsein je gekannt hat, und

---

* In diesem Text steht das Wort „Umwelt" für die Summe aller Energiefelder, die das Leben auf der Erde beeinflussen. Die Felder stehen in Verbindung mit dem Erdmagnetismus und der Resonanzfrequenz der Erde. Hier sind also nicht Wetter-, Temperatur- und Ozon-Einwirkungen gemeint, auf die später noch ausführlich eingegangen wird.

alles, was je gefühlt, gewußt, berührt, erschaffen oder aufgelöst wurde, existierte innerhalb dieses Teilbereichs. Der Mensch hat es im Laufe der Zeit geschafft, die Zellen seines Körpers einem recht breiten Spektrum der Frequenzen und Informationen der Erde anzupassen (Abbildung 3). Die meisten Menschen leben aber merkwürdigerweise nur in den unteren zwei Dritteln des gesamten Spektrums.

Im Feld der Erde gibt es aber noch ein anderes Frequenzspektrum, nämlich das der sogenannten feinstofflichen Energien und Informationen. Dieser Bereich hoher Frequenzen ist ein Informationsspeicher, der bisher nur schwer zugänglich war. Genau in dieses hohe Frequenzspektrum „steuert" die Erde jetzt mit der Menschheit hinein, um mit ihm in Resonanz zu treten. Jede Körperzelle versucht gegenwärtig, sich auf dieses Frequenzband einzustellen, sich zu einem „Abbild" dieser Frequenzen zu machen. Das Ziel des Wandels ist es also, die Menschheit in eine Resonanz mit jenem neuen Frequenzspektrum einzustimmen. Es ist jedoch keinem Menschen möglich, sich durch einen einmaligen Willensakt dauerhaft in Resonanz mit dieser hohen Frequenzebene zu bringen. Vielmehr muß man sich den Zugang dazu durch den richtigen Einsatz seines freien Willens ein Leben lang erarbeiten.

In der Übergangsphase des Wandels wird die Erde nach und nach in den Erfahrungsbereich des neuen Frequenzspektrums hineingetragen. Die dunklen disharmonischen Angststrukturen werden immer mehr abnehmen, da alle Menschen die Evolution bewußt anstreben werden. Die Erde kann nur noch hohe Frequenzen zulassen. Dieses Spektrum ist uns als Christus-Schwingung bekannt. Jesus stand mit diesem Frequenzspektrum bereits vor 2 000 Jahren in Resonanz. Es war ein Geschenk von ihm an die nachfolgenden Generationen, als er sein individuelles Schwingungsmuster in der Bewußtseins-Matrix der Menschheit verankerte. Jesus als lebender universaler Christus demonstrierte, daß der Mensch seine Ängste und Vorurteile überwinden kann, wenn er seinen Willen bewußt einsetzt. Sein Leben wurde zu einer „Brücke", über die alle nachfolgenden Menschen Zugang zu höheren Frequenzen und Informationen bekommen können.

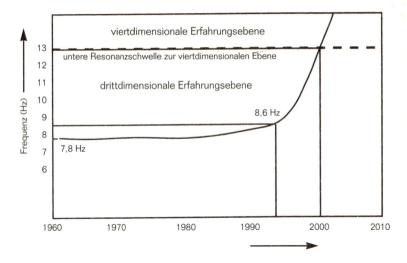

Abb. 2: Die Veränderung der Grundresonanz-Frequenz der Erde im Laufe der letzten Jahre mit dem voraussichtlich immer schneller ansteigenden weiteren Kurvenverlauf.

Ein westlicher Physiker würde eine solche Resonanzverschiebung zur Christus-Schwingung hin als „Dimensionswechsel" bezeichnen. In der Bibel bezeichnet der Ausdruck „Auferstehung" genau diesen Prozeß einer bewußt erlebten Resonanzverschiebung. Der Ausdruck „das ewige Leben" steht

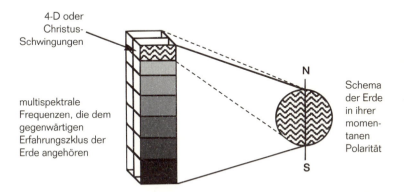

Abb. 3: Im Laufe der Geschichte stand die Erde mit mehreren Frequenzspektren unterschiedlicher Energien in Resonanz. Alle Erfahrungen der Menschheit während der letzten 200 000 Jahre dieses Zeitzyklus sind Ausdruck einer oder mehrer dieser Frequenzen. Zur Zeit beginnt die „Christus-Frequenz" immer stärker in das noch bestehende Spektrum „einzustrahlen".

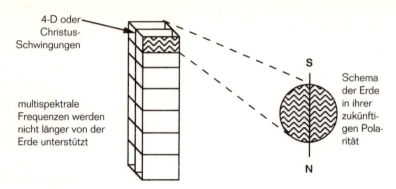

Abb. 4: Die Erde befindet sich am Ende eines Evolutionsprozesses und „bewegt" sich nun ganz von einem Frequenzband niedriger Schwingungen zu einem Bereich hoher Frequenzen, den „Christus-Schwingungen". Alles Leben auf ihr bemüht sich, mit den neuen Schwingungsfrequenzen in Resonanz zu treten. Mit der „Zeitenwende" wird dieser Anpassungsprozeß abgeschlossen sein.

symbolisch für diesen hochentwickelten Ausdruck der Lebensessenz.

Der bevorstehende Wandel bewirkt, daß die Evolution der Erde beschleunigt wird. Die Menschen erleben unausweichlich körperliche Veränderungen, denn sie sind an die sich verändernden Magnetfelder und Frequenzen der Erde angeschlossen (dazu später noch ausführlich). Der Mensch kann sich die Transformation erleichtern, wenn er sich das Wissen der alten Lehren, in denen die Zusammenhänge von Körper, Geist und Seele erklärt werden, wieder aneignet. Damit ausgerüstet, kann auch er – ähnlich wie Jesus – seinen freien Willen leichter richtig einsetzen. Der Zweck des Wandels ist es, zur Balance der Erde beizutragen und Heilung zu bringen für alle, die diese Energie ertragen können. Es ist der Wandel zu einem neuen Menschen mit einer höheren Frequenz, nämlich einer „Christus-Energie". Das ist das „Erwachen am Null-Punkt".

Das Wesen der Stille: der „Null-Punkt"

Der sogenannte Null-Punkt soll zunächst an einem vergleichbaren Phänomen der Physik erläutert werden: Unter traditionellen Naturwissenschaftlern gilt das Gesetz, daß Ereignisse nur in einem Raum ohne Vakuum stattfinden können. Nur dort würden die Temperatur- und Druck-Kräfte die Systeme der Schöpfung dazu anregen, seh- und meßbare Ereignisse zu produzieren. Die Wissenschaftler nutzen dieses Prinzip im Labor z.B. bei einer Temperaturmessung. Das Glasthermometer zeigt bekanntlich die Temperatur dadurch an, daß eine Quecksilbersäule in einem luftdicht verschlossenen Glasröhrchen steigt oder fällt. Die Ursache hierfür ist, daß der Gasdruck innerhalb des Glasröhrchens wächst oder sinkt. Theoretisch existiert auch ein Zustand, in dem es keinen Gasdruck mehr gibt. Dies entspricht dem Null-Punkt der Kelvin-Temperaturskala, dem sogenannten „absoluten Null-Punkt" (bei −273 Grad Celsius). Hier befinden sich alle Moleküle in völliger Ruhe, ohne Druck zu produzieren und ohne Raum zu beanspruchen. Nach Erkenntnissen der Quantenmechanik ist dieser absolute Null-Punkt jedoch nicht nur hypothetischer Natur, sondern zwingend erforderlich.

In einem Null-Punkt-Zustand wird also die Schöpfung für den Beobachter ganz still, nur „von innen heraus" als „Teilnehmer" könnte man noch einen allerletzten Rest von Teilchen- oder Energiebewegung wahrnehmen.

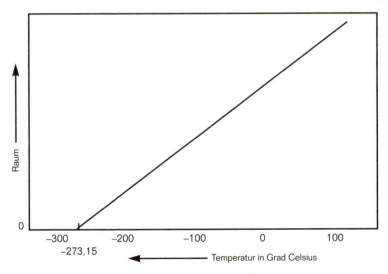

Abb. 5: Beziehung zwischen Temperatur- und Druck-Änderung bis zum absoluten Null-Punkt von −273,15° Celsius oder 0° Kelvin.

Die Erde erlebt nun gerade die ersten Zustände einer Null-Punkt-Erfahrung anderer Art: Anstelle von Temperatur und Druck tendieren die Kräfte des Magnetismus und der Elektrizität immer weiter zu ihrem Null-Punkt. Die Auswirkungen auf den Menschen sind immens. Unter anderem ist damit ein Zusammenbruch jener Gedankenstrukturen verbunden, die nicht in das neue Frequenzspektrum passen. Jeder einzelne ist Teil dieses Wandlungsprozesses und spielt die Hebammenrolle bei der Geburt einer neuen Ära des menschlichen Bewußtseins.

Jahrhundertelang sind wir mit Prophezeiungen, Vorhersagen und Warnungen über die Katastrophen der heutigen Zeit überschwemmt worden. Stets sollten wir alles akzeptieren und glauben, was uns gesagt wurde. Woran aber können wir erkennen, daß sich der Wandel tatsächlich gerade vollzieht?

Das Erwachen der neuen Erde wurde jetzt herausgegeben, damit du den Wandlungsprozeß wirklich verstehst und ihn selbst in deinem eigenen Körper und deinem Leben erkennen kannst. Der Wandel ist keineswegs nur eine vage Hypothese für irgendeine Epoche in ferner Zukunft. Er ist auch kein Prozeß, der nur für Mystiker und Esoteriker bestimmt ist, die an einsamen Orten auf das Ende der Welt warten. Der Wandel ist eine Abfolge umfassender, nachvollziehbarer Prozesse, die bereits begonnen haben!

Der nächste Abschnitt erläutert, warum die Veränderungen geschehen und in welchem Zusammenhang sie stehen.

Magnetismus: der erste Schlüssel zur „Auferstehung"

Der Wandel kann aus vielen Blickwinkeln beschrieben werden, die alle ihre Gültigkeit besitzen. So spricht man in esoterischen Diskussionen oft vom „Ins-Licht-Gehen" und vom kommenden „neuen Zeitalter". Ebenso richtig ist es aber, den Wandel als ganz bestimmte Veränderungen des Erdmagnetismus und der Erdelektrizität zu beschreiben. Aus wissenschaftlicher Sicht werden nämlich beim Wandel zwei meßbare Grundkräfte neu aufeinander abgestimmt. Tatsächlich verändern sich beide Werte momentan sehr schnell, was wiederum einen subtilen

Effekt auf jede Zelle des Körpers, auf das Bewußtsein und die Art des Denkens und Fühlens hat.

Die Evolution des Bewußtseins und der Prozeß des Wandels können wir daher am besten verstehen, wenn wir die Beziehung zwischen dem Erdmagnetismus und den Zellfunktionen unseres Körpers kennen. Für ein leichteres Verständnis soll zunächst das Grundprinzip des Magnetfeldes unseres Planeten erläutert werden:

Ein Stück Eisen ist ein hartes Material ohne magnetische Eigenschaften. Wickelt man jedoch einen Draht mehrmals um das Eisen und setzt ihn unter Strom, tritt sofort das Phänomen des Magnetismus auf. Das Eisen entwickelt ein Magnetfeld mit einem Nordpol und einem Südpol. Wenn der Stromfluß in seiner Richtung umgekehrt wird, verschwindet das vorherige Magnetfeld wieder und ein neues entsteht. Dieses Magnetfeld ist jetzt aber umgekehrt polarisiert, d.h., Nord- und Südpol haben die Plätze getauscht.

Wird nun ein Blatt Papier mit Eisenspänen in ein solches Magnetfeld gehalten, richten sich die kleinen Eisenteilchen längs der Feldlinien aus – das Magnetfeld wird dadurch indirekt sichtbar. Vom Grundprinzip her ähneln diese Energielinien denen des natürlichen Erdmagnetfeldes: Während beim Eisenstück die Elektronen durch den Draht spiralförmig herumgeleitet werden und ein Magnetfeld, dessen Feldlinien rechtwinklig zum Elektronenfluß stehen, bilden, geschieht dies bei der Erde durch ihren speziellen schichtförmigen Aufbau. Die Erde besteht nämlich nicht aus einer einheitlichen Masse. Sie setzt sich aus unterschiedlich dichten Schichten zusammen, in denen sehr große Temperaturdifferenzen herrschen. Der Grund hierfür liegt in der unterschiedlichen Erdtiefe, in der sich diese Schichten befinden, und den damit verbundenen anderen Druckverhältnissen.

Die äußerste Schicht wird Erdkruste genannt und bildet die Ozeane und Kontinente. Die Kruste ist mit durchschnittlich fünf Kilometern im Meeresbereich und 40 Kilometern im Kontinentalbereich relativ dünn. Unter der Erdkruste gibt es eine zweite Schicht, den sogenannten Erdmantel, der 2 700 Kilometer dick ist. Das Material des Mantels ist wesentlich dichter als das der Kruste und aufgrund des großen Drucks und der hohen

Temperaturen zu einer flüssigen Masse geschmolzen. Sie wird als Lava von Vulkanen ausgestoßen. Unter diesem Mantel liegt der Kern, bei dem eine äußere Schicht von 2 000 Kilometern und eine innere von 1 200 Kilometern Dicke unterschieden werden. Man nimmt an, daß der innerste Kern aus einem weichen Material besteht und die äußere Kernschicht eine noch etwas flüssigere Konsistenz besitzt. Letztere ist vermutlich wärmer als der Kern, aber kühler als der Mantel.

Dieser Kern unseres Planeten soll chemisch aus einem Eisen-Nickel-Gemisch bestehen. In dem weiter oben beschriebenen Beispiel entspricht der Erdkern dem mit Draht umwickelten Eisenstück.

Auf Abbildung 6 wird verdeutlicht, wie Elektronen, die um ein Stück Eisen herumgeleitet werden, ein Magnetfeld mit Nord- und Südpol produzieren. Auch das Hauptmagnetfeld der Erde hat diese einfache zweipolige Form. Durch die Rotation der Erde um ihren geschmolzenen Kern werden innerhalb der Schichten Überschüsse an Elektronen erzeugt. Wie beim Eisenstück aus unserem Beispiel entsteht dadurch rechtwinklig zum Elektronenfluß ein Magnetfeld. Eine besondere Bedeutung kommt dabei den Bewegungen der verschiedenen Schichten des inneren und äußeren Kerns zu. Fachmann Nils-Axel Morner erklärt hierzu, daß der innere Erdkern ein guter elektrischer

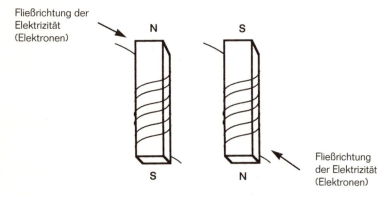

Abb. 6: Ein von Strom durchflossener Leiter erzeugt ein Magnetfeld mit Nord- und Südpol. Die Umkehrung der Richtung des Stromflusses bewirkt auch eine Umpolung des Magnetfeldes.

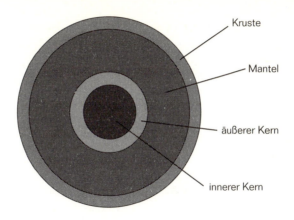

Abb. 7: Schematischer Aufbau der Erde mit der relativen Dicke von Kruste und Mantel und des inneren und äußeren Kerns aus flüssigem und halbflüssigem Eisen und Nickel.

Leiter ist, der viel Rotationsenergie trägt und wahrscheinlich starken Einfluß auf das Hauptmagnetfeld des Planeten ausübt. Je schneller nun die Rotation der Schichten ist, desto stärker wird auch das Magnetfeld der Erde. Je langsamer sich die Erde dreht, desto schwächer wird ihr Magnetfeld. Und genau das passiert zur Zeit. Ein Ereignis, das sich ähnlich schon mehrmals in der Geschichte unseres Planeten ereignet hat.

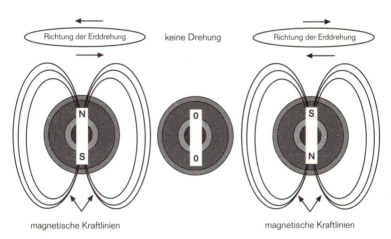

Abb. 8: Zusammenhang zwischen der Erdrotation und dem Erdmagnetismus, der durch die Erddrehung erzeugt wird: Bei einem Stillstand der Erde sinkt der Wert des Magnetismus auf Null. Wenn die Erde beginnt, sich entgegen ihrer früheren Richtung zu drehen, wird ein neues Magnetfeld erzeugt, bei dem nun die Pole ihre Position getauscht haben.

Ein zweites höchst bedeutsames Phänomen ist die Veränderung in der Elektrostatik der Erde. In der vielschichtigen Atmosphäre entstehen statische Aufladungen, die sich bei einem gewissen Wert wieder entladen. Der geniale Wissenschaftler Nikola Tesla hat bereits vor rund 80 Jahren entdeckt, was moderne Wissenschaftler heute erneut herausgefunden haben: Die Erde arbeitet mit ihrer Atmosphäre wie ein riesiger Kondensator. Dessen Unterseite (also der Erdboden, d. Übers.) wird durch einen Überfluß an Elektronen minuspolig. Die höheren Schichten der Atmosphäre hingegen sind pluspolig geladen, wobei ein Meter Höhenunterschied eine Ladungsdifferenz von 130 Volt aufweist. Die Erde versucht durch gigantische Blitze zwischen dem Boden und der Luft einen Ladungsausgleich zu schaffen. Auf hundert Quadratkilometer kommen jährlich durchschnittlich 2 500 Blitze. In dieser elektrischen Ladung „badet" jedes Lebewesen, doch mit welchen Folgen? Neueste Studien legen nahe, daß das Gehirn für seine Tätigkeit den Erdmagnetismus benötigt. Ein internationales Team, das sich mit dem Phänomen der „Wahrnehmung von Magnetismus" beschäftigt hat, entdeckte, daß sich im Gehirn Millionen kleinster magnetischer Teilchen befinden. Diese magnetischen Teilchen sind die physischen Verbindungsglieder zum Erdmagnetismus. Die statische Ladung wiederum bewirkt durch eine ständige „elektrische Berieselung" und damit Aktivierung der zugehörigen Informationsebene, daß die magnetischen Teilchen an ihren Plätzen im Gehirn gehalten werden.

Aus Gesteinsuntersuchungen, vor allem von Lavamineralien, wissen die Geologen, daß sich das Magnetfeld der Erde in den letzten 4,5 Millionen Jahren mindestens 14mal umgepolt hat. Morner erbrachte Beweise für eine Umkehrung der Pole, die noch nicht allzu lange zurückliegt. Kohlenstofftests lassen vermuten, daß sich dies vor zirka 13 200 Jahren ereignete. Wann aber wird es erneut einen Polsprung geben?

Wenn das Erdmagnetfeld wirklich aus den Bewegungen von Kern und Mantel entsteht, dann würde eine Umkehrung der Pole bedeuten, daß sich zuvor diese Bewegungen erst verlangsamt und dann in Resonanz mit dem Wandel ihre Richtung gewechselt haben. Ein Hinweis auf derartig gravierende

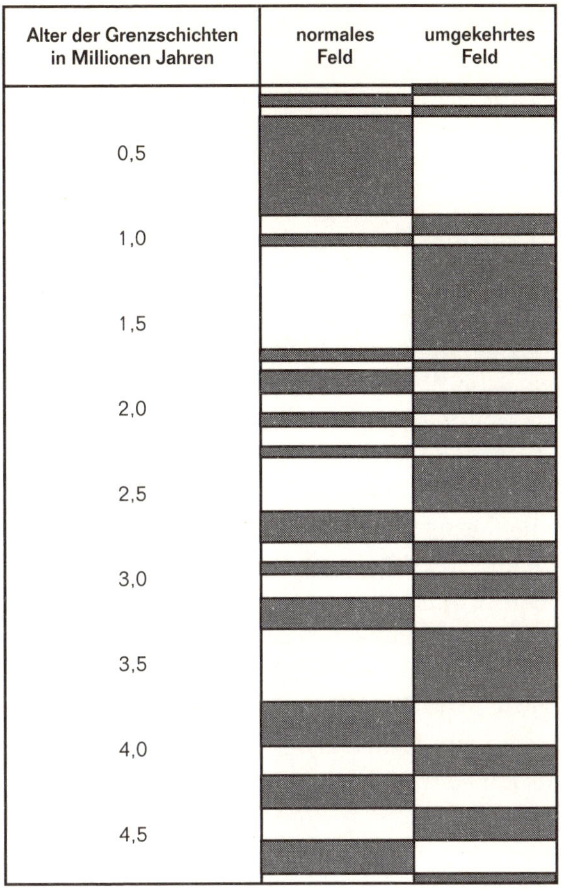

Alter der Grenzschichten in Millionen Jahren	normales Feld	umgekehrtes Feld
0,5		
1,0		
1,5		
2,0		
2,5		
3,0		
3,5		
4,0		
4,5		

Abb. 9: Umpolungen des Erdmagnetfeldes in den letzten 4,5 Millionen Jahren. (Quelle: Allen Cox, „Geomagnetic Reversals", *Science,* Ausgabe 168)

Geschehnisse bei früheren Polsprüngen sollte in den Überlieferungen der Menschheit zu finden sein. Tatsächlich gibt es von wenigstens einem Ereignis Berichte, die auf eine ungewöhnliche Veränderung der Erdrotation schließen lassen:

In seinem Buch *Versunkene Reiche* zitiert Zecharia Sitchin verschiedene Erzählungen der Andenbewohner Perus und Textpassagen aus der Bibel. Danach gab es während der Zeit von Titu Yupanqui Pachacuti II. (etwa 1394 v. Chr.) eine ungewöhnliche „Nacht ohne Morgendämmerung". 20 Stunden lang schien keine Sonne. Dies war keine Eklipse (= Finsternis von

Sonne oder Mond; d. Übers.) oder etwas, das die chinesischen und peruanischen Astronomen vorhergesagt hatten. Nie hatte es eine derart lange Finsternis gegeben. Es wurde damals als „das Eintauchen einer Erdhälfte in eine zwanzigstündige Nacht" interpretiert. Eine Nacht, die fast doppelt so lange dauerte, wie es eigentlich möglich sein sollte.

Sitchin vermutete, wenn solch ein Ereignis wirklich stattgefunden hatte, müßte es auf der anderen Seite der Erdkugel auch Aufzeichnungen von einem genau entgegengesetzten Ereignis geben. In der Bibel, im Buch Joshua, Vers 10,13 wurde er fündig: „Und die Sonne und der Mond standen still, bis die Nation Vergeltung an ihren Feinden genommen hatte... Die Sonne stand mitten am Himmel und ging einen ganzen Tag nicht unter." Nach Angaben der Bibelgelehrten fand dieses Ereignis im Jahre 1393 v. Chr. statt. Dies ist natürlich noch kein Beweis dafür, daß sich die Erdrotation wirklich in einem bestimmten Turnus bis zum Stillstand verlangsamt. Es zeigt nur, daß es in der Geschichte tatsächlich Berichte über ungewöhnliche Bewegungen der Erde gibt. An anderer Stelle in diesem Buch werde ich erklären, warum die meisten Aufzeichnungen den Wandel nicht überstehen – hier nur soviel: Ausschließlich Dinge, die mit der Erde als Schwingungssystem in Resonanz stehen, können die Unterbrechung des Erdmagnetfeldes und der

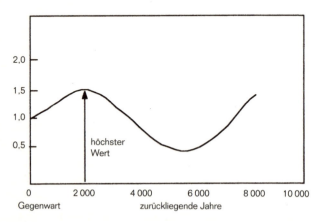

Abb. 10: Schema der vermutlichen zyklischen Veränderungen in der Stärke des Erdmagnetfeldes. Seit den letzten 2 000 Jahren befindet sich das Feld in einer abnehmenden Phase. (Quelle: V. Bucha, *Archaeometry*, Bd. 10, S. 20, 1967)

Grundfrequenz während eines Polsprungs überstehen. Egal, wohin sich die Meßwerte bewegen, die Materie gleicht sich stets an die jeweils neuen Schwingungen an.

Die Zeichen des Wandels sind zwar teilweise bereits bekannt, werden jedoch noch nicht als solche erkannt. Im Juni 1993 erschien in der Zeitschrift *Science News* ein Artikel über magnetische Umpolungen. In ihm wird eingeräumt, daß es schwierig ist, genaue Beweise für einen Polsprung zu liefern, da das Magnetfeld dabei sehr schwach wird.

Tatsächlich nimmt aber gegenwärtig, wie bereits erwähnt, die Intensität des Erdmagnetfeldes rapide ab. Die geologischen Aufzeichnungen weisen darauf hin, daß die Werte seit 2 000 Jahren konstant gefallen sind. Wir haben heute sage und schreibe 38 Prozent weniger „Magnetkraft" als zu Christi Geburt. Messungen der letzten 130 Jahre haben ergeben, daß der Magnetismus durchschnittlich 5 Prozent im Laufe von 100 Jahren abnimmt.

Da nun der Magnetismus durch die Erdrotation entsteht, bedeutet ein geringerer Magnetismus zugleich auch eine langsamere Erddrehung. Auch dies scheint sich tatsächlich derzeit zu ereignen. Sowohl im inneren also auch im äußeren Kern soll die Rotationsgeschwindigkeit abgenommen haben. Dies trifft sogar bereits für die Erde als Ganzes zu: Schon im Jahr 1910 wurde im Zusammenhang mit einem leichten Schlingern der Erde nach Westen eine minimale Verringerung der Erdrotation beobachtet. Die Cäsium-Atomuhren im Bundes-Eichamt in Boulder, Colorado/USA, mußten 1992 zweimal und 1993 einmal nachgestellt werden, da die Tage länger wurden.

Die Auswirkungen der Erdmagnetfelder betreffen alle Menschen. Unser Organismus ist nämlich in der Lage, über spezielle Körpersensoren die magnetische Dichte der Felder eines Ortes wahrzunehmen. Unterschiedliche Stärken des Magnetfeldes können uns in bestimmte Erfahrungsbereiche führen, zu denen sich bestimmte Gruppen hingezogen fühlen – sie ermöglichen Gruppenerfahrungen. Wenn eine Gruppe von Menschen jedoch an einem Ort keine Resonanz mehr findet, wird diese Gegend verlassen. Viele Siedlungsorte uralter

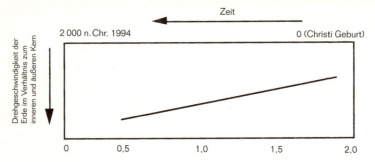

Abb. 11 – A: Beziehung zwischen Abnahme der Erdrotation und Verminderung des Erdmagnetismus in den letzten 2000 Jahren. (Quelle: V. Bucha, *Archaeometry*, Bd. 10, S. 20, 1967)

Kulturen, wie z.B. der Chaco Canyon in New Mexico/USA, wurden aufgrund der Kenntnis dieser Felder angelegt und nicht etwa, wie vielfach angenommen, aus kommerziellen oder spirituellen Überlegungen heraus. Veränderte sich das örtliche Magnetfeld, verließen Mensch und Tier die Region – für traditionelle Archäologen „ohne ersichtlichen Grund". Genau dies ist im Chaco Canyon der Fall.

Wenn man nun eine aktuelle Weltkarte, auf der die lokalen Magnetfeldintensitäten angegeben sind, und eine politische

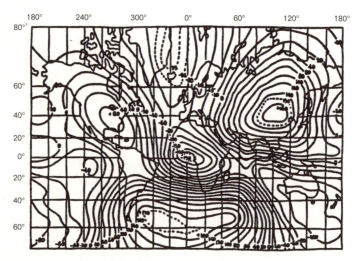

Abb. 11 – B: Intensität des Magnetfeldes im Jahre 1945 in Intervallen von 0,02 Gauß. (Quelle: Bullard, Freedman, Gellman und Nixon, *Phil. Trans. Royal Society of London*, Bd. A, 243, S. 67ff, 1950)

Weltkarte miteinander vergleicht, so stellt man einen hochinteressanten Zusammenhang fest: Länder mit schwachem Magnetismus sind offener für politischen Wandel und Veränderungen, allerdings daher auch politisch instabil. Gegenden mit hohem Magnetismus hingegen sind politisch stabil, freilich bis hin zur Stagnation (Abb. 11).

Der Nahe Osten ist hierfür ein sehr auffälliges Beispiel: Hier befindet sich die „Null-Grenze" einer Magnetzone, die sich von der Ostküste Afrikas über den Sinai und den Golf von Suez bis zum Roten Meer erstreckt. Geringer Magnetismus ist zudem auch für West-Ägypten und den Sudan typisch. Bekanntlich hatte gerade dieses Gebiet jahrhundertelang unter häufigen Konflikten und zahlreichen Kriegen zu leiden.

An der Westküste Nordamerikas herrscht ebenfalls schwacher Magnetismus. Sie ist für Veränderungen bekannt, die sich in Technologie, Mode und Politik vollziehen. Die Nullfeldgrenze zieht sich bis nach Zentralamerika, wo radikale Wechsel im politischen und militärischen Bereich an der Tagesordnung sind.

Auf der anderen Seite gibt es Gegenden mit sehr hohem Magnetismus wie Zentralrußland und den Südosten der USA. In diesen Landstrichen wurden Veränderungen und Neuerungen von den Bewohnern immer nur zögerlich akzeptiert.

Die Stärke des Magnetismus variiert normalerweise langsam. Dies wird durch das Wandern der Felder nach Westen infolge der Erdrotation hervorgerufen. Es dauert etwa 2 000 Jahre, bis das Magnetfeld die Erde einmal umrundet hat. Innerhalb dieser Zeitspanne bekommt also jeder Kontinent die Möglichkeit, alle Aspekte des Erdmagnetismus „kennenzulernen". Das würde bedeuten, daß wir heute die gleichen magnetischen Verhältnisse auf der Erde haben müßten wie zur Zeit von Christi Geburt. Gewissermaßen stellt sich der „Erdorganismus" auf die gleichen magnetischen Verhältnisse ein, die bereits vor 2 000 Jahren mit Jesu Geburt ein höchst bedeutsames Ereignis begleitet haben. Welche Bedeutung Magnetfelder für den Prozeß des Erwachens des menschlichen Bewußtseins haben, soll im folgenden Teil verständlich gemacht werden.

Magnetische Spannung: der „Kleber" des Bewußtseins

Die Energie, die als Bewußtsein bezeichnet wird, ist ihrer Natur nach elektrisch. Sie ist ein Bestandteil des Magnetfeldes der Erde. Die „Essenz des Bewußtseins" hingegen ist gänzlich anderer Natur. Sie ist die Grundlage der Schöpfung, auf der sich alle anderen Energien erst aufbauen. Die „Essenz des Bewußtseins" erzeugt ununterbrochen subtile Schwingungen und geometrische Bilder in Form von schablonenartigen Matrizen. Durch die äußeren magnetischen Einflüsse entsteht in diesen „Schablonen" ein energetisches Spannungsfeld. In diesem Feld kann sich dann die „Essenz des Bewußtseins" verdichten und wird dadurch zum Rahmen unserer Schöpfung. Die Breite der bewußten Wahrnehmung des Menschen wird von den Kräften bestimmt, aus denen der Erdmagnetismus besteht. Er ist gewissermaßen der „Kleber", der das menschliche Bewußtsein an die Schwingungen der Erde „heftet". Der menschliche Geist macht sich ein Bild von der dreidimensionalen Welt, von sich selbst und vom „Schöpfer". Die „Essenz des Bewußtseins" aber ist daran nicht beteiligt. Sie muß nichts verstehen.

Wir können uns selbst auf vielfältige Weise beschreiben und vielfältig kategorisieren: Biologisch sind wir Knochen, Fleisch, Organe, Zellen, Flüssigkeiten usw. Geometrisch haben wir die Form eines Kristalls. Jeder biologische Bestandteil unseres Körpers läßt sich bis zu einer kristallinen Substanz zurückverfolgen. Wenn man uns scannen könnte, so würden wir als Wellenform erscheinen; als eine Serie geometrischer Figuren aus vielen individuellen Wellen, wobei jede Ausdruck eines einzigartigen biologischen Aspektes unseres Körpers ist.

Energetisch gesehen sind wir elektrischer Natur, denn jede Zelle produziert zirka 1,17 Volt mit einer jeweils unterschiedlichen organtypischen Frequenz. Diese einzigartige Schwingung nennt man Grundfrequenz. Jede Zelle vibriert ständig in einem rhythmischen Takt und erzeugt so ihre Grundfrequenz.

Außerdem sind wir aber auch magnetische Wesen, denn bei der Erzeugung und dem Fluß von Elektrizität entsteht ein Magnetfeld, das jede Zelle umschließt.

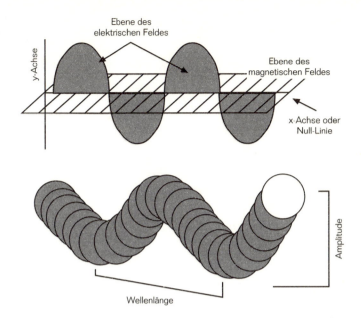

Abb. 12: Elektrisches und magnetisches Feld sind stets um 90 Grad gegeneinander verschoben. Zur besseren Übersicht wird meist die zweidimensionale Darstellung (im Bild oben) gewählt. In Wirklichkeit aber besitzen die Felder eine dreidimensionale Struktur – unten eine Zeichnung der dreidimensionalen Form des elektrischen Feldes.

Dieses Magnetfeld setzt sich aus den Feldern der entsprechenden Organe, Gewebe und Knochen zusammen. Die elektromagnetischen Zellen existieren also in einem elektromagnetischen Wesen – folglich bestehen zwei getrennte Feldstrukturen, die sich gegenseitig beeinflussen. Von ihnen hängt ab, wie du dich und die Welt siehst und wie du mit deinen Wahrnehmungen zurechtkommst. „Du selbst" bist der elektrische Teil deines Körpers. In reinstem Zustand ist er nichts als Information und Energie – ohne Wertungen, Egostrukturen, Ängste und Vorurteile. Das ist deine „innerste Essenz", dein „wahres Ich". Dieses „elektrische Ich" wurde traditionell immer als die „Seele" bezeichnet. Sie ist ein Aspekt deines Wesens, der nicht von anderen Dimensionen, Planetenkräften oder der Sonnenenergie abhängt. Es ist deine Seele, die den langen Weg über eine Vielzahl an Energiesystemen gegangen ist, um in diesem Zeitzyklus ihre Erderfahrung zu machen. Die Seelenessenz wird einmal die

Erde verlassen und den Nutzen der Erderfahrung mit in ein neues Dasein nehmen.

Die Magnetfelder der Zellen wirken als schützende Puffer, welche die feinstofflichen Informationen der Seele innerhalb der Zelle stabilisieren. Diese Puffer erzeugen aber auch einen Strömungswiderstand, der verhindert, daß wir mental Zugang zur feinstofflichen Ebene der Informationen in den Zellen bekommen. Die Magnetfelder der Erde wiederum bilden eine Sicherheitszone zwischen der mentalen und der physischen Ebene, zwischen einem Gedanken und seiner Verwirklichung. In der Geschichte unseres jetzigen Zeitzyklus mußten die Magnetfelder stärker sein, damit ein größerer Abstand zwischen Gedanken und deren Konsequenzen bestand. Das Gruppenbewußtsein war relativ neu und mußte die Kraft und die Folgen des Denkens erst noch kennenlernen. Ein Schutz durch den hohen Magnetismus war daher unerläßlich. Es würde aber auch heute noch ein großes Durcheinander geben, wenn jeder Gedanke und jede Phantasie sofort materielle Formen annähme. Deshalb kann man nur mit starkem klaren Willen seine Wünsche verwirklichen. Die betreffende „wünschende" Gedankenschwingung mußte bisher recht lange gehalten werden, bevor sie sich durch die Matrix der Schöpfung zu etwas Realem in unserer Welt kristallisieren konnte. Jetzt, wo die Magnetfelder abnehmen, verringert sich auch die zeitliche Verzögerung für die Materialisation eines Gedankens. Vielleicht hast du selbst schon bemerkt, daß sich alles schneller verwirklicht als früher. Die schwächer werdenden Magnetfelder bringen also durch die unmittelbare Verwirklichung von Gedanken und Gefühlen auch die Möglichkeit eines schnellen Wandels mit sich.

Meditation, Gedanken und Gebet

Du hast in dieser dualen Welt durch deinen freien Willen die Chance, dein ganzes Potential zu entfalten. Als Ausdruck deines Schöpfers kannst du selbst zum Schöpfer werden. Du lernst, daß deine Gefühle und Gedanken nicht nur Geistesbilder sind, sondern etwas sehr Reales. Was du fühlst und denkst ist deine Schöpfung. Fühlst du jemals nichts? Du bist wortwörtlich ein Schöpfer in jeder Sekunde deines Lebens!

Du lernst bereits, ohne es zu ahnen, in Übereinstimmung mit einem fortgeschrittenen Energie- und Bewußtseinssystem zu funktionieren: und zwar indem du deine Gedanken bündelst und sie so Realität werden läßt.

Aber auch in der heutigen Computertechnik ist dir die ungeheure Komplexität hinter der bedienungsfreundlichen Fassade, die die Anwendung so einfach macht, nicht bewußt. Du mußt das System nur bedienen können. Ebenso mußt du über die Funktionen deines Energiesystems eigentlich nichts wissen. Es reicht schon, wenn du nur „bist". Das ist das Schöne an diesem Leben, denn man kann sich aussuchen, ob man etwas wissen will oder alles auf sich zukommen läßt. Das Resultat kann das gleiche sein. Die Möglichkeit, etwas zu erschaffen, steht jedem offen. Dazu ist es aber notwendig, drei Aspekte des Denkens zu beachten:

1. Klarheit

Ein Gedanke muß eine klare, eindeutige, präzise und dauerhafte Struktur besitzen, damit er materialisiert werden kann. Ein Gedanke mit wechselnden Strukturen kann sich nicht so lange halten, bis er verstofflicht wird. Sollte er sich aber doch manifestieren, so können unzusammenhängende und irritierende Situationen entstehen, die die verworrenen Gedankenmuster genau reflektieren.

2. Ausdauer

Die Klarheit eines Gedankens muß durch Ausdauer ergänzt werden. Anderenfalls hat er nicht genug Zeit, sich beim „Abstieg" in dichtere Ebenen zu entwickeln. Sein Bild sammelt nämlich als „Schöpfungs-Matrix" auf jeder Ebene die Energie, die es braucht, um in die nächste Ebene „hinunterzukommen" – bis hin zur Materialisation.

3. Wünschen

Während sich der Gedanke zur Schöpfungs-Matrix verdichtet, wird er von der Energie des Wunsches getragen. Wenn die

Energie zur Erhaltung eines Gedankens verloren geht, also der Wunsch nicht stark genug ist, verschwindet er plötzlich. Gegenwärtig wird unser Denken automatisch viel wirkmächtiger, da durch das schwächere Magnetfeld auch weniger Energie zur Erhaltung und Verwirklichung eines Gedankens benötigt wird.

■ Übung A.

Durch die folgende Übung kannst du feststellen, wie gut deine Fähigkeit, dauerhaft zu imaginieren, entwickelt ist. Schau einige Sekunden auf die Abbildung 13. Sobald du meinst, daß du die Figur kennst, schließe die Augen und stell dir das Bild geistig vor. Wie lange kannst du das Bild halten, bevor sich etwas anderes davordrängt? Versuche diese Übung noch einmal unter Einbeziehung von Farben. Du wirst merken, daß sich deine Fähigkeit durch Übung verbessert.

Abb. 13:
Betrachte diese geometrische Form genau. Schließe dann die Augen und versuche, sie dir vor deinem inneren Auge vorzustellen. Notiere dir, wie lange du die Form visualisieren konntest, bevor ein anderer Gedanke das Bild des Oktaeders störte.

■ Übung B.

Wiederhole die Übung, indem du jetzt deinen Blick auf die Abbildung 14 fixierst. Beschränke dich zuerst auf die Wahrnehmung der Linien, danach kombiniere sie mit Farben. Vielleicht empfindest du dieses Bild als zu komplex, um es genau wiedergeben zu können. Wenn du es doch kannst, wirst du feststellen, wie schnell sich der Geist von äußeren Reizen wie Straßengeräuschen ablenken läßt.

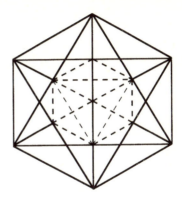

Abb. 14:
Wiederhole die Visualisierung mit dieser sehr viel komplizierteren Form (ein Ikosaeder mit einem innenliegenden Oktaeder, gestrichelt dargestellt).

■ Übung C.

Konzentriere dich nun auf das dritte Bild (Abb. 15). Wiederhole die Imaginationsübung und merke dir das Resultat. Du wirst feststellen, daß dieser Prozeß leichter ist als Übung B.

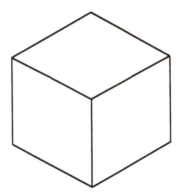

Abb. 15: Wiederhole die Übung nun mit dieser einfachen Zeichnung eines Würfels.

Es gibt einen interessanten Zusammenhang zwischen den Übungen A, B und C: Die Formen, die du imaginieren solltest, repräsentieren nämlich eine spezielle Gruppe geometrischer Figuren, die sogenannten „Platonischen Körper". Sie werden in Kapitel II des Buches noch näher beschrieben.

Abbildung 15, der Würfel, gilt als „Vater" der vorhergehenden Formen. In ihm sind die zwei ersten Formen, das Tetraeder und das Oktaeder, enthalten – auch wenn sie nicht direkt zu sehen sind. Du brauchst sie daher nicht extra in deinem Geist zu entwerfen, und doch ist auch ihre „Information" im Bild des Würfels enthalten.

Dieses Prinzip findet sich generell in der Schöpfung wieder. Erlaube daher der Schöpfung, beim Imaginieren deines Wunsches selbst die nötige Anordnung der Bausteine zu bestimmen. Wenn du dir wirklich jedes Detail selber ausdenken wolltest, würdest du dich nur selbst behindern, und der Fluß der geistigen Schöpfungsenergie würde eingeengt.

Du wirst entdecken, daß du den Prozeß des Schöpfens erst üben mußt, indem du deine Gedanken mit Klarheit und Ausdauer auf dein Wunschbild konzentrierst. Nur so bekommen deine Gedanken die Energie und Zeit, die sie zu ihrer Manifestation benötigen. Du wirst dadurch die Konsequenzen deiner Gedankenstrukturen schnell verstehen. Sei also vorsichtig, was du denkst!

Meditation und Gebet können als Formen von Gedankenmustern bezeichnet werden. Sie haben eine bestimmte Absicht und verändern direkt den Energiekreislauf und die Frequenz des Körpers. Für beide sind spezifische Übungstechniken entwickelt worden. In der westlichen Kultur handelt es sich bei einem Gebet meist um eine Bitte, daß Gott eingreifen möge. Gott soll etwas geschehen lassen oder etwas verhindern. Beispielhaft für solche Gebete sind folgende Formulierungen:

„Bitte, Gott, laß Frieden in der Welt sein."
„Bitte, Gott, laß mich dieses eine Mal noch die Tankstelle erreichen. Ich verspreche, nie wieder mit fast leerem Tank zu fahren."
„Bitte, Gott, laß mich wieder gesund werden."

In allen Fällen hat der Betende keine Kontrolle über die Situation und wünscht daher, Gott möge ihm aus der Patsche helfen. In den westlichen Kulturen hat sich der Glaube festgesetzt, der Mensch stehe außerhalb der Schöpfung und sei etwas Höheres als seine Umwelt. In diesem Irrtum sehen und verstehen die Menschen die Kräfte nicht, die das Leben erzeugen und beeinflussen – ihr eigenes Leben eingeschlossen. In ihrer Welt scheinen die Dinge einfach so zu geschehen.

Die alten Mysterienschulen und östlichen Religionen hingegen basieren auf einem Konzept, das den Menschen als Teil der Schöpfung und nicht außerhalb davon befindlich ansieht. Daher spielt der Mensch auch eine wichtige Rolle für die Dinge, die in der Schöpfung geschehen. Diese uralten Prinzipien gelten heute noch genauso wie vor 6 000 Jahren, auch wenn wir sie jetzt mit Begriffen wie „Matrix" und „bewußtes Hologramm" erklären. Wie aber kann nun „effektiv" gebetet werden?

In Kapitel III des Buches wirst du etwas über die Anwendung von Mudras, bestimmten Fingerhaltungen, erfahren. Durch sie können wir uns an den Energiekreislauf des Universums „anschließen". Spezielle Mudras ermöglichen eine Verbindung zu jeweils bestimmten Energiequalitäten. Das stärkste Mudra ist das der offenen Hände, wobei sich die Fingerspitzen berühren und die Handflächen einander gegenüberliegen. Seit Jahrhunderten wurde uns gelehrt, in dieser Handhaltung zu beten, aber nicht, warum wir die Hände so halten sollten. Dabei ist seit langem bekannt, daß dieses Mudra alle „Energieebenen" öffnet. Durch diese Haltung „fahren wir unsere Antennen aus", um die subtilen Energiequalitäten wahrnehmen zu können. Der dadurch mögliche Zugang zu den Ebenen der Informationen ist der erste Schritt, aber wie können wir uns auf diese Ebenen einstimmen?

Die Einstimmung deines Wesens auf die subtilen Ebenen hängt von der Qualität deiner Gedanken ab. Gewöhnlich bist du ständig mit irgendwelchen Gedanken oder Gefühlen beschäftigt. Diese lehren dich im wahrsten Sinne des Wortes, wie man verschiedene Schwingungsfrequenzen – bis hin zu den Extremen von Schmerz und Glück – denkt und fühlt. Deine Gedanken und Gefühle sind die Werkzeuge, durch deren Gebrauch du mit den verschiedenen Aspekten der Schöpfung in Resonanz treten kannst. Wenn deine eigene „Schwingung" einen harmonischen Punkt erreicht, tritt Resonanz auf und ein gegenseitiger Austausch findet auf dieser Ebene statt.

In einem solchen Zustand von Resonanz bist du völlig an die Energiestrukturen angeglichen, zu denen dich deine

Gedanken geführt haben. In diesen Momenten hast du die Möglichkeit, die Samen für deine zukünftigen Schöpfungen zu legen, weil du hier deine Energie mit der größten Wirkung konzentrieren kannst. In diesem Zustand wirst du zum Schöpfer deiner eigenen Erfahrungen und hast Einfluß auf die Ereignisse in der Welt.

Du nimmst Einfluß auf die Welt, indem du deine Einheit mit der Schöpfung anerkennst. Der Prozeß, der es dir ermöglicht hat, in Resonanz zu treten, ist eine Form der „Meisterschaft". In ihm sind Gedankenkraft und Gebet vereinigt, um als Meditation angewendet zu werden. Anders als die erwähnten „fordernden" bzw. „wünschenden" Gebete ist die Meditation eine effektive, wenn auch passive Art der Einflußnahme. Dieses Modell macht auch verständlich, wie die Erfahrungen eines einzelnen bis zu einem gewissen Grad das Bewußtsein aller beeinflussen können. Wenn dir dies klar ist, dann verstehst du auch, warum es nicht genug ist, z.b. für Frieden in der Welt in „wünschender" Form zu beten. Diese Bitten um Frieden sind zwar gut gemeint, aber in sich unvollständig.

Die höchste Form der Einflußnahme ist nicht die Bitte um etwas, sondern du mußt selbst zu diesem etwas werden. Wenn Friede die gewünschte Realität in der globalen Matrix – also auf Erden – ist, dann muß der Friede zur erlebten Realität in deiner persönlichen Matrix – also in deinem täglichen Leben – werden. Du mußt selbst „zu Frieden werden". Auf diese Weise können geringe Veränderungen einen Wandel des Ganzen bewirken.

Frequenzwechsel: der zweite Schlüssel zur „Auferstehung"

Die Grundschwingung unseres Planeten, auch „Schumann-Frequenz" genannt, ist neben dem Magnetismus der zweite Faktor, der sich gegenwärtig gravierend verändert. 1952 hat Professor Schumann diese „Erdschwingung" entdeckt. Allerdings hatte Nikola Tesla diese Frequenz schon 1899 bei seinen Forschungen in Colorado Springs genutzt. Tesla entdeckte, daß die Erde wie ein riesiger Kondensator funktioniert. Es wird Elektrizität gespeichert und in Form von Blitzen wieder abgegeben. Diese erzeugen Schwingungen im Feld der Erde. Die Frequenzen dieser Intervalle beginnen bei zirka 8 Hertz (= Schwingungen pro Sekunde). Die Energiefreisetzung geschieht in einer Serie rhythmischer Schwingungen, die für die menschliche Wahrnehmung meist zu schnell sind.

Verschiedene Zentren des Gehirns nehmen dieses Pulsieren dennoch wahr und wandeln es in ein einzelnes Signal um. Es gibt Meditationen, die speziell dafür erdacht wurden, dies zu umgehen. Mit ihrer Hilfe sollen die Schwingungen als das wahrgenommen werden, was sie sind: kurze, subtile Energieausbrüche.

Im Jahre 1990 lag die Grundfrequenz der Erde bei rund 8 Hz. Jetzt, zum Ende dieses Zeitalters, nimmt die Frequenz stetig zu. Der Wandel der Grundfrequenz der Erde hat jedoch auch gravierende Auswirkungen auf das biologische Leben. Alles Leben innerhalb der schützenden Erdmagnetfelder versucht nämlich stets, seine Schwingungsstrukturen an die der Erde anzupassen. Dabei tritt ein verblüffendes Phänomen auf, das anhand eines Beispiels aus der Technik veranschaulicht werden kann:

Wenn man zwei elektronische Module von denen eines schnellere elektromagnetische Impulse aussendet als das andere, nebeneinander stellt, so geschieht etwas Interessantes. Dasjenige mit der langsameren Frequenz zeigt die Tendenz, seine Frequenz zu erhöhen, um in Resonanz mit dem schnelleren Pulsationssystem zu kommen. Dieses Prinzip ähnelt der Reaktionsweise des menschlichen Energiesystems. Es wird ebenfalls immer die Tendenz zeigen, sich dem Resonanzbereich der höheren Schwingungen anzugleichen – egal, ob es sich dabei um menschliche oder planetare Schwingungen handelt. Hierin liegt auch die Bedeutung der zuvor beschriebenen Meditation, in der man sich bewußt bemüht, direkt mit höheren Schwingungen in Resonanz zu treten.

Im menschlichen Energiesystem ist aber noch ein zusätzlicher Faktor an diesem Prozeß beteiligt, nämlich die geistige Bereitschaft des Menschen, sich an das neue Frequenzspektrum anzupassen. Das „Hauptwerkzeug" dieser Angleichung ist das Leben selber, wo Gefühle, Weltanschauungen, Wahrnehmungen, Ängste und Glaubensmuster den Rahmen für die täglichen Herausforderungen bilden. Der Widerstand eines Menschen gegen diese Frequenzangleichung besteht im Anhaften an alten Strukturen. Je mehr sich der Mensch an alte Strukturen bindet, desto größer ist sein Widerstand.

Will man bewußt in Resonanz mit dem planetarischen Energiesystem treten, muß man lernen, den freien Willen richtig zu gebrauchen. Dadurch kann man die alten Lebensmuster auflösen und neue, ausgewogene Strukturen integrieren. Wenn dieser Prozeß erfolgreich abgeschlossen wird, ist der betreffende Mensch meist auch geheilt und hat „etwas gelernt".

Ende der 80er Jahre wurden unabhängig voneinander an verschiedenen Orten in den USA Messungen der Grundfrequenz unserer Erde durchgeführt. Alle Messungen ergaben, daß sich die Schumann-Frequenz stufenweise erhöht, wobei die Zunahme seit 1987 immer schneller verläuft. In öffentlichen Verlautbarungen wurde dies allerdings noch nicht bestätigt. Vieles spricht jedoch dafür, daß sich der „Herzschlag" der Erde von 7,8 Hz auf zunächst 8,6 Hz erhöht hat – mit steigender Tendenz. Was könnte der Zielwert dieser Veränderung sein – also die Resonanzfrequenz des „neuen Zeitalters"? Bevor ich diese Frage beantworte, möchte ich auf eine spezielle Zahlenfolge hinweisen, die „Fibonacci-Reihe" genannt wird (nach dem italienischen Mathematiker des 13. Jahrhunderts Leonardo von Pisa, genannt Fibonacci; d. Übers.).

1	1	2	3	5	8	13
21	34	55	89	144	233	377
610	987	1 597	2 584	4 181	6 765	10 946
		17 711	28 657	46 368 …		

Tafel 1: Die ersten 24 Zahlen der Fibonacci-Reihe

Wenn man die erste Zahl 1 mit sich selbst addiert und danach jeweils zwei aufeinanderfolgende Zahlen zusammenzählt (also: 1+1=2, 1+2=3, 2+3=5, 3+5=8 usw.), entwickelt sich eine unendliche Zahlenreihe (Tafel 1). Diese vermeintlich simple Zahlenfolge ist in Wahrheit der fundamentale Code des irdischen Lebens. Die Fibonacci-Reihe findet man bei:

● den Größenverhältnissen des menschlichen Körpers (etwa den Längenproportionen der verschiedenen Arm- und Fußknochen zueinander; d. Übers.),
● dem Verhältnis der Anzahl von Frauen und Männern innerhalb der Bevölkerung,
● den Verzweigungsstrukturen von Blitzen oder Ästen und Wurzel bei Pflanzen.

Der Zusammenhang zwischen diesen Zahlen und der Schöpfung wird klarer, wenn man eine der Zahlen durch die nächsthöhere teilt:

$$21 : 34 = 0,6176 \qquad 89 : 144 = 0,618$$

Bei allen folgenden Zahlenpaaren bleibt dieses Ergebnis nahezu konstant. Schon die alten Griechen kannten diesen Wert und wandten ihn vor allem in der Architektur an. Es ist der sogenannte „Goldene Schnitt" (mit einem Wert von zirka 0.618).

Wenn dieser Zahlencode das Fundament des Lebens darstellt, sollte es nicht überraschen, daß er auch die Resonanzfrequenz der Erde bestimmt. Bis vor wenigen Jahren lag die Schumann-Frequenz, wie erwähnt, konstant bei zirka 7,8 Hz. Ihr Wert war so stabil, daß er die Grundlage zur Entwicklung militärischer Kommunikationssysteme bildete. Ende der 80er Jahre aber erhöhte sich die Resonanzfrequenz auf 8 Hz und erreichte Mitte der 90er Jahre 8,6 Hz. Voraussichtlich wird sich ihr Wert auf etwa 13 Hz − 13 ist die nächste harmonische Fibonacci-Zahl nach der 8 − erhöhen. Diese 13 Hz bilden dann − mit all den harmonischen Obertonreihen − die Resonanzfrequenz der „neuen Erde".

Diese neue Frequenz steht auch in Resonanz mit dem erwähnten neuen Feld des Erdmagnetismus und der neuen Bewußtseins-Matrix. Sie läutet das Ende eines Evolutionszyklus ein und den Beginn des „neuen Zeitalters". Alles deutet darauf hin, daß sich dies sehr bald (laut Maya-Kalender bis spätestens Dezember 2012; d. Übers.) vollziehen wird.

Die kollektive Einweihung

Die menschliche Wahrnehmung ist immer von der Stärke oder „Dichte" der Erdmagnetfelder abhängig. Die gegenwärtige Abnahme des Erdmagnetismus übt auf alles Leben eine tiefgreifende Wirkung aus. Archäologische Funde weisen darauf hin, daß man sich früher spezielle Räume gebaut hat – sozusagen gestimmte Resonanzkammern –, um einen ähnlichen Effekt künstlich zu erzeugen. Die geometrischen Strukturen dieser Räume erschaffen nämlich in ihrem Inneren einen energetischen Zustand, bei dem die Wirkung des Erdmagnetismus geschwächt wird. Das vielleicht beste Beispiel hierfür ist die große Pyramide von Gizeh (die Cheops-Pyramide; d. Übers.). Insbesondere innerhalb der oberen Kammern ist der Magnetismus deutlich geringer.

Wer sich in magnetische Null-Punkt-Felder begibt, hat fast direkten Zugang zu den eigenen seelischen und feinstofflichen Ebenen. Und dies ohne von seinen Gedanken und Ängsten, von Ego oder karmischen Konsequenzen gestört zu werden. Dadurch hat man die Möglichkeit, willentlich Einfluß auf die Drehung des Zellkerns und damit auf seine Grundfrequenz zu nehmen. Die Gedanken eines Menschen innerhalb eines Null-Punkt-Feldes können also direkt jede Frequenz seines Wesens verändern. Dies hatten Eingeweihte bereits vor Jahrtausenden in den Resonanzkammern alter Tempel entdeckt. So kann uns die Kenntnis des Ablaufs damaliger Einweihung helfen, die gegenwärtige „planetarische Einweihung" besser zu verstehen.

Jahrhundertelang haben Gelehrte und Historiker, Ägypter und Europäer darüber gestritten, wer und zu welchem Zweck die alten, höchst erstaunlichen Bauwerke Ägyptens erschaffen hat. Die traditionellen Historiker begnügen sich meist damit, Tempel und Pyramiden als Orte von Kulten für die in Statuen, Reliefen und Hieroglyphen verewigten Götter zu beschreiben.

Die Eingeweihten jedoch erzählen eine ganz andere Geschichte – eine Geschichte der Visionen und der Lebensziele, die sich von den heutigen kaum unterscheiden.

Es stimmt schon, daß jedem Tempel eine Gottheit zugeordnet wurde, die einen bestimmten Aspekt oder eine spezielle Qualität verkörpert. Die großen Statuen und Wandreliefe sollten allerdings in den meisten Fällen keine Götter im Sinne von außerhalb des Menschen existierender Wesen darstellen. Vielmehr standen die Abbildungen in bezug zur jeweiligen Aufgabe der Tempel: den „inneren Menschen", also seine Persönlichkeit, auszubalancieren.

Diese Persönlichkeitsarbeit wurde als Vorbedingung angesehen, ohne die ein Aufstieg in höhere Bewußtseinsebenen nicht möglich war. Die in den Tempeln bewußt vorgenommene Verringerung elektrischer Ladungen erleichterte es den Eingeweihten, die im Laufe des Lebens „verlorenen" Teile ihres Selbst „wiederzufinden" (bzw. bisher ungelebte Aspekte ihrer Persönlichkeit stärker zu integrieren; d. Übers.). Ein Beispiel dafür ist der Sekmet-Tempel am Ostufer des Nils in der Nähe des berühmten Luxor-Tempels.

Sekmet als Frau mit Löwenkopf wird von den Archäologen mit der Kriegskunst in Verbindung gebracht. Wo immer man Sekmet findet, soll das Abbild dazu gedient haben, die betreffende Gegend vor Krieg zu schützen. Zudem soll ihr Bild angezeigt haben, daß Krieg bevorsteht, oder bewirken, daß der Krieg denen Glück bringen möge, die gerade kämpfen. Die Eingeweihten, die den Sekmet-Tempel damals benutzt haben, gaben ihr allerdings noch eine andere, tiefergehende Bedeutung: Sekmet steht für den „inneren Krieger", den man manchmal ins Bewußtsein rufen muß, um die inneren Grenzen und Mauern einreißen zu können, wenn diese das Streben nach einem höheren Leben behindern. Es gibt Situationen im Leben, wo Verstand, Angst, Ego und Wille vermeintlich unüberwindbare Hindernisse bilden. Sekmet, der innere Krieger, soll dabei helfen, diese aus dem Weg zu räumen. Es ist aber eine Wissenschaft und Kunst, diese ehrfurchtgebietende Kraft zu erwecken. Weise ist der, welcher weiß, wann und wie sie anzuwenden ist und wann er besser darauf verzichtet.

Schüler des Sekmet-Tempels werden sich oft im Leben in Situationen wiederfinden, in denen sie entscheiden müssen, ob sie ihr Wissen um diese Energie nutzen sollen. Auf dem Weg deiner Entwicklung mußtest sicherlich auch du schon einmal das „Wissen der Sekmet" anwenden, um dich von Widerständen zu befreien. Durch Lernprozesse entwickelst du die Weisheit zu erkennen, wann der Aspekt des Kriegers die richtige Antwort auf eine Situation ist.

Eine andere Aufgabe erfüllte der „Tempel des Lichts und der Finsternis" von Kom Ombo. Er ist der einzige Tempel in Ägypten, der zwei Gottheiten gleichzeitig gewidmet ist. Wenn man vom Haupteingang in den Gebäudekomplex hineinschaut, eröffnet sich eine geteilte Perspektive – die rechte, dunkle Seite symbolisiert „die Finsternis" und der linke, helle Teil „das Licht".

Das Licht wird durch einen Menschen mit Falkenkopf repräsentiert. Dies ist Horus, der einzige Sohn von Isis und Osiris. Die Dunkelheit wird durch Sobek personifiziert, eine menschliche Gestalt mit dem Kopf eines Krokodils. In seinem Tempelteil fanden Archäologen unzählige mumifizierte Krokodile, die einst bei Zeremonien verwendet worden waren.

Im Tempel von Kom Ombo lernte der Novize, die Balance zwischen Licht und Finsternis zu finden. Eine umfangreiche Prüfung sollte zeigen, ob er willens und fähig war, nach den gelehrten Prinzipien zu leben. Zu diesem Zweck gab es am Ende des Tempels eine Einweihungskammer, die am Schnittpunkt von Licht und Finsternis lag. Reste davon sind noch heute zu besichtigen.

In der Kammer begann ein langer, enger Gang, der zunächst im Winkel von 45 Grad anstieg und in drei Metern Höhe über dem Tempelfußboden endete. Dazwischen wies er mehrere Wendungen nach unten und oben auf. Das ganze Tunnelsystem konnte vollständig geflutet und völlig verdunkelt werden.

Die Novizen mußten in den mit Wasser gefüllten Tunnel steigen und ihn durchtauchen – und dies ohne eine Ahnung davon zu haben, was sie darin erwarten würde und wie lange der Tauchgang sein würde. Sie begannen diese „Einweihung" also mit einem einzigen tiefen Atemzug und mußten sich gänzlich auf ihre Orientierungsfähigkeit und ihre Sinne verlassen. Die Angst, plötzlich ohne Luft zu sein, brachte so viel Anspannung mit sich, daß manch einer unfähig war, den lebenswichtigen Sauerstoff sparsam einzusetzen, und so ein Opfer seiner Angst wurde. Andere wiederum schwammen – aus Angst vor Luftknappheit – zu schnell und schlugen hart gegen ein im Tunnel eingebautes Hindernis. Gerieten sie nun in Panik und atmeten versehentlich aus, konnten sie oft das Loch im Hindernis, durch das sie schlüpfen mußten, nicht mehr finden. Wenn zudem der Aufschlag zu hart war, verloren sie das Bewußtsein und ertranken. Nur wer totales Vertrauen in sich selbst hatte und seinen Geist und seine Sinne unter Kontrolle brachte, war in der Lage, am anderen Ende des Tunnels im Licht wieder aufzutauchen. Dies war dann die Geburt in eine neue Lebensphase, die auf der erfolgreichen Balance von Licht und Finsternis basierte. Durch die „Tunnel-Einweihung" hatte er sich selbst bewiesen, daß er sich auf seine Intuition verlassen konnte. Er hatte seine Ängste überwunden.

Jeder Tag deines Lebens bietet dir auf ähnliche Weise eine Gelegenheit zur „Einweihung in Licht und Finsternis". In allem, was du tust, offenbarst du nämlich, wie du mit den beiden Polen Licht und Finsternis in Resonanz stehst. Durch deine Worte, deine Haltung dir selbst und anderen gegenüber, deine Wahl der Nahrung und dein Interesse für bestimmte Informationen drückst du aus, womit du dich identifizierst. Ich betone, daß es hier nicht darum geht, deine Wahl zu verurteilen oder zu beurteilen. Ich appelliere vielmehr an deine Bewußtheit!

In anderen ägyptischen Tempeln gab es ähnliche Einrichtungen, z.B. in Sakkara den „Tempel des Klanges und der Schwingungen" und in Dendera den „Tempel der Liebe, Erziehung und Heilung". (Nach Drunvalo, auf den sich der Autor bezieht, gab es entlang des Nils insgesamt zwölf dieser auf existentielle Grunderfahrungen ausgerichteten Einweihungstempel. Im dreizehnten, der Cheops-Pyramide, wurde die letzte und höchste Einweihung vollzogen; d. Übers.) In jedem Tempel mußte der

Novize einen bestimmten Aspekt seiner Persönlichkeit harmonisieren, bevor er an höheren Einweihungen teilnehmen durfte. Alle bereiteten sie auf den – teilweise unklaren und unbekannten – Zustand der „Meisterschaft" vor. Dieser wurde von allen Novizen angestrebt, aber nur von wenigen erreicht – es war der bewußte Frequenzwechsel der gesamten Persönlichkeit. Diese Stufe der Meisterschaft entspricht dem bereits beschriebenen Dimensionswechsel und der biblischen „Auferstehung".

Wer die Lektionen des Lebens versteht, erkennt in jeder seiner Erfahrungen die Möglichkeit, seine Persönlichkeit überprüfen zu können – vergleichbar den Extremsituationen der oben erwähnten alten Einweihungen. Der wesentliche Unterschied zwischen dir und dem Novizen vor Tausenden von Jahren ist die Tatsache, daß dir das Folgende nie gesagt wurde: „Dein Leben ist eine Einweihung!" Niemand hat dich darauf hingewiesen, daß du in Wahrheit ein hoher Eingeweihter bist. Vielleicht hast du dich dein ganzes Leben lang intuitiv auf etwas vorbereitet und fragst dich selbst, was es eigentlich ist. Die Anwort darauf ist, daß all deine Erfahrungen, Begegnungen und Beziehungen dich physisch und psychisch auf den gegenwärtigen monumentalen Wandel vorbereiten sollten. Das Leben hat sich bemüht, dich fit für den Wandel zu machen. Du wirst den Dimensionswechsel in dem Maße physisch und psychisch unbeschadet überstehen, wie du deine Fähigkeiten zur Liebe ohne Angst und zur Erfahrung ohne Wertung entwickelt hast.

Die Schönheit dieser Einweihung liegt im Prozeß selbst verborgen. Eigentlich mußt du nichts von Magnetismus, Frequenzen, Gitternetzen, Bewußtseins-Matrizen, Dimensionen oder der Heiligen Geometrie verstehen. Du solltest „lediglich" ein wahres, reines und heiliges Leben führen – so perfekt wie möglich. Dadurch kannst du die gleiche Meisterschaft erlangen wie diejenigen, welche den Weg des Wissens und Handelns gehen. Beide Wege sind gleichwertig und führen zum gleichen Ziel.

An einem gewissen Punkt in seinem Leben wollte der ägyptische Novize von sich aus in den Einweihungskammern seinen

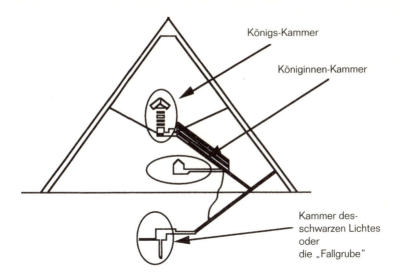

Abb. 16: Schematischer Querschnitt durch die große Pyramide von Gizeh, die Cheops-Pyramide, mit den heute bekannten Kammern. In alten Schriften werden 30 solche Räume innerhalb der Pyramide erwähnt. Von ihnen heißt es, daß sie noch vor Ende dieses Jahrzehnts entdeckt werden sollen.

Umwandlungsprozeß vollziehen. An eben diesem Punkt ist jetzt die gesamte Erde angekommen. In Ägypten begann dieser Prozeß in der unteren Kammer der Cheops-Pyramide (Abb.16).

Durch das Wirken der passiven Energieströme, die durch die Pyramidenstruktur entstehen, wurde der Novize in der unteren Kammer völlig von reinem „schwarzen Licht" überflutet. Die Prüfung begann schweigend und in völliger Finsternis. Sie bot ihm die Möglichkeit, sich der ungelösten Fragen seiner Persönlichkeit bewußt zu werden. In dieser Kammer offenbarte sich schonungslos, wie erfolgreich die jahrelange Vorbereitung in den anderen Tempeln längs des Nils gewesen war.

Auch für dich wird sich noch in diesem Leben zeigen, welche Lektionen du in den „Tempeln deiner Beziehungen" gelernt hast. Im Harmonisierungsprozeß deiner Persönlichkeit stehen dir aber alle Mittel offen, deine Angst zu erkennen und aufzulösen.

Wenn der ägyptische Novize noch nicht gelernt hatte, die Angst als einen starken Verbündeten zu betrachten, so wurde sie in der untersten Pyramidenkammer sofort zur „Realität", und er mußte sie als überlebenswichtiges Zeichen seiner hohen Meisterschaft wieder auflösen. Es gab Novizen, die diese Erfahrung nicht überlebt haben und in der Tiefe der Kammer an ihrer eigenen Angst gestorben sind.

1987 wurde ein Teil jener Kammer, die einst auch zu den sagenumwobenen „Hallen von Amenti" führte, für die Öffentlichkeit geschlossen. Der Grund: Immer wieder krabbelten Leute in sie hinein und kamen darin aus unbekannten Gründen ums Leben. Vermutlich hatten sich auch bei ihnen die schlimmsten Ängste materialisiert, und sie konnten sie nicht ertragen. Heute kann man zwar noch in den unteren Raum gelangen, jedoch ist der eigentliche Bereich der Einweihungskammer mit einem Eisengitter versperrt.

Wenn du in deinem Leben eine höhere Stufe des Bewußtseins verwirklicht hast, kommt auch auf dich eines Tages eine Situation zu, in der du deinen schlimmsten Ängsten begegnest. Diesen Zeitpunkt nennt man „die dunkle Nacht der Seele". In der Nacht der Seele mußt du dein ganzes Wissen mobilisieren, um jene Kräfte zu vernichten, mit denen du bis dahin deine Ängste genährt hast. Dies ist ein Prozeß des „Loslassens", bei dem die lähmenden Ängste nach und nach verschwinden. An seinem Ende steht ein Gefühl völliger Gelassenheit in allen Lebenslagen, verbunden mit dem Wissen, daß einem nichts passieren kann – egal, wie niederschmetternd eine Situation auch erscheinen mag. Angst kann nur existieren, wenn man sie nährt.

Nachdem die Novizen die „dunkle Nacht der Seele" in der untersten Kammer überlebt hatten, kamen sie in den mittleren Raum der Pyramide, die sogenannte „Königinnen-Kammer". Hier sollten sie ihre Herrschaft über Licht und Finsternis beweisen, die bei den erwähnten Einweihungen im Kom-Ombo-Tempel trainiert worden war. Sie mußten eine unbestimmte Zeit lang die perfekte Balance zwischen Licht und Finsternis halten. Da sie aber gerade aus der dunklen Kammer ihrer schwärzesten Ängste aufgetaucht waren, tendierten sie viel zu stark zum Hellen. Der Zweck des Aufenthalts in dieser Kammer war es, diesem Überkompensieren widerstehen zu lernen.

Auch in unserer heutigen dualen Welt dürfen wir eine Situation nicht überkompensieren. Für unsere Weiterentwicklung müssen wir beide Polaritäten erfahren und in uns integrieren – ohne Wertungen vorzunehmen –, um sie später wieder auflösen zu können und zur Meisterschaft zu gelangen.

Nach erfolgreichem Abschluß der Prüfung in der Königinnen-Kammer gelangte der Adept jetzt zum höchstgelegenen Raum, der „Königs-Kammer" oder „Kammer des weißen Lichts". Dort wurde die letzte Stufe der Einweihung vollzogen. Nach ihrer Vollendung stand der Eingeweihte über Krankheit und Leid sowie jenseits einer Begrenzung durch Tod und Zeit. Aufgrund der gelungenen Meisterschaft über seine Ängste, Emotionen und seiner Illusion des Getrenntseins hatte der Novize die Fähigkeit erlangt, als „Auferstandener" das Frequenzspektrum einer höheren Oktave wahrnehmen zu können. (Er hatte nun Zugang zu anderen Dimensionen und Bewußtseinsebenen; d. Übers.)

Die Kammer des Königs in der Cheops-Pyramide weist ein spezielles energetisches Feld auf, dessen Entstehung für die moderne Wissenschaft heute noch ein Rätsel ist. In der „magischen Höhle" der Lichtkammer (gemeint ist der Sarkophag; d. Übers.) ist nämlich der Erdmagnetismus fast Null. Heute nähern sich die Werte für Magnetismus und Grundfrequenz auf der gesamten Erde immer mehr den Größen in dieser Pyramidenkammer an. In den Ausführungen über den Magnetismus der Erde habe ich bereits erklärt, daß ein starkes Erdmagnetfeld eine zeitliche Verzögerung zwischen dem Gedanken und seiner Materialisation erzeugt. Ohne bzw. bei sehr geringem Magnetismus aber hat der Mensch direkten Zugang zu den feinstofflichen Ebenen seines Wesens. In einem energetischen Umfeld ohne das „Sicherheitsnetz" des Magnetismus bekommt jeder Gedanke große Macht. Durch das Geschenk eines „reinen" Umfeldes kann der Eingeweihte erstmals frei von allen Einflüssen „denken". Vielleicht sind diese Gedanken jetzt zum ersten Mal wirklich seine eigenen, denn erstmals wurden sie nicht aus dem Kollektivbewußtsein übernommen und stiegen nicht als Zwangsvorstellungen infolge seiner früheren Wertungen aus dem Unterbewußtsein auf. Durch den direkten Zugang zu höheren Ebenen seines Wesens erlangt der Eingeweihte erst den ganzen Umfang seiner realen Existenz. Er erreicht Ebenen, die sich hinter den Grenzen des normalen irdischen Erfahrungsbereiches befinden. Möglich wird dies durch eine neue Bewußtseinsschwingung, die alle anderen Schwingungen des Körpers absorbiert.

Der bewußte Aufstieg eines Menschen in das Frequenzspektrum einer höheren Oktave entspricht genau dem Prozeß der biblischen Auferstehung. In Ägypten wurde versucht, diesen Prozeß bewußt und gezielt als Einweihung in der „Kammer des weißen Lichts" zu vollziehen. Dies war möglich durch eine perfekte Angleichung der Körperschwingungen an die Schwingungen des Raumes. Die Proportionen der Kammer entsprechen nämlich genau den fundamentalen Proportionen „Platonischer Körper", die als „Baupläne" auch dem Bau des menschlichen Körpers zugrunde liegen (dazu ausführlicher in Kapitel II des Buches).

In der Königs-Kammer befindet sich noch eine kleinere „Kammer", der sogenannte „Sarkophag". Dieser ist aus einem einzigen Stück Rosenquarzgranit hergestellt worden. Sein Innenmaß entspricht verblüffenderweise genau dem Außenmaß der biblischen Bundeslade. Obwohl der Sarkophag im Laufe der Jahre von Touristen beschädigt wurde, hat sich bis heute seine „Stimmung", also seine Resonanzfrequenz, auf den Ton „A" erhalten. (Man kann dies heute auf der CD „Inside the Great Pyramid" im ersten Flötensolo von Paul Horn hören.) Der Eingeweihte mußte nun 72 Stunden lang in dem „Sarg" aus Rosenquarzgranit liegen und wurde durch einen passenden Granitdeckel völlig von der Außenwelt abgeschottet. Diese Zeitspanne ist übrigens genauso lang wie die Einweihung, die Jesus im Verlauf seiner Kreuzigung und Auferstehung erfahren hat. 72 Stunden umfaßt auch der Zeitraum, der zwischen dem Ende des jetzt ablaufenden Zeitalters und dem Anfang des neuen Zyklus (bekannt auch als „New Age") liegt – dann, wenn die Erde wieder mit der Erzeugung der neuen Magnetfelder beginnt. In den drei Tagen mit vermindertem Magnetismus und erhöhter Grundfrequenz kann der Eingeweihte sich in Resonanz mit den neuen Magnetfeldern, Gitternetzen und Matrizen der neuen höheren Schwingungsoktave bringen, um Zugang zu den feinstofflichen Informationen der vierten Dimension (der sogenannten „Christus-Ebene") zu erhalten. Durch den Prozeß im Sarkophag bewiesen die Eingeweihten vor den Augen der anderen, die diesen Prozeß bereits vollzogen hatten, welche höheren Erkenntnisse und Qualitäten sie sich aneignen konnten. Wurde die Einweihung erfolgreich beendet, so erlangte der „frischgebackene" Meister die Unsterblichkeit. Er lebte fortan ohne Krankheit, Leid und Verfall, bis er sich selbst dafür entschied, auf Dauer mit der Ebene zu verschmelzen, die er durch den „Auferstehungsprozeß" erreicht hatte.

Noch einmal sei betont, daß jeder Novize erst seine Persönlichkeitsaspekte in perfekte Harmonie bringen mußte, bevor er die letzte Einweihungskammer betrat. Die energetische Situation in der „Kammer des weißen Lichts" aber entspricht haargenau dem Zustand von niedrigem Magnetismus und hoher Grundfreuquenz, auf den sich die Erde momentan zubewegt. Wir erleben also jetzt unweigerlich einen Prozeß, den jeder Eingeweihte hinter sich bringen mußte, um die Schleier der Mysterien zu durchdringen.

Die Erde besteht zu 98 Prozent aus Siliziumquarz (also aus SiO_2). Diesen Quarz kennt heutzutage jeder als perfekte Schwingungskristalle in Computern. Das Leben auf der Erde ist nun vergleichbar einem Spiegel, der die Grundfrequenzen der Steine unseres Planeten – also vor allem von Quarz – reflektiert. Alle Materie und jede Zelle unseres Körpers strebt eine perfekte Resonanz mit diesem „Pulsschlag" der Erdgesteine an. Bei unserem Versuch, die Resonanz beizubehalten, werden wir von unserem Organismus auf diejenigen Bereiche aufmerksam gemacht, in denen sich disharmonische Frequenzen festgesetzt haben. Sie müssen neutralisiert und geheilt werden. Die Zellen und Organe, die traumatische Frequenzen enthalten, verlieren dabei ihre Resonanz und entladen die Frequenzen ihrer unpassenden Emotionen. So können sie wieder mit dem Gesamtorganismus synchronisiert werden. Ist dies erreicht, hat der Betreffende „gelernt".

Vergleichbares geschieht bei der sogenannten „Kristall-Heilung", einer uralten Methode elektromagnetischer Therapie.

Bei ihr wird um den Patienten ein „Schwingungsnetz" aus Resonanzsteinen aufgebaut, indem die Kristalle auf und um den Körper herum gelegt werden. Wie bei der Wechselwirkung mit den Erdfrequenzen versucht auch hier jede Körperzelle, sich an die höhere Frequenz der Steine anzupassen. Zellen, die bereits von ihren Gedanken- und Gefühlsstrukturen gereinigt wurden, erreichen leicht die neue Resonanz. Hingegen können Zellen, in denen noch disharmonische Strukturen lagern, nicht so leicht in Resonanz treten. Sie müssen sich erst von ihrem „feinstofflichen" Ballast befreien. Bei diesem Prozeß treten im Menschen starke seelische Erschütterungen in Form von Gefühlsausbrüchen, Depressionen, Alpträumen und psychosomatischen Störungen auf. So wird verständlich, daß bei der elektromagnetischen Heilung durch die neuen Schwingungen des „Erd-Kristalls" heftigste Heilreaktionen auftreten können.

Die Zeit des Wandels ist jedoch nicht, wie in manchen Prophezeiungen angekündigt, ein Zeitpunkt des Todes. Sie führt vielmehr zur Geburt einer neuen, weiseren Lebensform – es ist die Zeit deiner eigenen „Auferstehung".

Das Erdenleben bietet die Möglichkeit, durch Erfahrungen zu lernen. Du wirst erkennen, daß Angst dein bester Verbündeter auf dem Weg durch diese Erfahrungen ist. Habe keine Angst vor deinen Ängsten! Die alten Eingeweihten – etwa die zuvor erwähnten in Ägypten – haben für die Novizen bewußt Erfahrungswege geschaffen, weil sie den Zweck jedes einzelnen der dafür geschaffenen Ereignisse und die daraus resultierenden Erfahrungen kannten. Du mußt nun diesen Weg gehen, ohne zu wissen warum. Du bist jetzt der Novize und erlebst die „kollektive Einweihung".

Simultane Wirklichkeiten: die Beziehung zwischen Magnetismus und Frequenz

Die Erhöhung der Resonanzfrequenz der Erde innerhalb der letzten 10 Jahre dieses Zeitzyklus hat eine entscheidende Bedeutung für das Verständnis des „Verchristungs-Prozesses" bzw. der Auferstehung, welche hier als bewußt herbeigeführte Erhöhung der menschlichen Resonanzfrequenz verstanden wird. Zum Grundverständnis für diesen Prozeß gehört auch, daß die Wirklichkeit mehrere Dimensionen besitzt. Die physikalisch real existierenden Dimensionen unterscheiden sich in ihrem jeweils typischen Frequenzband. Verschiedene Ereignisse können sich dadurch zur gleichen Zeit, am gleichen Ort, aber innerhalb unterschiedlicher Frequenzspektren ereignen. Jedes Ereignis entwickelt sich in seinen eigenen Frequenzen – unabhängig von anderen Geschehnissen in anderen „Frequenz-Dimensionen" am gleichen Ort und zur gleichen Zeit.

Die Realität, in der du momentan lebst, ist dreidimensional. Wenn du die Resonanzfrequenz aller Zellen deines Wesens an die vierte Dimension angleichen könntest, würdest du die dreidimensionale Welt nicht mehr wahrnehmen. Die Wesen, die dich gerade in der dreidimensionalen Welt sehen, können dann nichts mehr von dir entdecken – obwohl du noch am selben Platz sitzt. Deine Schwingungen sind nicht mehr in dem Frequenzspektrum ihrer Wahrnehmung enthalten, sondern gehören jetzt zu einer höheren Dimension. Die Wahrnehmung einer höheren Dimension hat also auch nichts mit dem Ort zu tun, an dem sie stattfindet. Denn: An jedem Ort sind immer alle Dimensionen mit ihren verschiedenen Frequenzen vorhanden.

Du selbst bist die Summe all jener Dimensionen, die du in den Energiestrukturen deines Körpers integrieren konntest. Diese Energiestrukturen hast du selbst mit deinem persönlichen Muster in der Matrix verankert. Dennoch existieren in dir in potentieller Form wortwörtlich alle Möglichkeiten. Du bist der Anfang und das Ende, Alpha und Omega.

Den Zugang zu verschiedenen Realitäten bzw. Dimensionen erhältst du durch die bewußte Ausdehnung der Raum-Zeit, wobei die Resonanzfrequenz des Körpers erhöht werden muß. Die Verminderung des Erdmagnetismus schafft die Voraussetzungen hierfür. Die Methoden dazu wurden in den uralten Mysterienschulen gelehrt und sind bis heute erhalten geblieben, denn sie sind in Form von Parabeln oder Symbolen codiert – für alle zugänglich, die den Weg der Auferstehung suchen, und doch für alle anderen verborgen.

Die Chronologie des Wandels

Die biblische Auferstehung bzw. der Zeitenwandel bekommen eine neue Perspektive, wenn man sie, wie hier, durch Veränderungen von Magnetismus und Frequenzen definiert. Der Prozeß des Wandels bewegt sich auf ein reales, physikalisch meßbares Ziel zu – auf einen Zustand von niedrigem Magnetismus und hoher Resonanzfrequenz der Erde. Bei dieser Feststellung sollte man seine eventuell aufsteigenden Ängste, Wertungen und Dogmen außer acht lassen, denn dieser Prozeß wird sowieso weitgehend automatisch von jeder einzelnen Körperzelle nachvollzogen. Alle Teile der Körper-Geist-Matrix müssen sich früher oder später der neuen Frequenz anpassen. Die vollendete Balance aller Teile aber bringt uns Frieden, Zentriertheit und Einheit – die uralten Ziele der spirituellen Disziplinen.

Die Ereignisse, die auf den Zeitenwandel hinweisen, werden immer deutlicher. Sie erscheinen jedoch als eigenständige Einzelphänomene und verlaufen auch nicht linear und im voraus berechenbar. So kann man auch nicht mit endgültiger Sicherheit vorhersagen, wie und wann sich die neuen Magnetfelder herausbilden werden:

Auf der Basis von Meßergebnissen aus den 70er Jahren errechnete der Geophysiker Allan Cox von der Stanford University, daß der Magnetismus der Erde zirka im Jahre 2 000 den Null-Punkt erreichen, also zusammenbrechen würde. Tatsächlich ergaben in den letzten Jahren die Messungen eine immer schnellere Abnahme des Magnetismus. Ein derartiges Phänomen ist bereits aus der Erdgeschichte bekannt – nach Erreichen eines bestimmten Wertes nimmt der Magnetismus kurz vor dem Polsprung plötzlich ganz schnell ab. Als Beweis hierfür werden Funde gefrorener Mammuts in Sibirien angesehen. Die paläontologischen Untersuchungen zeigten nämlich, daß die warmblütigen Mammuts eigentlich in einem subtropischen Klima gelebt hatten. Sie wurden innerhalb von Sekunden von arktischer Kälte überrascht und „schockgefroren". In ihren Mäulern und Mägen befanden sich subtropische Pflanzen, die noch nach 10 000 Jahren unversehrt waren. Andere „tiefgefrorene" Funde aus dem Eis der Polargegenden unterstützen diese

Ansicht. Auch in der Bibel finden sich Hinweise auf ein solches Ereignis:

Siehe, ich sage euch ein Geheimnis; wir werden nicht alle entschlafen, wir werden aber alle verwandelt werden, im Nu, in einem Augenblick.

1. KORINTHER 15,51

Wenn aber die geologischen Theorien über frühere Polsprünge richtig sind, dann ist mit einer weiteren schnellen Abnahme des Erdmagnetismus in nächster Zukunft zu rechnen. Über den zweiten am Wandel beteiligten Faktor, die Grundfrequenz der Erde, können die Erdgeschichtler allerdings keine derart weit zurückreichenden Aussagen machen. Erst seit 1899 existieren Aufzeichnungen über eventuelle Schwankungen der Erdfrequenz. Zumindest derzeit steigt die Schumann-Frequenz kontinuierlich an, und sie wird dies vermutlich fortsetzen, bis sie ihren neuen Grundwert von 13 Hz erreicht hat.

An diesem Punkt stoppt der Prozeß. Die Erde wird die Erfahrung einer nie dagewesenen Ruhe durchmachen. Dies ist im engeren Sinne der Null-Punkt. An ihm werden die Erddrehung und damit der innere und der äußere Kern fast völlig zur Ruhe kommen. Bis dies eintritt, verringert sich die Erdrotation langsam, Schritt für Schritt. Dennoch wird das geschmolzene Material des Erdinneren dabei hin und her schwappen, und kurzzeitig werden so instabile Magnetfelder entstehen. (Stell dir vor, du gehst mit einem Glas Wasser in deiner Hand durchs Zimmer und bleibst dann langsam stehen. Das Wasser wird ebenfalls noch etwas hin und her schwappen, wenn du stoppst.) Diese wiederum rufen chaotische Energiefelder hervor, die das Leben auf der Erde beeinflussen können. Wetterextreme wie starke Stürme, sintflutartige Regenfälle, Höchsttemperaturen und heftige seismologische Aktivitäten (Erdbeben, Vulkanausbrüche) an den Rändern der Erdplatten sind mögliche Folgen. Damit wird auch verständlich, warum diese geologischen Phänomene überhaupt entstehen und noch heute existieren. Sie halten nämlich nach einem solchen Prozeß solange an, bis die Erde wieder eine ausbalancierte Energiestruktur hat. Die Gravitation der Erde, also ihre Anziehungskraft, wird jedoch während des gesamten Prozesses voll erhalten bleiben.

Am unmittelbaren Null-Punkt, wenn die neue Resonanzfrequenz der Erde von 13 Hz erreicht und der Erdmagnetismus auf Null gesunken ist, wenn also der „Dynamo" der Erdrotation ruht, hört das Chaos auf. Die Erdoberfläche ruht ebenso wie jede atmosphärische Strömung. Die Hälfte der Erde, die der Sonne zugewandt ist, „badet" währenddessen im Licht. Die andere Hälfte bleibt im Dunkeln. (Nach den Hopi-Prophezeiungen soll allerdings auch eine neue Sonne – der „blaue Stern" – aufgehen. Real wäre dies durch die Entzündung eines Gasgiganten wie des Planeten Jupiter durchaus möglich. Unser Sonnensystem würde dann zu einem binären System, bei dem es auf den Planeten zwischen Jupiter und Sonne keine Nacht mehr gäbe.) In der Zeit, in der die Erde diese Ereignisse durchmachen wird, werden auch wir Menschen unsere tiefgreifende Null-Punkt-Erfahrung durchlaufen – es ist die Dämmerung eines neuen Zeitalters, die Zeitenwende.

Welchen Prozeß der Mensch dabei erleben wird, soll ein Beispiel aus der Technik verständlich machen: Viele Menschen arbeiten heutzutage an Computern. Wenden wir uns einmal seinem „Gedächtnis" zu. Wenn du abends deinen PC-Arbeitsplatz verläßt, schaltest du den Computer ab und unterbrichst damit die Stromzufuhr. Wenn du morgens zurückkehrst, schaltest du den Strom wieder ein, und das Gerät ist wieder gebrauchsfähig. Wie aber konnten die Informationen nach Abschalten des Computers erhalten bleiben? Die Antwort darauf erklärt auch die Beziehungen des menschlichen Gedächtnisses zu den Magnetfeldern der Erde. In jedem Computer ist eine Batterie eingebaut, die sofort beim Ausschalten des Gerätes anfängt, eine minimale elektrische Spannung abzugeben. Dadurch bleibt die elektromagnetische Struktur der Informationen erhalten, bis der PC wieder eingeschaltet wird. Nach einigen Jahren ist die Batterie leer, und eines Morgens wird der Computer nach dem Einschalten keine Programme mehr laden. Er hat die magnetische Struktur der Informationen verloren. Das alte System ist „leergefegt", und eine neue Software muß geladen werden.

Ähnlich funktioniert unser Gedächtnis: Die Erdrotation erzeugt eine elektrostatische Spannung, welche – vergleichbar der Computer-Batterie – die magnetischen Strukturen des menschlichen Bewußtseins genau an die Strukturen der Erdmagnetfelder angleicht. Durch die Verringerung der Erdrotation vermindert sich jedoch der Erdmagnetismus und damit die elektrostatische Spannung. Die Informationsstrukturen des menschlichen Gedächtnisses werden instabil. Beide Vorgänge geschehen momentan, wobei der unmittelbare Zusammenhang zwischen beiden Phänomenen fatalerweise kaum bekannt ist.

Die soeben beschriebenen Abläufe sind jedoch auch nur Teile eines viel größeren und bedeutungsvolleren Prozesses. So wird die mit dem Null-Punkt-Ereignis verbundene totale Umkehrung der Erdmagnetfelder wahrscheinlich noch folgende weitere Auswirkungen haben:

Sämtliche menschliche Technologie und Produkte, die nicht mit der neuen Grundfrequenz der Erde in Resonanz treten können, gehen verloren. Das heißt: Alle natürlichen Substanzen, die unter künstlichen Bedingungen in unnatürliche Verbindungen umgewandelt worden sind, stehen nicht in Resonanz mit der „neuen Erde" und werden schlichtweg aufgelöst. Ihr Frequenzspektrum existiert nicht länger. Das ist die endgültige Heilung der Erde, denn auf diese Weise werden auch alle toxischen und disharmonischen Erzeugnisse samt der Gedanken, die sie geschaffen haben, beseitigt.

Alle elektrischen und magnetischen Technologien, die auf dem Fluß von Elektronen basieren, werden nicht mehr funktionieren. Der Grund hierfür: Die modernen Technologien entstanden auf der Grundlage, daß sich Elektronen mit einer konstanten Geschwindigkeit in bestimmter Richtung durch einen Leiter bewegen. Nach dem Polsprung kann die herkömmliche Elektrizität jedoch nicht mehr funktionieren, weil sich der Richtungsfluß dieser Elektronen ebenfalls ändert. Verbrennungsmaschinen, herkömmliche Energiesysteme, Computer, Rundfunk und Fernsehen werden ihren Dienst versagen, da die physikalisch-geologischen Voraussetzungen dafür fehlen werden. (Deshalb wird in Workshops bereits über die technischen

Möglichkeiten diskutiert, die auf einer Nutzung der Erdresonanzfrequenz basieren.)

Der Null-Punkt ist gleichzeitig Tod und Geburt eines spirituellen Zyklus der menschlichen Evolution. Die Erde tritt in Resonanz mit dem kosmischen Licht, das in Form einer intensiven, gebündelten Frequenz diesen ganzen Prozeß einleitet und zum harmonischen Abschluß bringt.

Der sichtbare Prozeß des Wandels

Der Prozeß des Zeitenwandels wird wahrscheinlich durch folgende Phänomene gekennzeichnet sein:

1. Die stufenweise Verminderung des Erdmagnetismus als Folge verlangsamter Erdrotation mit längeren Tagen und Nächten. Als Höhepunkt dieser Entwicklung wird die Erde 72 Stunden stillstehen und kein Magnetfeld erzeugen. Die Gravitation bleibt unverändert bestehen.

2. Danach fängt die Erde wieder langsam an zu rotieren, und die neuen Magnetfelder mit umgekehrter Polung stabilisieren sich nach und nach. Die Resonanzfrequenz der Erde (Schumann-Frequenz) erreicht den neuen Wert von 13 Hz (Hertz = Schwingungen pro Sekunde).

3. Ungewöhnliche Aktivitäten der anderen Himmelskörper in unserem Sonnensystem treten auf, insbesondere Sonnenflecken und Sonneneruptionen mit Höchstwerten wie am 8. April 1989 und im Januar und März 1997.

4. Der radikale Zusammenbruch aller Energiesysteme, die die Erde in Balance halten, findet statt. Es treten Höchstwerte bei seismischen Aktivitäten mit Erdbeben und neuen Bruchlinien der Kontinentalplatten auf. (1994 ereignete sich ein Erdbeben in Bolivien, dessen Epizentrum sich 620 km unter der Erdoberfläche befand und das in Toronto, Kanada, stärker empfunden wurde als im benachbarten Peru. Dies sollte

endlich Anlaß genug sein, die bekannten Theorien über unseren Planeten zu überdenken.)

5. Ungewöhnliche meteorologische Wetterstrukturen bilden sich in Form von extremen Stürmen, sintflutartigen Regenfällen und Überschwemmungen – ähnlich wie im Herbst 1993 im mittleren Westen der USA.

6. Große soziale Unruhen werden die Welt erschüttern. Sie sind Ausdruck eines sich ausbreitenden Chaos, das sich auf alle politischen und ökonomischen Bereiche ausdehnt. So gab es beispielsweise 1993 die meisten Morde mit Schußwaffen in den USA – mit steigender Tendenz.

7. Aus der Quantenmechanik wissen wir, daß die kosmische Bewegungsenergie auch in einem energetischen Vakuum ohne magnetische und elektrische Felder erhalten bleibt. Aus den alten Schriften erfahren wir, daß in der Zeit der scheinbar vollkommenen Stille in Wahrheit eine gigantische „Justierung" vor sich geht. Die Energiestrukturen der Erde werden an die neuen Frequenzen angepaßt.

Die innere Erfahrung des Wandels

Der Prozeß des Wandels hat auf den Menschen wahrscheinlich folgende Wirkungen:

1. Das Benehmen und Verhalten von Menschen, Gruppen, Regierungen oder ganzer Völker untereinander verändert sich dramatisch. Allgemeine Wertvorstellungen verlieren ihren Sinn, und vieles gerät außer Kontrolle. Die bisherigen Energiestrukturen jener Gefühle und Gedanken, die Heim, Familie, Karriere und Lebenssinn betreffen, brechen zusammen. Ohne feinstoffliches Informationsmuster, auf das sie sich stützen können, verlieren sie ihre Bedeutung. Wenn die strukturierenden Energiefelder wegfallen, kommt eine Zeit der Depressionen, der Gefühle von Verlassenheit und Verlorenheit.

2. Der völlige Zusammenbruch von Infrastruktur, Technik und Gesellschaft erstreckt sich auf soziale, politische, ökonomische, militärische, landwirtschaftliche und industrielle Bereiche. Auch diese alten Strukturen verlieren ihren Sinn, da es keine diesbezüglichen feinstofflichen Informationsmuster mehr gibt. (Erste Anzeichen hierfür sind der Fall der Berliner Mauer, das Ende des Kalten Krieges, der Sturz von Diktatoren.)

3. Die Zeit läuft merklich schneller. Es scheint so, als ob die Ereignisse beschleunigt ablaufen. Dies liegt daran, daß sich unser Körper an die erhöhte Resonanzfrequenz der Erde anpassen will.

4. Es stellt sich ein zeitweiser Gedächtnisverlust ein, was belanglose Informationen wie Geburtstage, Hochzeitstage, Bankcodes usw. betrifft. Obwohl man all diesen Informationen viel Bedeutung zumißt, sind sie im Verhältnis zu den massiven Veränderungen des Körper-Geist-Seele-Komplexes völlig unbedeutend und werden „gelöscht". Es gibt Phasen, in denen man sich als unreal empfindet.

5. Merkwürdige Schlafrhythmen mit längeren Perioden ganz ohne Schlaf treten auf. Andererseits fühlt man sich nach einem ausreichenden Schlaf körperlich total verbraucht, müde und muskulär verspannt. Danach folgen Nächte mit lebhaften, ausgedehnten und bedeutungsvollen Träumen.

6. Der einzelne muß extrem schwierige Herausforderungen bestehen, da sich seine schlimmsten Ängste materialisieren. Dies geschieht jedoch, damit diese neutralisiert werden und dadurch Heilung auftreten kann. Die Ängste sind individuell sehr verschieden, denn sie basieren auf den jeweiligen unterschiedlichen Bindungen wie z.b. an Geld, Ehepartner, Freunde oder Körper und Gesundheit usw.

7. Die 72 Stunden des eigentlichen Umwandlungsprozesses werden von den meisten Menschen in einem unbewußten

Zustand erlebt, der dem in tibetischen Lehren beschriebenen Bardo-Zustand gleicht. Dieser kann vereinfacht als eine Form außerkörperlicher Erfahrung bezeichnet werden. Diejenigen, die bereits gelernt haben, innerhalb der neuen Frequenzen zu funktionieren, werden diesen Prozeß bei vollem Bewußtsein erleben. Sie können den Mitmenschen helfend zur Seite stehen.

Ein Ereignis allein signalisiert noch keinen Wandel. Zur Zeit geschieht jedoch immer wieder etwas, das als Signal des Wandels angesehen werden kann. Wann aber kommt die „heiße Phase" des Null-Punkt-Prozesse? Soweit ich weiß, ist der genaue Zeitpunkt des Wandels niemandem bekannt, nicht einmal den Kräften „da oben". Die Intensität der Signale deutet jedoch auf ein sehr nahes Ereignis hin.

Bitte denke immer daran, daß der Prozeß der Null-Punkt-Erfahrung ein sehr seltenes Ereignis ist, das einen Teil eines natürlichen Prozesses darstellt – eines Prozesse, der für die Entwicklung des menschlichen Bewußtseins immens wichtig, der gesund und vitalisierend ist. Erinnere dich, daß dieser Wandel der tiefere Grund ist, warum du ausgerechnet in diese Zeit hineingeboren werden wolltest. Das letzte Mal, als die Erde eine magnetische Umpolung erlebt hat, liegt ungefähr 11 000 bis 13 000 Jahre zurück, und unsere Zeit gleicht Platos Beschreibung vom Untergang der Insel Atlantis etwa 9 500 vor Christus.

Die Ereignisse nach dem Wandel

Der Erdkörper fängt an, sich in entgegengesetzter Richtung zu drehen. Dadurch wird die Sonne am entgegengesetzten Horizont auf- und untergehen. Die magnetischen Pole haben gewechselt – was Nordpol war, ist jetzt Südpol und umgekehrt. Die Umpolung betrifft aber nur das Erdmagnetfeld und bedeutet nicht, daß die ganze Erde um 180 Grad kippt.

Die Erde tritt mit einem neuen „Ton" in Resonanz. Alle Materie – einschließlich jener der lebenden Zellen – hat nun die Gelegenheit, sich den neuen Schwingungen anzugleichen und mit ihnen in Resonanz zu treten. Alle Materie, die keine Resonanz mehr findet, wird sich in die elementaren Bestandteile auflösen. Dazu werden, wie erwähnt, alle künstlichen Verbindungen, die unter hohem Druck und mit unnatürlichen Temperaturen von Menschenhand erzeugt worden sind, gehören. Das ist die endgültige Heilung der Erde.

Das menschliche Bewußtsein wird dann fähig sein, gleichzeitig auf mehreren Ebenen Erfahrungen zu sammeln. Das ist ein neuer Zustand des Bewußtseins, der nicht allein mit den bekannten Beta-, Alpha-, Theta- oder Deltafrequenzen beschrieben werden kann. All diese Frequenzen werden dabei in vereinter Form zusammenarbeiten und den Menschen befähigen, endlich sein gesamtes Wesen zu erfassen. Dies ist der Anfang einer Zeit, die als das „neue Zeitalter" oder „die Erfahrung der vierten Dimension" bezeichnet wird.

Der Wiederbeginn der Erdrotation signalisiert dann das Einsetzen neuer Bewußtseinsstrukturen, welche die Wahrnehmung der vierten Dimension ermöglichen. Diese Übergangsperiode wird bis 2012 dauern. In dieser Zeit kann das menschliche Bewußtsein die geschehenen Ereignisse verarbeiten. (Diese Zeitphase von 1992 bis 2012 stimmt mit dem von Jose Arguelles in seinem Buch *Der Maya-Faktor* angegebenen letzten Abschnitt des großen Maya-Zyklus weitgehend überein.) In dieser Zeit funktioniert die Erde noch in dreidimensionaler Form, fängt aber zugleich an, mit der vierten Dimension in Resonanz zu treten. An diesem Punkt beginnt die Erde mit dem Aufstiegsprozeß, der in den Texten der Bibel und in den Überlieferungen der Mayas erwähnt wird: Die gesamte Erde bewegt sich in die stabilere vierte Dimension, wo sie zirka 1 000 Jahre verweilen wird.

Dies ist die erste Auferstehung. Seelig und heilig, wer Teil hat an der ersten Auferstehung. Über diese hat der zweite Tod keine Macht, sondern sie werden Priester Gottes und Christi sein und mit ihm herrschen die tausend Jahre. OFFENBARUNG 20,5

Auferstehung: der Wechsel der Dimensionen

Es existiert, wie zuvor erläutert, eine subtile Beziehung zwischen den energetischen Funktionen des Menschen und den Energiegitternetzen und Bewußtseins-Matrizen der Erde. Nur wenige Wissenschaftler vermuten heute eine solche Beziehung. Dies kann auch nur von einem Standpunkt aus verstanden werden, der sich nicht auf Materielles, sondern auf die fundamentale Energie, die alle Teile der Schöpfung miteinander verbindet, stützt. So werden Mensch und Erde durch Magnetfeld und Grundfrequenz der Erde miteinander verbunden. Das sich erhöhende Frequenzspektrum repräsentiert eine hochentwickelte Bewußtseinsebene, und zwar jene Ebene, die zuvor bereits Christus in den 33 Jahren seines Lebens verwirklicht hat. Christus war fähig, mit einer höheren Bewußtseinsebene in Resonanz zu treten, die er als „Vater" bezeichnete. Seine Auferstehung ist eigentlich ein bewußter Wechsel der Dimensionen.

Ich erwähnte an anderer Stelle, daß es in der Erdgeschichte bereits mehrere Polsprünge gegeben hat. Ein Übergang in eine andere Dimension fand damals jedoch nicht statt. Der Dimensionswechsel wird nur vom Anstieg der Resonanzfrequenz, nicht aber von der Umpolung des Magnetfeldes verursacht. Das kommende Zusammentreffen von Polsprung und Dimensionswechsel ist ein besonderes Geschenk. Es ermöglicht uns, den Zugang zu unserem Selbst zu finden, damit wir den Übergang in eine höhere Dimension erfolgreich überstehen können.

Die Theorie, daß sich der gesamte menschliche Körper-Geist-Seele-Komplex in ein höheres Frequenzspektrum einschwingen kann, ist nicht neu. Dieser Prozeß wurde von einzelnen Eingeweihten in der Vergangenheit schon mehrmals vollzogen und ist teilweise in Aufzeichnungen belegt. Beispiele hierfür sind die erwähnten dreitägigen Einweihungen in der Cheops-Pyramide und der dreitägige Kreuzigungsprozeß von Jesus Christus mit anschließender Grablegung und Auferstehung.

Der Sohn des Menschen wird in die Hände der Menschen ausgeliefert werden, und sie werden ihn töten, und am dritten Tage wird er auferweckt werden. MATTHÄUS 17,22

Jeder dieser Prozesse war eine Demonstration der Möglichkeiten menschlicher Bewußtseinserweiterung, die zu höheren Ebenen führt. Auferstehung bedeutet nicht, daß die Seele den Körper verläßt, dies wäre der Tod. Auferstehung bedeutet Leben! Sie ist ein Weg zu einer höheren Schwingungsform, bei der alle Bereiche des menschlichen Wesens zur perfekten Resonanz mit einem höheren Frequenzspektrum geführt werden. Deshalb hat der Körper jetzt – wie eh und je – eine wichtige Bedeutung: Der Körper ist unser Tempel der Einweihung.

Die Seele kann die Weisheit, die sie während eines Menschenlebens sammelt, nur durch den Körper ausdrücken. Der Körper aber muß von disharmonischen Strukturen gereinigt werden, da sich diese sonst als Krankheit und körperlichen Verfall manifestieren. Wir müssen aber nicht unbedingt durch Krankheiten etwas lernen!

Alle Strukturen der Lebensenergie befinden sich in Balance, wenn der Mensch eine Harmonie mit der neuen Resonanzfrequenz erreicht. Dies ist die Frequenz der Liebe, die reinste Schwingungsqualität, die in einer Körperzelle erzeugt und erhalten werden kann. So kann der Begriff Auferstehung auch als alternativer Ausdruck für die „Schwingungen der Liebe" verstanden werden. Die Frequenz der Liebe ist nicht von Dimensionen oder Zeit abhängig. Als Mittel der Auferstehung ist sie das Geschenk von Jesus Christus. Er war das lebende Beispiel dafür, indem er die Liebe als Werkzeug benutzte, um eine Brücke von der dreidimensionalen Welt mit niedriger Resonanzfrequenz und hohem Magnetismus in die vierdimensionale Welt mit hoher Resonanzfrequenz und niedrigem Magnetismus „zu bauen". Seine Auferstehung und der darauffolgende Aufstieg symbolisieren das Ziel des Lebens und weisen alle Menschen darauf hin, sich auf den großen Wandel vorzubereiten. Ein auferstandener Mensch steht in Resonanz mit den Energien der vierten Dimension, während er sich gleichzeitig durch die Strukturen der dritten Dimension auszudrücken vermag.

Aus vielen Berichten der letzten Jahre über Kontakte mit Außerirdischen kann man schließen, daß die Energiestrukturen dieser Menschen nicht auf die hochfrequenten Schwingungen der

Außerirdischen vorbereitet waren. Diese „Besucher" sind die Unsterblichen, auf die in der Bibel und in uralten ägyptischen Texten hingewiesen wurde. Sie hatten in ihrer spirituellen Entwicklung einen Punkt erreicht, an dem sie sich in die reine Energie der nächsthöheren Dimension umwandeln konnten. Die Erde und wir vollziehen jetzt den gleichen Prozeß wie diese hochentwickelten Wesen in der Vergangenheit. Auch wir erreichen eine neue höhere Seinsform. Dafür ist es nicht mehr notwendig, die alten Einweihungsstätten aufzusuchen, die allein in der irdischen Vergangenheit die Voraussetzungen für eine solche Umwandlung geboten haben. Vielmehr kannst du diese Initiation bereits tagtäglich in allen Bereichen deines Lebens leben – sowohl im Büro und in der Schule als auch in Wohn- und Schlafzimmer. Alles, was du tust, alle Beziehungen, die du pflegst, und alles, was du denkst, kann zu deiner Vorbereitung beitragen. Denn: Jede deiner Erfahrungen bringt auch Gefühle mit sich. Diese Empfindungen sind Energiepaketen voller Informationen vergleichbar, die innerhalb der Schöpfungs-Matrix immer nach Balance streben. Sie sind ein Teil von dir und können nicht vergessen oder ausgelöscht werden. Entscheidend für deinen Wandlungsprozeß ist nun, wie du deine Erfahrungen interpretierst und verarbeitest – also wo und wie diese Erfahrungen in der Bewußtseins-Matrix gespeichert werden. Wenn du deine Erfahrungen harmonisch plazieren kannst, wirst du zu einem ausbalancierten Wesen.

Der Ausdruck „Erwachen" beschreibt den Anfang der Zeitenwende, die kollektive Einweihung für eine Zeit neuer Weisheit – der „Weisheit des fühlenden Herzens".

Erleuchtung: die Vibration des Aufstiegs

Einige wenige Menschen werden bereits Tage vor dem Zeitpunkt des eigentlichen Wandels die Möglichkeit bekommen, den Prozeß der Auferstehung zu erleben. Sie nehmen als einzelne den Prozeß der kollektiven Einweihung vorweg. Dieses Ereignis ist der wirkliche Inhalt einer sogenannten „Erleuchtung". Viele Menschen werden in diesem Prozeß mit ihren

Ängsten konfrontiert, denn sie sind Zeuge der totalen Auflösung der ihnen bekannten „modernen" Welt. Dennoch hat dieser Prozeß eine positive Bedeutung: er ist die „heilige Abschlußfeier" am Ende unseres Zeitzyklus.

Die Erleuchtung ist der Anfang eines neuen Lebens für diejenigen, die aus Liebe zur Erde und ihren Menschen schon mehrmals ihr Leben für den Prozeß der Auferstehung geopfert haben. Jedoch werden nicht alle Menschen die Erleuchtung auf die gleiche Art und Weise erleben, da nicht alle zur Zeit inkarnierten Seelen auf derselben Entwicklungsstufe stehen. Es sei betont, daß die Verwirklichung der Erleuchtung nichts mit Wertungen oder Beurteilungen zu tun hat, denn sie stellt nur die Vervollständigung eines Erfahrungsbereiches dar. Durch seinen freien Willen hat jeder Erdenbürger das Werkzeug, sich entsprechend seiner Bewußtseinsstufe weiterzuentwickeln. Die Erde wird bis zur allerletzten Phase des Wandels eine Zone des freien Willens bleiben.

Es gibt zudem Menschen, die sich erst vor kurzer Zeit in den Bewußtseinspool der heutigen Menschheit inkarniert haben. Ihre Aufgabe ist es, in die Bewußtseins-Matrix der Menschheit ein besseres Verständnis für die gegenwärtige Entwicklung zu schaffen. Die Bibel sagt, daß sich jeweils 12 000 „Planetensamen" (Menschen) in den zwölf Stämmen Israels inkarniert und unterschiedliche Familien, Sitten und Gebräuche geschaffen haben, um sie an verschiedene Orte dieser Welt zu tragen. Dies sind 144 000 Menschen, von denen jeder ein einzigartiger Ausdruck der gemeinsamen Informationsebene ist. Während ein vollendeter, erleuchteter Christus-Mensch als helfende „Brücke" für den Dimensionswechsel dient, fungieren diese 144 000 gewissermaßen als „Pfeiler" für diese Brücke. Sie optimieren die Voraussetzungen dafür, daß die Christus-Frequenzen in der Bewußtseins-Matrix „andocken" können. Diese Menschen sind noch nicht durch viele Inkarnationen gegangen und haben daher – im Gegensatz zur übrigen Menschheit – wahrscheinlich keine großen karmischen „Schulden" in Form von Gefühlen der Trennung und des Verlustes auf sich geladen. Diese Menschen sollen daher am Ende des Zeitzyklus die holographische Bewußtseins-Matrix mit den Schwingungen eventuell fehlender spiritueller Entwicklungsmöglichkeiten ergänzen. Durch diese Vervollständigung wird der Sinn der Erleuchtung wirklich allgemein und auf allen Ebenen faßbar.

Die Bedeutung des Begriffes Erleuchtung umfaßt also einerseits einen bestimmten Zeitpunkt, andererseits bezeichnet er einen Bewußtseinsprozeß, durch den einige Menschen die Gelegenheit zum sofortigen Aufstieg erhalten. Diejenigen, die eine Erleuchtung erleben werden, erfüllen bereits heute alle Vorbedingungen, um die geheimen Mysterien entschlüsseln zu können. Vielfach sind sie sich dessen jedoch zur Zeit nicht bewußt. Sie werden aber den Ruf hören, der sie in Form pulsierender Klänge erreichen wird. Und sie werden ihn auf einer Ebene verstehen, die jenseits des gewöhnlichen Verstandes liegt. Ihr Körper wird sich auf die Frequenzen dieser Töne einschwingen können, wodurch ihre Energiefelder beginnen, viel schneller zu vibrieren. Die Töne ermöglichen es den menschlichen Energiefeldern der Mer-Ka-Ba, ihre Frequenzen soweit zu steigern, bis sie die neue Schlüsselfrequenz erreicht haben. Als Folge davon wird sich der Prozeß des Dimensionswechsels für die Betreffenden beschleunigen. Wer also lernt, in dieser Frequenz zu schwingen, kann durch eine spezielle Rotation der Mer-Ka-Ba schon vor der kollektiven Einweihung der Erde Zugang zur vierten Dimension erhalten. (Die Art und Weise dieser Rotation wird in den sogenannten „Flower of Life"-Workshops nach Drunvalo gelehrt; d. Übers.)

Und niemand konnte das Lied lernen als nur die 144 000, die aus der Erde erkauft sind. OFFENBARUNG 14,3

Zum Ende unseres Zeitzyklus werden einige Menschen ihre großen Verpflichtungen erfüllt haben, die Erde in ein neues Zeitalter zu begleiten. Sie werden sich dafür entscheiden, den Wandel nicht auf der Erde mitzuerleben. Für diese Menschen ist die Erleuchtung wie ein Signal, nach Hause in eine höhere Dimension zurückzukehren. Die Fähigkeit, die Töne der Erleuchtung zu hören, hängt nicht vom jeweiligen Selbstwertgefühl oder von einem Selbstzweifel, ob man denn auch „gut genug" für diese Erfahrung sei, ab. Für einige Menschen ist die Erleuchtung einfach ein Teil ihres Lebensweges.

Andere Individuen wiederum müssen den Wandel der Erde vollständig miterleben. Für sie sind die dazugehörigen Prozesse und Gefühle die letzte große Herausforderung in der Bewußtseinsentwicklung. Es ist für sie die Gelegenheit einer einzigartigen Erfahrung.

Jeder Mensch geht gemeinsam mit seiner Karma-Familie durch diese Erfahrung und wird dieses Zeitalter auf die gleiche Weise beenden, wie er es begonnen hat – in einer Gruppe oder allein.

Viele Menschen werden mit ihren Ängsten konfrontiert werden, wenn sie beobachten, wie plötzlich bereits Erleuchtete vor ihren Augen verschwinden (in die vierte Dimension; d. Übers.). Jeder hat sich in vielen Inkarnationen auf den Moment der Auferstehung vorbereitet. Doch wenn er eintritt, hat man keine Zeit zum Überlegen und für Rücksichten auf andere. Die neuen kosmischen Töne werden die Energiefelder derjenigen, die im entsprechenden Augenblick zur Aufnahme der neuen Klänge bereit sind, sehr schnell in Bewegung setzen. Raum für Unentschlossenheit bleibt nicht.

An diesem Punkt würde ich gern von einer Erfahrung berichten, die ich 1987 auf einer Ägyptenreise gemacht habe. Ich ging an einem Nachmittag in der Stadt Luxor mit einem Bekannten zum Marktplatz. Von irgendwoher näherte sich mir ein dünner, dunkelhäutiger Ägypter fortgeschrittenen Alters, der in der üblichen Landestracht gekleidet war. Er blickte mich mit seinen klaren Augen an und teilte mir, ohne vorher zu grüßen, in gutem Englisch die folgenden Worte mit: „Du wirst bald eine Entscheidung treffen müssen. Es gibt dann keine Zeit zum Nachdenken. Bist du bereit?"

Als der Mann sich wieder entfernte, taumelte ich wie benommen auf der Straße umher. Diese kurze Begegnung hatte mich schwer getroffen. Die Bedeutung seiner Worte aber erahnte ich erst, als ich mich mit den Themen Erleuchtung und Auferstehung in bezug auf den bevorstehenden Wandel der Erde und damit der Menschheit zu beschäftigen begann. Zu diesem Zeitpunkt erkannte ich dann, daß es mehrere Aspekte der Erleuchtung und Auferstehung gab, die dem kollektiven Dimensionswechsel vorausgehen würden. Jeder dieser Aspekte hat einen ganz speziellen „Ton" für diejenigen, die dafür „be-stimmt" und darauf „ein-gestimmt" sind. Diese Formen der Erleuchtung von Menschen, die ihre Aufgabe in diesem Zeitzyklus bereits erfüllt haben, stehen aber auch allen anderen offen, vorausgesetzt, auch sie können mit diesen neuen „Tönen" in Kontakt treten und sich ihnen angleichen. In diesen Fällen wird die Erfahrung jener Schwingungen starke Gefühle der Liebe freisetzen. Diese Liebe ist unmittelbar im Herz-Chakra (eines der 7 Haupt-Energiezentren des Menschen, das in der Brustmitte in Höhe des Herzens lokalisiert wird; d. Übers.) als Zentrum der Mer-Ka-Ba verankert.

Auch in anderen Texten werden mehrere Auferstehungen in dem Zeitraum, der dem Wandel vorausgeht, erwähnt:

> Und jetzt sollen alle Propheten und die, die an ihre Worte glaubten, oder alle, die die Gebote Gottes eingehalten haben, vortreten zur ersten Auferstehung, denn sie sind die erste Auferstehung. *Das Buch Mormon,* MOSIA 15,22

> Und sie wurden wieder lebendig und herrschten mit Christus tausend Jahre. Die übrigen Toten wurden nicht lebendig, bis die tausend Jahre vollendet waren. Dies ist die erste Auferstehung.
> OFFENBARUNG 20,4

Menschen, die auf dem Weg zur Erleuchtung sind, werden möglicherweise gerade jetzt erahnen, wer sie wirklich sind. Dieser Bewußtseinsprozeß erzeugt bei ihnen ein Gefühl von Sehnsucht.

Menschen, die hingegen die Verbindung zu ihrem Selbst im dichten Gewühl der irdischen Erfahrungen verloren haben, entwickeln jetzt eine neue Identität. Während sie sich wieder auf ihr eigentliches Selbst besinnen, verlieren die Strukturen des bisherigen Lebens immer mehr an Sinn. Die früheren weltlichen Verpflichtungen passen nicht mehr zu ihrer neu aktivierten Struktur und erscheinen als höchst disharmonisch. Ihr neuer Lebensweg führt sie zu einer Ebene, wo sich die Ängste und Emotionen auflösen – auch jene, die entstanden, als sie sich der bevorstehenden Ereignisse bewußt wurden.

■ ZUSAMMENFASSUNG

Die Erde macht jetzt noch nie dagewesene große Veränderungen durch. Diese Veränderungen betreffen die sozialen, politischen, ökonomischen, militärischen, geologischen, meteorologischen und atmosphärischen Strukturen der Erde. In all diesen Bereichen geschieht ein Wandel, der die Schwingungen an die neuen Energie- und Lichtfrequenzen der Erde angleicht. Diese Strukturveränderungen können allein mit Hilfe konventioneller religiöser oder metaphysischer Lehren nicht verstanden werden. Und das, obwohl ganze Glaubenssysteme und Religionen gerade wegen der Tatsache und der Bedeutung der momentanen Wandlungsprozesse entstanden waren.

Die uralten Systeme tibetischer und biblischer Zeitrechnung sowie der Maya-Kalender weisen auf die Bedeutung der heutigen Zeit hin und kündigen einen Wandel der menschlichen und planetaren Strukturen an. Zwei meßbare Faktoren, nämlich der Erdmagnetismus und die Schumann-Frequenz, weisen gegenwärtig starke Veränderungen auf. Die Erde durchläuft einen Prozeß, der als „der Wandel" bekannt ist. Währenddessen bleibt die chemische Struktur des Planeten unverändert. Auch wir bleiben weiterhin Wesen auf Basis des Elements Kohlenstoff in einer Welt, die auf Siliziumquarz aufgebaut ist.

Aus der modernen Physik ist der energetische Zustand des „Null-Punkts" bekannt. Die Erde befindet sich momentan in einem Frühstadium einer solchen „Null-Punkt-Erfahrung". In deren weiterem Verlauf wird sich der Magnetismus extrem verringern und die Grundfrequenz der Erde erhöhen. Der Erdmagnetismus fällt auf Null, während die Resonanz- oder Grundfrequenz bis zu einem neuen Schlüsselwert ansteigt. Dies bringt beim Menschen den Zusammenbruch solcher Gedankenstrukturen mit sich, die nicht mit den neuen Frequenzmustern harmonieren. Unter diesem Gesichtspunkt bezeichnet der Begriff „Auferstehung" einen Prozeß der Angleichung des menschlichen Körper-Geist-Seele-Komplexes an die Frequenzen einer höheren Ebene bzw. Dimension. Die Erde befindet sich daher augenblicklich in einem Prozeß kollektiver Auferstehung. Der Wandel im engeren Sinne wird sich wahrscheinlich über einen Zeitraum von drei Tagen erstrecken, was den Beschreibungen früherer Transformationsprozesse, die in alten Schriften beschrieben sind, entspricht. (Gemeint sind die Auferstehung von Jesus und die altägyptischen Einweihungen in der Cheops-Pyramide; d. Übers.)

Die „Schule des Lebens" beinhaltet bereits alle Lernmethoden, in Resonanz mit der Erde den großen Zeitenwandel relativ problemlos überstehen zu können. Spezielle Einweihungen und Praktiken sind nicht unbedingt nötig.

II. Kapitel

DIE SPRACHE DER SCHÖPFUNG
Materie, Energie und Licht

Wisse, oh Mensch, daß alles, was existiert, nur ein Aspekt von größeren Dingen ist, die noch kommen. Materie ist flüssig und fließt wie ein Strom, ständig wechselnd von einem Ding in ein anderes.
Der Schlüssel zu den Welten in dir kann nur in dir gefunden werden, denn der Mensch ist ein Tor der Mysterien, und er ist der Schlüssel, welcher Eins ist in Einem.

Die Smaragd-Tafeln von Thot, TAFEL 9

Die Geschichte der Menschheit ist voller Prophezeiungen und Warnungen, in denen ein Ereignis angekündigt wird, welches das Dasein aller Menschen auf der Erde total verändern soll. In jeder Kultur gibt es Organisationen, Sekten und Orden, die alle von sich behaupten, noch Reste spezieller uralter Traditionen und Glaubenssysteme erhalten zu haben. Weiter behaupten sie, daß daher ihre Hilfe bei den Vorbereitungen auf den Wandel von großem Nutzen sei. In den westlichen Ländern haben sich aus derartigen alten Organisationen bis zur Neuzeit sozial orientierte Religionen entwickelt. Sie vermitteln oft ohne jede weitere Erklärung ebenfalls Teile uralter Rituale – meist jedoch in totaler Unkenntnis über deren eigentlichen Sinn und Zweck. Es werden unvollständige Lehren verbreitet, in denen behauptet wird, daß die tägliche Ausübung bestimmter empfohlener Rituale ausreichend auf den Wandel vorbereite. Tatsächlich waren die uralten Mysterienschulen einst in der Absicht gegründet worden, das Wissen für die Zeit kurz vor diesem Prozeß aufzubewahren. Ein wesentlicher Teil der Lehren dieser Mysterienschulen beschäftigt sich mit dem untrennbaren Zusammenhang von Erde und Mensch. Das Energiefeld der Körperzelle – und allgemein alle Materie – kann nämlich nur aufgrund der Schwingungen der Erde existieren. Das menschliche Bewußtsein ist bei jedem Erkenntnisprozeß von den physikalischen Gegebenheiten der Erde abhängig. Die menschlichen wie die planetaren Matrizen manifestieren sich als Gewebezellen oder Knochen bzw. als Mineralien und Wasser. Diese sind Verdichtungen einer subtilen, fundamentalen Energie der Schöpfung, die sich in vielfältigen Schwingungen bzw. Frequenzen offenbart. Du kannst dir diese Schwingungen als pulsierende Wellen vorstellen, die durch sehr geringe Energieschübe in Form von Licht hervorgerufen werden. Die moderne Wissenschaft bezeichnet diese Energie-Manifestationen als „Quanten".

Der Ausdruck „Licht" wird seit langem in verschiedenen Bedeutungen verwendet. Symbolisch steht er für etwas Gutes und Wünschenswertes, etwa in Formulierungen wie „im Licht stehen" oder „aus dem Licht kommen". In der Bibel, im Buch Genesis, wird das Licht auch mit der kreativen Energie, der Schöpfung in Zusammenhang gebracht:

Und Gott sprach, es werde Licht! Und es ward Licht. Und Gott sah, daß das Licht gut war, und Gott schied das Licht von der Finsternis. Und Gott nannte das Licht Tag, und die Finsternis nannte er Nacht. GENESIS 1,3–5

Im Neuen Testament bezeichnet Jesus Christus das Licht als eine innere Kraft, die sich in den Taten eines Menschen ausdrückt:

Ihr seid das Licht der Welt. So soll euer Licht vor den Menschen leuchten, damit sie eure guten Werke sehen. MATTHÄUS 5,14

Weitere Hinweise auf ein inneres Licht finden sich in den Texten der Tibeter:

Dein eigenes Bewußtsein, strahlend, leer und untrennbar vom großen Strahlungskörper, hat weder Geburt noch Tod. Es ist das unveränderliche grenzenlose Licht. *Das Tibetanische Totenbuch*

Desgleichen in den Smaragd-Tafeln von Thot:

Dein Licht, oh Mensch, ist das große Licht, das durch den Schatten des Fleisches scheint. Frei mußt du dich erheben aus der Dunkelheit, bevor du Eins bist mit dem Licht.

Die Smaragd-Tafeln von Thot, TAFEL 9

Dunkelheit und Licht sind beide von gleicher Natur, unterschiedlich nur dem Schein nach. Denn beide kamen aus der Urquelle von allem. Dunkelheit ist Unordnung, Licht ist Ordnung; umgewandelte Finsternis ist Licht des Lichtes.

Die Smaragd-Tafeln von Thot, TAFEL 15

Erst in jüngster Vergangenheit wurde der Begriff Licht als elektromagnetische Strahlung jenes Frequenzspektrums definiert, das für das menschliche Auge wahrnehmbar ist. Dieses Wellenband erscheint uns als die Farben des Regenbogen. Als rotes Licht nehmen wir Wellenlängen zwischen 7 700 A (A = 1 Ångström, entspricht 0,00000001 cm) und 6 200 A wahr. Orange liegt zwischen 6 200 A und 5 920 A, Gelb liegt zwischen 5 920 A und 5 780 A usw. (Abb. 17).

In der Bibel und in anderen alten Schriften hingegen wird der Begriff „Licht" nicht auf ein bestimmtes Frequenzspektrum beschränkt. Hier ist Licht die Summe aller Wellenlängen, die als strahlende Energie alle Bereiche unseres Universums durchdringen. Licht ist Energie. Licht ist aber auch Information. Es ist der „Feinstoff" der Schöpfung.

Das Licht enthält immer diejenigen Informationen, die zur Entstehung einer betreffenden Situation geführt haben. Zugleich kann es sich auch zu den entsprechenden Formen, die eine Situation bestimmen, verdichten. Wenn die Bibel vom Licht am Anfang des Schöpfungsprozesses spricht, dann ist damit eine kristallisierte Strahlung aller Wellenlängen gemeint.

Gestaltende Lichtteilchen

Wir kennen verschiedene Helligkeitsstufen des Lichtes von hell über dämmerig bis dunkel. Verglichen mit technischen

Meßgeräten ist der Ausschnitt, den das menschliche Auge vom gesamten Frequenzspektrum des Lichtes wahrnimmt, sehr gering. Er umfaßt Wellenlängen zwischen 3 900 A und 7 700 A.

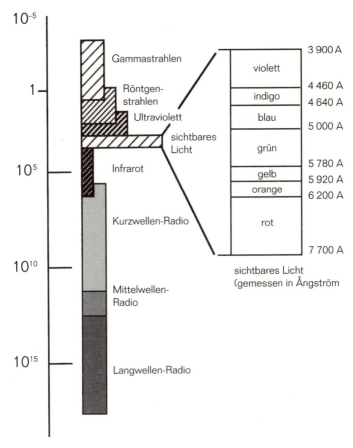

Abb. 17: Ausschnitt aus dem Spektrum elektromagnetischer Wellen, in dem das sichtbare Licht wiederum nur einen sehr kleinen Bereich ausmacht. (Quelle: F. Donald Bloss, *Crystallography und Crystal Chemistry*, 1971)

Für die meisten Menschen basiert ihre gesamte visuelle Wahrnehmung ein Leben lang nur auf diesem schmalen Frequenzband von insgesamt 3 800 A. Was aber ist mit den Schwingungen unter 3 900 A und über 7 700 A? Und was ist mit jenen Ebenen, in denen die Schwingungen so schnell sind, daß selbst die ausgeklügeltsten Apparate nichts mehr messen können?

101

Einen Hinweis auf jene Bereiche erhalten die Wissenschaftler, wenn sie mit Hilfe hochleistungsfähiger Computer versuchen, die Entstehung des Universums zu simulieren. Unter Anwendung komplexer mathematischer Formeln haben die Forscher verschiedene Modelle des Schöpfungsprozesses entwickelt. Die meisten basieren auf der Urknall-Theorie, die besagt, daß sich das Universum von einem Punkt aus rasend schnell ausgedehnt hat. Unter dem Eingeständnis möglicher Fehlerquellen glauben die Forscher, dennoch relativ genaue Werte für die tatsächliche Menge an Materie und Energie im Universum errechnet zu haben. Während dieser Computersimulationen des Urknalls tritt nun schon in den ersten Minuten der Explosion ein höchst erstaunliches „mystisches" Phänomen auf: Ganze 90 Prozent des Universums verschwinden einfach – d.h., sie entziehen sich auf unerklärliche Art und Weise der wissenschaftlichen Beobachtung im Rahmen dieser Computer-Modelle. Nur 10 Prozent bleiben übrig, die das uns bekannte Universum ausmachen.

Interessanterweise kennen wir eine solche Diskrepanz auch aus einem ganz anderen Bereich: Biologen fanden heraus, daß jeder Mensch nur 10 Prozent seines Gehirns bewußt benutzt. Die Funktionen der restlichen 90 Prozent laufen unbewußt ab und

Abb. 18: In Computersimulationen des Urknalls können schon nach wenigen Sekunden nur noch 10% des Universums erfaßt werden. die restlichen 90% verschwinden einfach auf rätselhafte Weise aus dem mathematischen Modell der Wissenschaftler. Ein vergleichbares Phänomen existiert beim Menschen: Nur 10% des menschlichen Gehirns sind aktiv, der Zweck der restlichen 90% ist den Biologen ein Rätsel.
Vielleicht gibt es zwischen beiden Phänomenen und den von Naturwissenschaftlern bisher unentdeckten höheren Dimensionen einen direkten Zusammenhang.

entziehen sich deshalb unserer Kenntnis. Theorien über diese inaktiven biologischen Schaltkreise unseres Gehirns besagen, daß der Mensch erst im Zustand hoher evolutionärer Reife lernen wird, sein Gehirn bewußt vollständig zu benutzen. Somit könnte es kein Zufall sein, daß der heutige Mensch auch nur 10 Prozent des Universums erkennen und erklären kann. Was aber verbirgt sich in jenen Bereichen, die uns Astrophysiker bzw. Biologen nicht erklären können? Die uralten Schriften sagen, daß das Gehirn sehr wohl mit voller Kapazität arbeiten kann. Der Fehler heutiger Forscher ist, daß ihre Beobachtungen die Existenz verschiedener Dimensionen mit extrem schnellen Schwingungen nicht einbeziehen. Sie vergessen also in ihren Arbeiten die fundamentalste und am schwierigsten zu verstehende, dynamische Energie – die „Schöpfungsenergie der Dimensionalität".

In den ersten Sekunden der Schöpfung hat sich das Universum so schnell ausgedehnt, daß die dreidimensionalen Ebenen bei weitem nicht ausreichten, um alle Schwingungsfrequenzen zu erfassen. Diese „verschwundenen" 90 Prozent der Schwingungen des Universums bilden die höheren Dimensionen der Realität. Unser Gehirn aber ist prinzipiell in der Lage, Schwingungen aller Dimensionen zu erfassen. Zur Zeit wird es allerdings in der Regel nur als Resonanzorgan für die unteren drei Dimensionen genutzt.

Delta	Theta	Alpha	Beta
0,5–4 Hz	4–8 Hz	8–12 Hz	12–23 Hz
Tiefschlaf	Entspannung	Wachzustand	erhöhte Wachheit

Vergleichen wir einmal die menschlichen Bewußtseinszustände mit der Resonanzfrequenz der Erde. In der Vergangenheit betrug diese Resonanzfrequenz noch nicht einmal ganz 8 Hz. (Noch in den 70er Jahren unseres Jahrhunderts maßen Schumann und König die Grundfrequenz der Erde mit 7,83 Hz; d. Übers.) Dies liegt an der Grenze zwischen Theta- und Alpha-Wellen, also in der Grenzzone zwischen tiefer Entspannung (bzw. Schlaf) und entspannter Konzentration (bzw. Wachheit).

Tatsächlich berichten uns alte Schriften ebenso wie die Lehren der Ureinwohner, daß sich ein Großteil der Menschen in einem Zustand relativ geringer Wachheit und großer Unbewußtheit befindet – ähnlich dem Schlaf! Hingegen wird die neue Grundfrequenz der Erde von 13 Hz, auf die sich ihr Schwingungssystem zur Zeit zubewegt, deutlich im Bereich einer erhöhten Wachheit liegen – nämlich innerhalb der Beta-Wellen, also dem absoluten Wachzustand des Gehirns. Dieser Zustand grenzt schon an Aufregung und ermöglicht es, daß die ganzen 100 Prozent des Gesamtbewußtseins zur Verfügung stehen. Während sich also die Erde auf die neue Resonanzfrequenz von 13 Hz einschwingt, beginnt das Leben sozusagen erst richtig zu erwachen.

Das Ziel aller Meditationen ist es, im menschlichen Gehirn diejenigen Schwingungen zu erzeugen, die einen Zugang zu den unbewußten 90 Prozent der Gehirnaktivitäten ermöglichen. Während sich das Ende unseres Zeitzyklus nähert, entsteht – wie oben beschrieben – ein neuer Bewußtseinszustand. Für ihn gibt es noch keine Bezeichnung. Er wird umschrieben als Aktivierung der Bewußtseinskanäle des sogenannten „Geist-Spiegels", eines speziellen Zustands von „Resonanz", in dem alle Frequenzbereiche des Gehirns aktiv sind – vom Delta- bis zum Theta-Zustand. Anstatt einer einzigen Bewußtseinsebene werden dann also alle Bereiche gleichzeitig arbeiten, was ein neues Gefühl der Vollständigkeit erzeugt. Dies versteht man unter einem „Null-Punkt-Bewußtsein".

Im folgenden soll gezeigt werden, wie Gedanken-Materie sich durch die Schwingungs-Membranen bewegt. Wichtig dafür ist das Verständnis grundlegender Begriffe wie Gitternetz, Matrix, Schwingung und Resonanz, die bisher nur kurz eingeführt und erläutert wurden.

Das Gitternetz: die zweidimensionalen Informationsmuster

Der Begriff „Gitternetz" oder „Netz" bezeichnet hier einen zweidimensionalen Rahmen, in dem sich Energie, Information und Licht von einem Punkt zum anderen bewegen können. Die in diesem Netz übertragene Energie kann subtil sein wie die menschlichen Gedanken oder so grob wie die Impulse der Resonanzfrequenz der Erde. Eine wellenförmige Energie kann sich in ihm auf verschiedenen Wegen mit hoher Geschwindigkeit ausbreiten und alle Grenzen, selbst die von Planetensystemen und Dimensionen, überschreiten.

Das Netz muß man sich als eine Substanz vorstellen, die im „Nichts" in Form eines Fadens aus reinem „Geiststoff" existiert. Sie ist der grundlegende Stoff der Schöpfung. Dieses „Netz" ätherischer Linien bildet ein komplexes Gittersystem, damit es für den Transport der unendlich vielgestaltigen Energieimpulse und Informationen dienen kann. Diese Energieimpulse haben eine einheitliche Struktur und wiederholen sich fortwährend. Sie erscheinen als zweidimensionale Abbilder der geometrischen Formen, die sie ausdrücken sollen. Die Formen können sehr einfach sein wie z.b. ein Quadrat oder ein Rechteck, aber auch kompliziertere Gebilde wie Vielecke mit gleichen Seitenmaßen und Flächen. Die kleinste Flächeneinheit, die an allen Seiten von genau gleichen Flächen umgeben ist, wird „Netz-Zelle" genannt. Viele derartige Netz-Zellen ergeben ein Gitternetz. Sie dehnen sich aneinandergereiht in alle Richtungen aus – entweder bis in eine ganz bestimmte

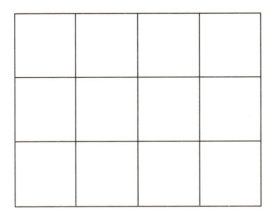

Abb. 19: Schema eines zweidimensionalen Gitternetzes, das auf der Form eines Quadrats basiert. Jedes Quadrat bildet eine Netz-Zelle.

Entfernung oder auch unendlich weit, ohne je begrenzt zu werden. Die Energie kann sich innerhalb des Netzes fortbewegen oder auch in einer Gruppe von Netz-Zellen gespeichert werden.

Die Matrix: dreidimensionale Energiestrukturen

Der Begriff „Matrix" bedeutet hier eine Überlagerung und Verbindung zweier oder mehrerer der oben beschriebenen Netze. Die Netze bilden hierbei eine hierarchische Struktur aus und sind die Transportwege für Energien und Informationen, die von einer Dimension zur anderen führen. Größe und Form der Matrizen sind ebenso unterschiedlich wie die der Netz-Zellen. Die meisten Matrizen sind Teilmengen eines größeren Netz-Matrix-Systems, das selbst wiederum nur ein Teil eines noch größeren Systems ist. Die „Schöpfungs-Matrizen" sind also holographisch. Jede Zelle stellt ein in sich abgeschlossenes Ganzes dar, ist aber dennoch auch Teil eines größeren Ganzen. Die Beziehungen und Verbindungen zwischen Netzen und Matrizen enthalten das Konzept der materiellen Schöpfung und allen darin enthaltenen Lebens. Einerseits existieren in jeder einzelnen Matrix alle Informationen einer bestimmten Energiestruktur, damit sie sich selbst „verdoppeln" bzw. erzeugen kann. Andererseits ist jede Netz-Zelle dieser Struktur mit an diesem Vorgang beteiligt (Abb. 21).

Jedes Netz ist für eine bestimmte Art von Energie bzw. Information zuständig. Es unterscheidet sich daher von allen anderen Netzen, die sich über oder unter dem betreffenden Netz befinden. In Abbildung 20 könnte das unterste Netz z.B. die Schwingungen der Farbe Rot in Form entsprechender Lichtfrequenzen enthalten. Das nächste Netz oberhalb davon könnte die Schwingungen von Grün transportieren. In der Abbildung wird dies durch eine vergrößert dargestellte Wellenform in einer der Zellen jedes Netzes illustriert. Die „rote" Zelle hat weniger komplette Schwingungen als die Zelle im Netz von Grün, da Rot eine langsamere Frequenz hat als Grün.

106

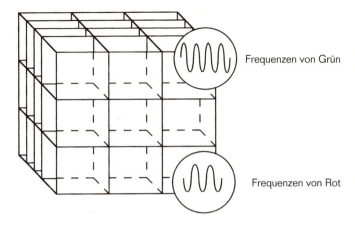

Abb. 20: Schema einer Matrix, die auf der Form des Würfels basiert. Die gleich großen Zellen ermöglichen den Schwingungen einen leichten Durchgang und garantieren damit einen schnellen Informationsfluß in alle Richtungen.

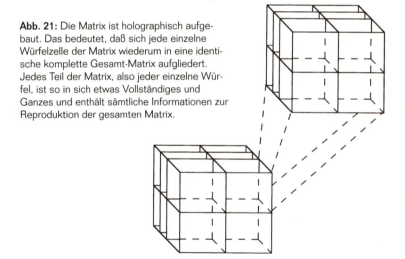

Abb. 21: Die Matrix ist holographisch aufgebaut. Das bedeutet, daß sich jede einzelne Würfelzelle der Matrix wiederum in eine identische komplette Gesamt-Matrix aufgliedert. Jedes Teil der Matrix, also jeder einzelne Würfel, ist so in sich etwas Vollständiges und Ganzes und enthält sämtliche Informationen zur Reproduktion der gesamten Matrix.

Information als Schwingung

Die Energie des Lichtes wird im allgemeinen immer in zwei Dimensionen dargestellt, wie dies im oberen Teil der Abbildung 22 zu sehen ist. Die Grafik zeigt das bekannte Koordinatensystem mit X- und Y-Achse. Die senkrechte Y-Achse erlaubt, die Amplitude, also die Höhe der Welle, zu bestimmen. An der waagerechten X-Achse wird die Länge der Welle abgelesen. Die Frequenz der Welle läßt sich bestimmen, indem man die Anzahl der Wellen innerhalb eines festgelegten Zeitrahmens zählt. Sind es z.B. zehn Wellen in einer Sekunde, spricht man von einer Frequenz von zehn Hertz. Die Höhe der Frequenzen, also die Ausbreitungsgeschwindigkeit der Wellen, kann bis zu mehreren Hunderttausenden Hertz betragen. Alle grob- und feinstoffliche Materie besteht aus denselben Lichtteilchen, die sich zu hierarchischen Feldern aus Schwingungen (Frequenzen) und Formen (Geometrie) verbinden. Ein Teil dieser Felder ist in der Physik als elektromagnetische Wellen bekannt. Dieses Frequenzspektrum reicht von sehr langwelligen Schwingungen am unteren Ende des Spektrums bis zu extrem kurzwelligen am oberen Ende. Im allgemeinen hören die Messungen innerhalb dieses Spektrums bei der Frequenz von 10^{21} Hertz (= 10 000 000 000 000 000 000 000 Hz) auf. Bereits während des späten 19. und Anfang des 20. Jahrhunderts aber

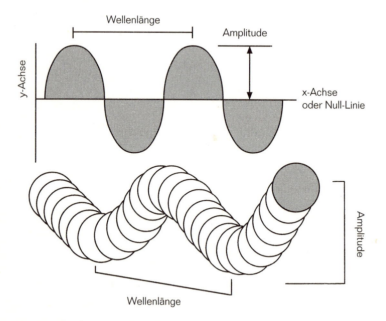

Abb. 22: Schematische Darstellung der Ausbreitung von Energie in Form einer Schwingung – im Bild unten als dreidimensionale Welle.

haben Wissenschaftler wie John Keely begonnen, mit Schwingungsfrequenzen zu arbeiten, die 20 bis 30 Oktaven höher liegen als die bisher allgemein bekannten Frequenzen. Aufgrund seiner Arbeit mit diesen subtilen Schwingungen konnte Keely verschiedene Technologien (z.b. den Keely-Motor, einen Generator für freie Energie; d. Übers.) entwickeln, die von seinen Zeitgenossen nicht verstanden wurden und heute immer noch nicht anerkannt sind.

In unserer dreidimensionalen Wahrnehmung sehen wir die Energie des Lichtes in zwei miteinander verwandten, jedoch unterschiedlichen Formen. Diese zwei Komponenten treten zusammen als elektrisches und magnetisches Feld auf. Wenn sie im Verbund arbeiten, erzeugen sie ein gemeinsames Energiefeld in Form einer elektromagnetischen Welle. Alle physikalische Materie ist ohne Ausnahme ein Ausdruck derartiger elektromagnetischer Felder – also im weiteren Sinne des Wortes von Licht.

Der elektrische Teil der Welle ist der „Träger" von Informationen, die sich als „kristallisiertes Licht" von einem Schöpfungsaspekt zum nächsten ausbreiten. Jede Schwingung innerhalb eines elektromagnetischen Frequenzspektrums erzeugt eine dauerhafte, nachvollziehbare und vernünftige Struktur – eine „kristalline Information". Diese Information wird von der genetischen Struktur des Lebens übernommen, um sie den Körperzellen als Befehl zum Wachstum usw. zukommen zu lassen.

Ein Magnetfeld, das mit einer elektrischen Welle in Beziehung steht, überlagert die im Impuls enthaltenen Informationen – aber nie vollständig. Das Magnetfeld verläuft rechtwinklig zur elektrischen Welle und der in ihr enthaltenen Informationen. Die „Schicht" des Magnetfeldes erzeugt eine schützende Pufferzone um die elektrischen Informationen herum. Dadurch werden die Informationen stabilisiert, und es wird verhindert, daß sich verschiedene Informationsfelder zu einem Chaos vermischen. Beim elektromagnetischen System des menschlichen Körpers befinden sich in dieser Pufferzone die disharmonischen Strukturen der Ängste und Wertungen. Genau diese Pufferzone verschwindet mehr und mehr, wenn sich die Erdrotation verlangsamt und dadurch das Erdmagnetfeld schwächer wird. Jeder Mensch erhält dadurch direkteren

Zugang zu den feinstofflichen Ebenen seiner gespeicherten Informationen, ohne dabei von den alten Strukturen seiner Überzeugungen und Wertungen behindert zu werden.

Die Dimensionen: vom Wechsel der Schwingungsebenen

Die Idee von der Existenz mehrerer Dimensionen ist eigentlich nur eine logische Konsequenz der verschiedenen Frequenzspektren, mit deren Hilfe die unterschiedlichen Energien in hierarchische Ordnung gegliedert werden. In Wahrheit gibt es keine Unterteilung und somit keinerlei Grenzen zwischen den Schwingungen. Es existieren nur verschiedene Wellen unterschiedlicher Länge und Frequenz, die wir mit Hilfe unserer Sinne erfahren können. Zum Beispiel sind während des Traums andere Frequenzen und damit andere Bewußtseinsebenen aktiv als im Wachzustand. Viele alte Schriften enthalten dieses Konzept verschiedener Dimensionen schon seit Tausenden Jahren:

Wenn der Geist keine Unterschiede mehr macht, dann sind die zehntausend Dinge, wie sie sind: aus einer einzigen Essenz. Um mit dieser Wirklichkeit direkt in Harmonie zu kommen, brauchst du, falls Zweifel auftauchen, nur zu sagen: „Nicht Zwei!" In diesem „nicht Zwei" existiert nichts Getrenntes und wird nichts ausgeschlossen. In dieser Welt des So-Seins gibt es weder das Selbst noch etwas anderes als das Selbst. Dieses Mysterium der Einen Essenz zu verstehen, heißt, frei von allen Verstrickungen zu sein.

Hsin-hsin-ming

Wenn du aus den Zweien Eins machst, und wenn du das Innere wie das Äußere machst, und das Obere wie das Untere, und wenn du das Männliche und das Weibliche Eins machst, dann wirst du das Königreich Gottes betreten. Das Thomas-Evangelium

Schau nach oben oder nach unten, du wirst das Gleiche finden. Denn alles ist nur ein Teil der Einheit an der Urquelle des Gesetzes. Das Bewußtsein unterhalb von dir ist Teil deines eigenen Bewußtseins, genauso wie wir ein Teil davon sind.

Die Smaragd-Tafeln von Thot, Tafel 11

Die Dimensionen sind also nur unterschiedliche Zustände der fundamentalen Energie, die unter wechselnden Bedingungen ihre Frequenz verändert. Die Schöpfung ist demnach ganz einfach eine große Ansammlung von Schwingungen unterschiedlicher Frequenzen, die zusammenhängende Strukturen bilden. Alle deine Handlungen und „Schöpfungen" konnten nur entstehen, weil du verdichtete Formen von Licht derart beeinflussen kannst, daß sie zu den verschiedenen Strukturen von Energie kristallisieren. In ihrer kausalen Form sind diese immer noch Licht geblieben. Alle Lebewesen und alle Dinge in der Schöpfung existieren auf ihre Weise, weil bestimmte, jeweils typische Schwingungen mit anderen Frequenzen interagieren. Wir können unendlich vielfältige Wellen erzeugen und auf diese Weise die Welt um uns herum beeinflussen. Nikola Tesla hat dies um die Jahrhundertwende mit seinen Oszillationsmaschinen auf technischem Wege erreicht. Wir selbst sollten jedoch aus unserer inneren Lebenskraft am besten nur Schwingungen mit hohen Frequenzen in Form von Liebe erzeugen. Der Sitz dieser Energiewellen erzeugenden bewußten Lebenskraft befindet sich in der Basis des Gehirns.

In der groben Schwingung des Fleisches ist die feine Schwingung der kosmischen Energie, der Lebensenergie, und beide werden von der feinsten Schwingung durchdrungen, der Energie des Bewußtseins.
Das „Wort" ist Lebensenergie oder kosmische Schwingungsenergie. Der „Mund Gottes" ist die Medulla Oblongata, die im hinteren Teil des Gehirns an der Öffnung zum Rückenmark liegt. Dieser vitalste Teil des menschlichen Körpers ist der heilige Eingang (oder „Mund Gottes") für das „Wort" oder Lebensenergie, die den Menschen am Leben erhält. Paramahansa Yogananda

Der Mensch lebt nicht von Brot allein, sondern durch jedes Wort, das aus dem Munde Gottes kommt. JOHANNES 4,4

Das „Wort" im Johannes-Evangelium ist also, wie Yogananda erklärt, die Lebensenergie, die dem „Mund Gottes" an der Gehirnbasis entströmt, welche seit alters her als „Sitz des Bewußtseins" gilt. Sie alle stellen letztendlich Schwingungen unterschiedlicher „Beschaffenheit" dar. Jede Schwingung drückt sich als Energie in Bewegung aus, die als Wellen pulsiert und oszilliert.

Die heutige Wissenschaft löst sich immer mehr von der Auffassung, daß Materie substantieller Natur sei und letztendlich aus Quanten oder Partikeln bestehe. Der Schlüssel für die fundamentale Natur der Materie liege vielmehr in den ihr zugrundeliegenden Strukturen der Wellenformen verborgen.
Robert Lawlor

In den letzten Jahren hat sich das wissenschaftliche Konzept über den Aufbau der dreidimensionalen Materie bereits gewandelt. Aus neuer Perspektive besteht die reale Welt aus einer fortlaufenden Serie schneller Energieimpulse, die bestimmte Wellenformen gleicher Frequenzen erzeugen. Diese nimmt unser Gehirn als Informationen wahr und wertet sie zur Orientierung in der Welt aus. Das Vorhandensein fester Materie ist demnach eine Illusion, die durch unser bisheriges Wahrnehmungsspektrum für elektromagnetische Schwingungen zustande kommt. Die Seher dieser Welt aber sagen uns bereits seit Tausenden von Jahren, daß unsere Welt eine illusionäre Projektion unseres eigenen Geistes ist. Sie hat somit keinen Realitätswert an sich, sondern ist eher eine Art Traum. Dieser Traum wird sich bald ändern. (Gemeint ist der Dimensionswechsel; d. Übers.)

Materie: das kristallisierte Licht

Die Schöpfungsenergie wird „hinuntergezogen" in die „Gußform" der Matrix. Dadurch wird ihre Schwingungsfrequenz immer langsamer und kristallisiert dabei zu den bekannten Formen der Schöpfung. Was sind diese vorbestimmten Strukturen, nach denen sich die Energie ausrichtet? Wie beeinflussen sie die Gestaltung der Materie?

Es existiert eine ganz fundamentale Beziehung zwischen Schwingungen und Geometrie. Diese Beziehung ist wechselseitig und wirkt sich in beide Richtungen aus: Schwingungen erzeugen Geometrie, und Geometrie bringt Schwingungen hervor. Formen sind ein direktes Resultat von Schwingungen, und

Schwingungen sind eine direkte Funktion von Formen. Materie kann nur existieren, weil sie ihre Energie in Form von Schwingungen festhält. Dieses Konzept ist natürlich nicht neu, denn die alten Schriften berichten schon seit Jahrhunderten darüber. In den westlichen Wissenschaften konnte dies bereits teilweise bewiesen werden, indem die beständigen und nachvollziehbaren Wirkungen von Schwingungen auf Materie analysiert wurden. Du kannst dir selbst bei einem einfachen Versuch die Zusammenhänge zwischen Schwingung und Form augenfällig machen. Dafür benötigst du folgende Dinge:

- einen flachen Teller,
- etwas Salz oder Zucker und
- eine Lautsprecherbox oder eine andere Klangquelle.

Lege die Lautsprecherbox auf den Rücken und stelle den Teller darauf – direkt über den Lautsprecher. Streue soviel Salz oder Zucker auf den Teller, daß der Boden sehr dünn, aber vollständig bedeckt ist. Jetzt spiele über den Lautsprecher einige Töne ab und beobachte, was mit den Salz- oder Zuckerkörnchen passiert. Es wird ein höchst interessantes Phänomen auftreten, das einen der subtilsten und fundamentalsten Zusammenhang in der gesamten Schöpfung offenbart. Die Körnchen des Salzes fangen an, sich auf dem Teller in bestimmte Strukturen anzuordnen – ganz so, als ob sie sich in ein unbekanntes, unsichtbar vorgegebenes Muster einfügen wollten. Bestimmte Töne erzeugen unter gleichen Bedingungen immer gleiche typische Formen und Symmetrien. Sie sind vorhersagbar und lassen sich beliebig wiederholen. Wenn du mit verschiedenen Lautstärken und Einzeltönen oder komplexer Musik experimentierst, wirst du feststellen, daß die Strukturen variieren und ähnliche Kreise wie auf Abbildung 23 bilden. Sie beginnen als einfache geometrische Formen und entwickeln sich dann zu immer komplexeren Strukturen. Das Studium der hier besprochenen Zusammenhänge wird als die Wissenschaft der Cymatik bezeichnet. Der Schweizer Dr. Hans Jenny hat zu ihrer Erforschung Wesentliches beigetragen. In der Wirkung der Schwingungen auf Materie konnte er zeigen, wie die formgebenden

Kräfte an der Schöpfung beteiligt sind: Flüssigkeiten oder Teilchen auf einem Teller bilden eine komplexe Ordnung, sobald sie sich unter dem Einfluß von Schwingungen befinden.

Die Bedeutung dieser Erkenntnis ist enorm, denn sie ist ein Teil des Prozesses, den wir hier als Wandel bezeichnen. Die

Abb. 23: Ein „Sonnenzeichen", das durch Tonschwingungen erzeugt wurde. In einem identischen Medium – z.B. in Wasser oder in einer dünnen Sandschicht – rufen gleiche Schwingungen oder Kombinationen von Schwingungen stets identische Strukturen hervor. Schwingungen mit höherer Frequenz erzeugen komplexere Muster. (aus: Dr. Hans Jenny, *Cymatics*)

Schöpfung ist gewissermaßen ein „Gemälde" von Schwingungsstrukturen, das nach vorgegebenen Richtlinien entstanden ist. Die „Töne" der Schöpfung verbreiten sich durch die verschiedenen Milieus des Universums, wobei sie unterschiedlichste Formen hervorbringen wie Sternensysteme, Planeten, Atome, Zellen und Quanten. Mehrere Töne schließen sich dabei zu Akkorden von Informationen zusammen, die die Energie veranlassen, die Strukturen der Dimensionen zu bilden. Die Tonschwingungen ermöglichen z.B. den Silizium- und Kohlenstoffatomen, sich zu beständigen Tetraeder-Formen zu verbinden. Was treibt eigentlich den Herzschlag und die Erdresonanzfrequenz an? Auf was reagieren sie? Warum dreht sich die Erde überhaupt? Was treibt die 20 Erdplatten dazu an, sich an der Erdoberfläche zu bewegen? Die Antwort auf diese Fragen ist immer die gleiche: Es sind die „Töne" der Schöpfung. Dieses Wissen ist nicht neu. Es wurde in den Schriften der alten

Mysterienschulen bewahrt. Dabei ist der Zusammenhang zwischen Klang und Form einer der grundlegenden Schlüssel zu den Mysterien der Schöpfung.

> Im Anfang war das Wort, und das Wort war bei Gott, und das Wort war Gott. Dieses war im Anfang bei Gott. Alle Dinge sind durch dasselbe geworden, und ohne das Wort ist auch nicht eines geworden, das geworden ist. In ihm war das Leben, und das Leben war das Licht für die Menschen.
>
> JOHANNES 1,1

Das „Wort" ist der Ton, der die Schöpfung in Gang setzte. Beachte, daß der Ton „bei Gott" war und daß der Ton „Gott selbst" war. In den Sanskrit-Schriften der Veden heißt es, daß „Om" der erste Ton war, der durch die „Suppe" der potentiellen Schöpfung pulsierte.

Abb. 24: Der Urlaut „Om" in Sanskrit-Schrift

> Im Anfang gab es eine erste Ursache, die alles, was existiert, in das Sein gebracht hat. Du selbst bist die Wirkung einer Ursache, und umgekehrt bist du die Ursache von anderen Wirkungen.
>
> *Die Smaragd-Tafeln von Thot,* TAFEL 12

Die Cymatik vermittelt eine Vorstellung davon, wie reine formlose Energie sich zu den Strukturen der Materie kristallisieren kann. Die formgebenden Strukturen sind die morphogenetischen Felder der Heiligen Geometrie, die von bestimmten Schwingungsfrequenzen der Schöpfungs-Matrix unterstützt und definiert werden. So wie sich in einem gewissen Frequenzspektrum voraussagbare Strukturen bilden, so bilden sich auch bestimmte geometrische Formen in der Schöpfungs-Matrix.

Die Platonischen Körper: der Code des Schöpfers

Alle Strukturen der dreidimensionalen Schöpfung einschließlich des menschlichen Körpers resultieren aus einer Form oder Verbindung mehrerer einfacher Strukturen. Nur fünf derartige Grundformen kommen vor. Diese waren für mehrere Jahrhunderte Gegenstand von Untersuchungen und Debatten. Ganze Religionen und zahlreiche Mysterienschulen entstanden aufgrund der Lehren über diese fünf Formen und widmeten sich der Aufgabe, das Wissen darüber für spätere Generationen zu bewahren. Die Wissenschaft der Alchemie – oft nur damit in Verbindung gebracht, Blei in Gold verwandeln zu wollen – basiert auf dem Studium dieser Formen. Die Alchemisten waren nicht so sehr darauf fixiert, Metalle herzustellen. Vielmehr wollten sie den Transformationsprozeß selbst, der die Umwandlung von Metallen ermöglicht, erforschen (und praktisch nachvollziehen – sowohl im Außen als Wandlung der Metalle als auch im Inneren als Transformation des Bewußtseins; d. Übers.). Dies entspricht in etwa dem momentanen Wandlungsprozeß der Erde. In diesem Verwandlungsprozeß liegt das Geheimnis bewußter Evolution verborgen, das uns Zugang zu den komplexen geometrischen Bauplänen der Materie eröffnet. Diese geometrischen Codes, die Grundstrukturen der Schöpfung, werden heute „Platonische Körper" genannt und umfassen fünf regelmäßig geformte Körper.

Der Begriff „platonisch" bezieht sich auf den griechischen Philosophen der klassischen Antike Plato. In seinem Werk *Timaeus* beschreibt Plato metaphorisch eine universale Kosmologie, die auf miteinander verbundenen geometrischen Strukturen basiert. Die Platonischen Körper scheinen aber schon weit länger bekannt gewesen zu sein. Hinweise darauf finden sich in historischen Schriften über Geometrie im Museum von Kairo. Dort befinden sich in den Ausstellungsvitrinen auch sorgfältig gearbeitete Modelle, deren Alter auf 3 000 Jahre geschätzt wird. Im Ashmolean Museum in Oxford, England, wiederum gibt es sogar noch ältere Modelle dieser Formen. Sie sollen zirka 1 000 Jahre vor Plato entstanden sein (sind also rund 3 400 Jahre alt; d. Übers.) Obwohl diese Modelle nicht so exakt gearbeitet sind wie die in Ägypten, belegen sie doch eindeutig, daß die geometrischen Bausteine der Schöpfung bereits sehr lange bekannt waren.

Die fünf Platonischen Körper sind die einzigen Formen, die nur aus einer Art regelmäßiger Flächen zusammengesetzt werden können. (Sie bestehen also entweder nur aus gleichen Dreiecken, nur aus Quadraten oder ausschließlich aus gleichgroßen Fünfecken. Mit anderen Flächen wie z.B. Sechs- oder Siebenecken können keine Körper mehr geformt werden; d. Übers.) Dabei sind alle Außen- und Innenmaße identisch und alle Winkel gleich groß. Die fünf Körper unterscheiden sich in der Anzahl der Seitenflächen, Kanten und Ecken:

Platonischer Körper	Seitenanzahl	Kanten	Ecken
1. Tetraeder	4	6	4
2. Hexaeder (Würfel)	6	12	8
3. Oktaeder (Doppelpyramide)	8	12	6
4. Dodekaeder	12	30	20
5. Ikosaeder	20	30	12

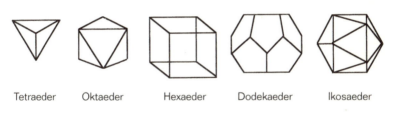

Tetraeder   Oktaeder   Hexaeder   Dodekaeder   Ikosaeder

Abb. 25: Schematische Darstellung der fünf Platonischen Körper. Sie sind die einzigen Formen, die aus gleichen regelmäßigen Flächen zusammengesetzt werden können.

Das Mineralreich bietet die besten natürlichen Beispiele für derartige Körper. Die Strukturen der Kristalle sind dabei ein äußerlicher Ausdruck der inneren Richtlinien, nach denen Materie ihre Formen gestaltet. Die Atome, die sich zu den grundlegenden Bausteinen der ersten Zelle eines Kristalls zusammenschließen, bestimmen das weitere Wachstum der Kristallform. Ein Beispiel soll helfen, dies zu verstehen:

Die mineralischen Bestandteile von Kochsalz sind Natrium und Chlor (NaCl). In Wasser gelöst ist keine Kristallform erkennbar. Unter bestimmten Temperatur- und Druck-Bedingungen aber werden sich Natrium und Chlor zu der kristallinen Form verbinden, die wir Salz nennen. Seine Struktur basiert auf dem Platonischen Körper des Würfels. Die atomaren Verbindungen richten sich nach vorbestimmten geometrischen Strukturen, die man als „geometrische Koordination" bezeichnen kann. Sie bestimmt die Anzahl von „Einheiten" (Atome, Moleküle, Zellen usw.), die die Gesamtstruktur umfaßt. Eine „2er"-Verbindung beschreibt eine lineare Anordnung, bei der ein Element an einem Punkt an das andere angrenzt. In einer „3er"-Verbindung stehen drei Bausteine tangential bzw. in Form einer Dreiecksfläche zueinander (siehe folgende Tabelle).

Diese Anordnungen bilden sich im Mineralreich so klar heraus, daß ihre Bezeichnungen auch für die Charakterisierung des Aufbaus atomarer Verbindungen benutzt werden. Die fünf Ordnungsstrukturen nach den Platonischen Körper sind:

Beschreibung	Geometrie	Koordination
1. „2er"-Verbindung	linear	∞
2. „3er"-Verbindung	gleichseitiges Dreieck	
3. „4er"-Verbindung	dreiseitige Pyramide	
4. „6er"-Verbindung	zwei vierseitige Pyramiden (= Doppelpyramide)	
5. „8er"-Verbindung	Würfel	

Die Geologen haben ein System zur Klassifizierung von Mineralien entwickelt, das auf den fundamentalen Formen der fünf Platonischen Körper basiert. In ihm gibt es sieben verschiedene Kristallgruppen. Diese sind nochmals in 32 verschiedene Klassen unterteilt, wobei jeder Kristall eine einzigartige äußere Form hat, in der die innere mikroskopische Geometrie der atomaren Struktur reflektiert wird. All diese Formen entstehen aus einer oder mehreren Kombinationen der Platonischen Körper.

Kristallsysteme:

- triklines System
- monoklines System
- rhombisches System
- tetragonales System
- hexagonales System (rhomboedrische Abteilung)
- hexagonales System (hexagonale Abteilung)
- kubisches System

Tafel 2: Die sieben Systeme der Kristallformation

Die Schöpfung: verwobene Netze aus Klang und Form

In den Ausführungen über Gitternetze, Matrizen, Schwingungen und Frequenzen wurde das Konzept der hierarchischen Energienetze in seinen Grundlagen erläutert. Zur Erinnerung: Die subtilen Strukturen der Netze transportieren und bewahren unterschiedliche Frequenzspektren. Zwei miteinander verbundene Netze schaffen eine Matrix, bei der die Energien von einem Netz zum anderen fließen können. Zwischen den Schwingungen und Geometrien der Matrix findet ein gegenseitiger Austausch von Informationen statt. Das Verständnis der Platonischen Körper und der Dynamik von Geometrie und Schwingung ermöglicht es nun, diese Zusammenhänge eingehender zu betrachten:

Jedes Netz stützt und bewahrt ganz bestimmte Schwingungsspektren und geometrische Strukturen. Die Morphologie (Formgebung) eines Netzes wird durch die Wechselwirkungen zwischen ihnen bestimmt, denn spezifische „Töne" bzw. Frequenzen erzeugen auch jeweils typische, berechenbare Formen. Es gibt z.B. Netze, die nur das „Frequenzbild" des Tetraeders enthalten, wodurch auch die Schwingungen dieser Netze nur geometrische Strukturen des Tetraeders erzeugen. Andere Netze stützen und erzeugen andere Formen der Platonischen Körper. Jede Materie, alles, was der Mensch als fest wahrnimmt, besteht aus Kombinationen dieser Netze (siehe Abb. 26). Auch unsere Erde wird durch solche Schwingungen, die stabile stehende Wellen erzeugen, „gestützt". Diese „Erdtöne" haben Tausende Jahre Bestand. Sie erzeugen ein ähnliches

119

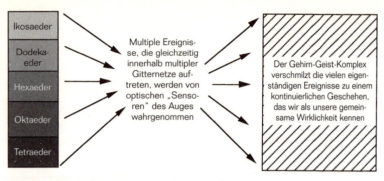

Abb. 26: Mehrere Ereignisse in verschiedenen Gitternetzen werden von den Augen wahrgenommen und zum Gehirn weitergeleitet. Der Geist des Menschen verbindet die Einzelgeschehnisse zu einem kontinuierlichen Ereignisstrom.

ordnungsbildendes Phänomen wie die Klänge aus der Stereoanlage im zuvor erwähnten Versuch.

Tatsächlich weiß die heutige Physik, daß die sichtbare Schöpfung aus nichts anderem besteht als aus sehr kurzen Lichtimpulsen. Diese Impulse, die sogenannten Quanten, folgen so schnell aufeinander, daß das menschliche Auge das Licht zwar wahrnehmen, aber das Gehirn die einzelnen Impulse nicht mehr unterscheiden kann. Das Gehirn formt aus den verschiedenen Lichtschwingungen, die die geometrischen Informationen aus mehreren verknüpften Energienetzen enthalten, ein einheitliches Bild bzw. ein kontinuierliches Ereignis. So besteht auch unser gesamtes Leben aus einer langen Serie sehr kurzer, rasch aufeinanderfolgender Einzelereignisse, die auf den unterschiedlichen Ebenen der Schöpfungs-Matrix ablaufen. Doch diese Ebenen lassen sich nicht nur erkennen, sondern auch beeinflussen.

Die Matrix der Schöpfung: die „Blume des Lebens"

In Abydos, etwa 140 km von Luxor und dem berühmten Tal der Könige entfernt, liegt am Westufer des Nils ein einzigartiger Tempel. Eine Anlage von vergleichbarer Architektur gibt es in Anklängen lediglich in Gizeh bei Kairo. Der geheimnisvolle Bau ist dem Gott Osiris gewidmet und wird „Tempel der

Auferstehung" oder „Osirion" genannt. Das Alter des Tempels schätzen Archäologen auf mehrere tausend Jahre. Es gibt sogar Vermutungen, daß er noch vor der letzten Eiszeit entstanden sein könnte. Er liegt unterhalb der Tempelanlage von Seti I., die selbst mit einem Alter von 6 000 Jahren zu den ältesten Bauwerken Ägyptens zählt. Das „Osirion" aber soll in jedem Fall noch älter sein. Es wurde aus großen Granitblöcken errichtet, die nach dem Nut-und-Feder-Prinzip ohne Mörtel ineinandergefügt wurden. Die dazu verwendeten riesigen Monolithe stammen aus einem weit entfernten Steinbruch in Assuan, und es bleibt ein Rätsel, wie sie an ihren heutigen Platz in Abydos transportiert werden konnten.

Der Osirion-Tempel diente in erster Linie der Bewahrung und Vermittlung eines sehr speziellen, hochentwickelten und umfassenden Wissens. So gab es in der Tempelanlage unter anderem eine „Halle der Aufzeichnungen", die als Mysterienschule fungierte und deren Mauern auf ein Alter von zirka 13 000 Jahren geschätzt werden. An den Wänden des Osirion-Tempels blieben die Schlüssel zu den dort vermittelten Mysterien in Form eigentümlicher Zeichnungen erhalten. Das darin codierte Wissen hat seine Gültigkeit bis heute nicht verloren

Abb. 27: Blick in den Osirion-Tempel von Abydos. Auf den Säulen links im Bild befinden sich die geometrischen Symbole der „Blume des Lebens".

und gibt Aufschluß über den Bau des Menschen, den Kreislauf von Geburt, Leben, Tod und Auferstehung sowie über die tiefere Bedeutung des Wandels. Unter den traditionellen Archäologen und Ägyptologen freilich ist umstritten, ob das einst im Osirion vermittelte Wissen wissenschaftlicher oder religiöser Art war. Höchstwahrscheinlich umfaßte es beide Bereiche,

Abb. 28: Schematische Darstellung der „Blume des Lebens", wie sie im Osirion-Tempel gefunden wurde.

denn zweifelsohne enthält die „Botschaft" der Tempelanlage etwas höchst Erstaunliches: Innerhalb der Stützsäulen, die die massive Granitdecke tragen, befinden sich an den Wänden mehrere Gruppen von ineinander verschlungenen Kreisen. Sie werden als „Blumen" bezeichnet. Der Bogen jedes Kreises teilt den nächsten Kreis in zwei Segmente, indem er durch seinen Mittelpunkt verläuft. Alle Kreise haben den gleichen Durchmesser, und 19 von ihnen ergeben eine vollständige „Blume". Diese ist wiederum von zwei größeren konzentrischen Ringen eingeschlossen (siehe Abb.28). Es ist das Abbild der sogenannten „Flower of Life" (deutsch: „Blume des Lebens"), eines höchst bedeutsamen Zeichens der Heiligen Geometrie, das den geometrischen Code des irdischen Lebens birgt.

Den Archäologen ist es ein Rätsel, wie die Formen auf die Wände des Tempels aufgetragen worden sind. Sie wurden nämlich weder gemalt oder gemeißelt noch geätzt. Vielmehr scheinen sie regelrecht eingebrannt worden zu sein – durch einen Prozeß, der bis heute unbekannt ist.

Jene Einzelkreise der „Blume des Lebens", die den äußeren Ring berühren, werden in der Heiligen Geometrie als „Pelucida-Bereich" bezeichnet – ein Begriff aus dem Lateinischen, der für die innere und äußere Oberfläche der menschlichen Eizelle verwendet wird. Innerhalb der Blume und damit der „Eizelle" ist der Pelucida-Bereich eine Metapher für die Realität – als geometrischer Code für die Verdichtung der Schöpfungs-Matrizen existiert die Realität in holographischer Form in jeder Zelle des menschlichen Körpers. Die Lebenserfahrungen, die wir aufgrund unseres freien Willens machen, aktivieren jeweils bestimmte Anteile daraus. Sie entscheiden also, welche Programme aktiviert werden. Das Wissen der Heiligen Geometrie besteht nun in der bewußten Aktivierung der Codes, die dann durch unseren freien Willen zu unseren Lebenserfahrungen werden können.

Schon in den Texten der berühmten Smaragd-Tafeln von Thot bzw. Hermes Trismegistos finden sich Hinweise auf die „Blume des Lebens":

Tief im Herzen der Erde liegt die Blume, die Quelle des Geistes, der alles in seiner Form bindet. Denn wisse, daß die Erde in einem Körper lebt, genauso wie du in deiner eigenen Form lebst.

Die Smaragd-Tafeln von Thot, TAFEL 13

Erst in den letzten Jahren ist es gelungen, den in der „Blume des Lebens" enthaltenen Code zu entschlüsseln. Durch die Anstrengungen des spirituellen Lehrers Drunvalo Melchizedek können heute Botschaft und Bedeutung der „Blume des Lebens" wieder vermittelt und in die Lehren der Mysterien integriert werden. Drunvalo, der auf geistigem Wege mit dem ägyptischen Meister Thot in Kontakt stehen soll, hat dazu vergessenes Wissen – angefangen von der Erdgeschichte bis zum Sinn und Zweck des menschlichen Daseins – in einem neuntägigen Workshop zusammengestellt. Darin werden auch praktische Anwendungsmöglichkeiten der Heiligen Geometrie vermittelt. Ihre Grundlage ist nach Drunvalo die Bewußtwerdung „kristalliner" geometrischer Energiefelder, die den menschlichen Körper umgeben, und deren Beeinflussung etwa mit Hilfe spezieller Meditationen. In alten Schriften werden diese Felder als „geistige Lichtfelder" oder „Mer-Ka-Ba" bezeichnet.

Zwei reduzierte Abwandlungen der „Blume des Lebens" wurden in der Vergangenheit als „Same des Lebens" und „Baum des Lebens" bekannt. (Der „Baum des Lebens" spielt in der jüdischen Mystik der Kabbala eine zentrale Rolle; d. Übers.) In den Strukturen der „Blume des Lebens" sind aber auch zahlreiche mathematische Sequenzen und geometrische Formen wie die der Platonischen Körper, die räumlichen Codes der Schöpfung, verborgen. Es ist eine „Geometrie des Lichtes", die über die menschlichen Gene auch in jeder Zelle wirksam ist. Die Art und Weise, wie der genetische Code im DNS-Molekül („DNS" = „Desoxyribonukleinsäure", der materielle Träger der Erbinformation) angeordnet ist, wird von der „Blume des Lebens" bestimmt. Die Länge, die Anzahl der Verzweigungen und sogar der Winkel der Verzweigungen in den Aminosäuren der DNS entsprechen genau den Proportionen innerhalb der „Blume des Lebens" (Abb. 29).

Abb. 29: Die „Blume des Lebens" als Schablone für drei der essentiellen Aminosäuren.

In der „Blume des Lebens" sind zudem codiert:
- die geometrischen Strukturen jedes Platonischen Körpers,
- die biologischen Programme für das Wachstum und seine Richtung,
- das Mengenverhältnis von Frauen und Männern in der Bevölkerung,
- die Verzweigungsmuster von Pflanzen und ihrer Wurzeln,
- die Form elektrischer Entladungen in der Atmosphäre,

- die Proportionen des menschlichen Körpers,
- die Proportionen geometrischer Felder und ihrer Energie-strahlungen,
- die Energien für die menschliche Wahrnehmung der drei-dimensionalen Welt.

Diese Struktur ist die eigentliche tiefere Grundlage für alle modernen und alten Religionen und metaphysischen Gesetze. Das Wissen der modernen westlichen Technologien basiert auf einem Teilverständnis dieser Struktur. Da es unvollständig ist, bringt die heutige Technik derart viele Probleme mit sich.

Die Gesetze der modernen Physik beruhen auf Beschrei-bungen beobachteter Phänomene innerhalb begrenzter Energie-strukturen und Frequenzspektren. Das einzige Gesetz, das sich universal anwenden läßt, ist das Gesetz der ausdrucksfähigen Energie: „Durch die Veränderung der Frequenz einer Energie verändert sich die Struktur ihrer Ausdrucksweise." In diesem Gesetz liegt der Schlüssel, mit dem der Code der Schöpfung, die „Blume des Lebens", „geknackt" werden kann.

Sowohl die Lehren von Juden, Christen, Buddhisten, Hin-dus und Taoisten als auch die mystischer Vereinigungen wie die Rosenkreuzer und der Golden Dawn und insbesondere auch die Lehren der Freimaurer und der Kabbala basieren auf dem ur-alten Wissen der Heiligen Geometrie. Die darin enthaltenen Zusammenhänge zwischen Mensch, Welt und Schöpfer sind die wahren Wurzeln aller religiöser und mystischer Lehren.

Dabei beinhaltet die Heilige Geometrie nicht – wie man vielleicht meinen könnte – ein „männliches", technisch orien-tiertes Verständnis der Schöpfung. Diese Lehren der alten Myste-rienschulen – so wie sie von Drunvalo Melchizedek und mir ver-mittelt werden – stellen vielmehr ein Angebot dar, eine Balance zwischen dem logischen, „männlichen", und dem intuitiven, „weiblichen", Wissen herstellen zu können. Beide Wissensfor-men sind für Vollständigkeit und Vollkommenheit unerläßlich.

Große Heiler, Menschen geistiger Vollkommenheit, heilen nicht durch Zufall, sondern durch exaktes Wissen.
Paramahansa Yogananda

Die „Blume des Lebens" als Bildnis Gottes

Die Schöpfung im allgemeinen und der Mensch im besonderen existieren aufgrund der Tatsache, daß die Materie in ihrer Struktur bestimmten energetischen Gesetzen unterworfen ist. Die Form der Materie wird durch die verschiedenen Energienetze und Matrizen bestimmt. Bisher wurden diese Matrizen vereinfacht als Verflechtungen aus Würfeln und Rechtecken beschrieben, damit zunächst das grundlegende Prinzip deutlich wurde. Zudem basiert tatsächlich ein erheblicher Teil der modernen Technologien auf der geometrischen Matrix-Form des Rechtecks.

In Wahrheit ist die Matrix der Schöpfung jedoch ein weit komplexeres System aus ineinander verschachtelten Energienetzen. Diese Netze sind eigentlich nicht wirklich würfelförmig oder rechteckig, sondern sie basieren auf der Kugelform – genauer auf den miteinander „verwobenen" Kugeln der „Blume des Lebens". An den Schnittpunkten der verschiedenen Kugelzellen können Energie, Licht bzw. Information weitergeleitet oder umgeformt werden. Mit der „Blume des Lebens" steht ein faßbares Modell der an sich unbegrenzten Schöpfungs-Matrix zur Verfügung.

Die Smaragd-Tafeln von Thot beschreiben dieses „blumenförmige" Gitternetz stehender Wellen aus reiner Lebenskraft ebenfalls. Danach gehe es von einem Punkt tief in der Erde aus – von einem Raum einer uralten, verschütteten Tempelanlage, der als die „Hallen von Amenti" bekannt und immer noch energetisch aktiv ist. Nach Thot sei diese geometrische Informationsstrahlung für die Strukturen der Schöpfung verantwortlich, sie erzeuge Formen und Leben.

Tief in den Hallen des Lebens wuchs eine Blume, flammend, sich immer mehr ausdehnend und die Nacht verdrängend. Im Zentrum befand sich ein Strahl von großer Macht, Leben spendend, Licht spendend und alles mit Energie speisend, was in seine Nähe kam.

Die Smaragd-Tafeln von Thot, TAFEL 2

Tief im Herzen der Erde liegt die Blume, die Quelle des Geistes, der alles in seiner Form bindet. Denn wisse, daß die Erde in einem Körper lebt, genauso wie du in deiner eigenen Form lebst. Die

Blume des Lebens ist auch der Ort des Geistes in dir, und sie strömt durch die Erde, wie sie durch deine Form fließt. Sie schenkt der Erde und ihren Kindern Leben und kleidet den Geist in immer neue Formen. Dies ist der Geist, der dein Körper ist, ihn formt und modelliert. *Die Smaragd-Tafeln von Thot*, TAFEL 13

Im 20. Jahrhundert hat der berühmte Physiker Max Planck eine vergleichbare Theorie aufgestellt, in der er auf eine Kraft hinweist, die die Bestandteile der Atome zusammenhält. Diese wurde von ihm als eine intelligente Grundstruktur charakterisiert und als „Geist" bezeichnet. Bei der Verleihung des Nobelpreises für seine Forschungen zum Atom führte er in seiner Dankesrede einige sehr interessante und bedeutsame Schlußfolgerungen daraus an:

„Als Physiker, also als Mann, der sein ganzes Leben der nüchternen Wissenschaft, nämlich der Erforschung der Materie diente, bin ich sicher frei davon, für einen Schwarmgeist gehalten zu werden. Und so sage ich Ihnen nach meiner Erforschung des Atoms dieses:
Es gibt keine Materie an sich!
Alle Materie entsteht und besteht nur durch eine Kraft, welche die Atomteilchen in Schwingung bringt und sie im winzigsten Sonnensystem des Atoms zusammenhält. Da es aber im ganzen Weltall weder eine intelligent noch eine ewige Kraft gibt, so müssen wir hinter dieser Kraft einen bewußten, intelligenten Geist annehmen. Dieser Geist ist der Urgrund aller Materie."

Was aber ist dieser Geist – diese kreative Intelligenz, deren Kraft in allen Bereichen der Schöpfung wirkt?
Nach der Bibel war am Anfang „das Wort". Es wurde zur Grundlage aller entstehenden Strukturen. Die von seinem „Klang" hervorgerufenen stehenden Wellen bilden den entscheidenden Rahmen für die „Kristallisation" und Verdichtung aller Formen von Schwingungen. Die Grundform aller Schwingung aber ist die „Blume des Lebens".
Die „Blume des Lebens" erscheint in zweidimensionaler Form als Zirkelfigur aus ineinander geschachtelten Kreisen. An den Wänden des Osirion-Tempels ist ihre dreidimensionale

Erscheinungsform aus miteinander „verwobenen" Kugeln, also die eigentliche kugelförmige Matrix, dargestellt. Jede Kugel darin ist eine selbständige Einheit, und in ihr wiederholt sich diese Struktur und setzt sich immer weiter fort. Die Informationen in diesen Strukturen sind daher holographisch. So wird auch verständlich, daß jede einzelne Körperzelle in holographischer Art und Weise alle nötigen Informationen besitzt, um sich nachzubilden (Abb. 30).

Jede Zelle ist etwas Ganzes und Eigenständiges, gleichzeitig aber auch ein Teil von etwas viel Größerem. Ein bekanntes Beispiel für diesen holographischen Prozeß findet sich beim Menschen in Form eines komplexen Moleküls, das sich über lange Zeit immer weiter entwickelt hat. Es handelt sich dabei um das Molekül der „Desoxyribonukleinsäure", abgekürzt „DNS". Diese winzige Doppelhelix enthält alle Informationen, die nötig sind, um einen Menschen entstehen zu lassen bzw. zu klonen.

Die stehenden Energiewellen der „Blume des Lebens" bilden das Raster der grundlegenden Matrix, durch die sich die Schöpfung ausdrücken kann. Energie, Information bzw. Licht haben ihren Ursprung im kosmischen Bewußtsein und verbreiten sich durch die „Leitungen" dieser vieldimensionalen Matrix. Die Ebenen, die durch die Schnittpunkte in jeder Kugelzelle der „Blume des Lebens" entstehen, geben den Rahmen vor, nach dem sich die Materie immer mehr verdichtet und formt. An diesen Schnittpunkten läßt sich erahnen, wie die Schöpfung tatsächlich abläuft: Hier beginnen die energetischen Strukturen der Schöpfung miteinander Verbindungen einzugehen.

Eingangs des Kapitels wurde bereits erwähnt, daß alles, was je in dieser Welt gedacht, gefühlt oder geschaffen wurde, seine Form nur annehmen konnte, weil die Energien sich nach den geometrischen Gesetzen der Platonischen Körper formen. Woher aber weiß die Energie, wo und wie sie sich zu welchen Formen verdichten soll? Die Antwort darauf finden wir in den morphogenetischen Feldern, den Bauplänen der Schöpfung. In Abbildung 28 ist die „Blume des Lebens" so abgebildet, wie sie auf den Wänden des Osirion-Tempels zu finden ist – als eine abgeschlossene Einheit aus 19 Kreisen, die von zwei großen

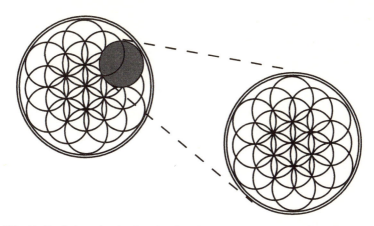

Abb. 30: Die holographische Grundstruktur liegt allen Aspekten der Schöpfung zugrunde. In der linken Zeichnung enthält jeder einzelne Kreis, also jede Zelle des Ganzen, noch einmal in verkleinertem Maßstab die gleiche Struktur (im Bild rechts). In jeder Einzelzelle sind daher alle Informationen zur Reproduktion des Ganzen enthalten.

konzentrischen Ringen begrenzt wird. Die sich überschneidenden Kreise erzeugen eine ganze Reihe von Schnittpunkten, die auf den ersten Blick willkürlich erscheinen. Beim näheren Hinsehen aber erkennt man, daß die Linien zwischen den Schnittpunkten ein zweidimensionales Bild der fünf Platonischen Körper, die geometrische Grundlage der Schöpfung, bilden. Wenn das Licht durch die Ebenen der Matrix absteigt, gleicht es sich vorzugsweise an diese universalen Strukturen an. Dabei

Abb. 31: In der „Blume des Lebens" können durch bloßes Verbinden der Mittelpunkte der Kreise die fünf Platonischen Körper gebildet werden. (Aus Gründen der Übersichtlichkeit wurden hier nur vier Körper eingezeichnet; auf das Dodekaeder wurde verzichtet.)

wird es nur zu jenen Formstrukturen „kristallisieren", die es in der betreffenden Matrix-Geometrie vorfindet. Das Erforschen dieser Formstrukturen ist ein Studium der Dimensionen und ein Erkennen der Zusammenhänge zwischen Klang und Form. Unter diesem Gesichtspunkt bekommen die Beziehungen zwischen Schöpfung, Schöpfer und der Umwandlung von Energie in Materie eine neue Bedeutung: Der zugrundeliegende Mechanismus des Schöpfungsprozesses wird entmystifiziert, und die Wurzeln der Religionen werden erkennbar.

Der Weg zur Erleuchtung wird deutlich, wenn man versteht, daß der Schlüssel zu den Mysterien und zur Sprache der Schöpfung in uns selbst zu finden ist. Jede Körperzelle reflektiert einen holographischen Prozeß, der in seiner zweidimensionalen Form als „Blume des Lebens" bezeichnet wird. Dies erklärt auch, warum uns diese Strukturen so bekannt vorkommen. Wir leben diese Strukturen in jeder Sekunde unseres Lebens.

> Im Anfang war das Wort, und das Wort war bei Gott, und das Wort war Gott.
>
> JOHANNES 1,1

Die Bibel sagt uns, daß das „Wort" nicht nur bei Gott war, sondern es selbst war Gott. Das „Wort" oder der Ton wurde in die Leere gesprochen, die die Ägypter als das „Nichts" bezeichnen. Aus der Cymatik wissen wir, daß das „Wort" in einem Medium eine typische Schwingungsstruktur erzeugt. In der Leere des Nichts erzeugte der Ton des „Wortes" die fundamentalen Strukturen, auf denen sich alle anderen Schwingungen aufbauten: „Am Anfang war das Wort", geometrisch die „Blume des Lebens", es waren die stehenden Wellen der Urkraft, aus denen sich alle Formen der Schöpfung bildeten. Am Anfang hat die allem zugrundeliegende Intelligenz Gottes den gesamten Grundstoff der Schöpfung geschaffen. Dies wird in fast allen Schöpfungslegenden der Welt übereinstimmend geschildert. Die uralten Aufzeichnungen erkennen zwar die Existenz vieler „Schöpfer" an, von denen jeder für die Entstehung seines Volkes verantwortlich war. Jedes Volk erkennt aber zudem noch die Existenz einer unendlichen Intelligenz an, die dem ganzen Universum zugrunde liegt – sie ist der Schöpfer aller Schöpfer. Wie sieht diese zugrundeliegende Intelligenz, dieses Schöpfungskraftfeld aus? Können wir uns mit unserem begrenzten, dreidimensionalen Bewußtsein ein Bild von dieser Kraft machen? Am nächsten kommt dem die geometrisch sehr komplexe Form der ineinander geschachtelten Kugeln der „Blume des Lebens". Sie ist die „Struktur Gottes".

Der „Same des Lebens": lebendiges Modell der Weisheit

Die „Blume des Lebens" ist sogar noch mehr als nur der geometrische Code der Schöpfungs-Matrix. Drunvalo fand heraus, daß sie die Gesamtsumme allen Wissens dieser Welt ist. Die „Blume des Lebens" entfaltet sich aus dem „Samen des Lebens". Dieser Name ist eine Metapher für die Kraft des Lebens, die in eine Welt kam, in der schon Wissen vorhanden war, um in der Vereinigung mit ihr mehr erschaffen zu können als allein.

In den Lehren der alten Mysterienschulen wird die „Blume des Lebens" aus dem „Samen des Lebens" und dem „Samen der kosmischen Leere" – das wahre Nichts eines unstrukturierten Potentials – abgeleitet. Die folgenden Beschreibungen sollen dies mit Hilfe von Metaphern veranschaulichen:

In den uralten Mysterienschulen Ägyptens repräsentierte das bekannte „Auge des Horus" die Gesamtheit allen Bewußtseins. Speziell das „rechte Auge des Horus" stand für dieses noch unstrukturierte Allbewußtsein. In den letzten Jahren hat man erkannt, daß im „Auge des Horus" ein ganzes System an Informationen verborgen ist. Der Schlüssel zu diesem System scheint in den Proportionen der einzelnen Bestandteile der Hieroglyphen zu liegen (siehe dazu: *The Brilliant Eye* von Alexander Joseph).

Die folgenden Ausführungen über die Ausdehnung des Bewußtseins am Beginn der Schöpfung wurden von Drunvalo und seinen Workshops „Flower of Life" („Blume des Lebens") übernommen. Sie werden von ihm auch auf die Empfängnis im Mutterleib bezogen:

Am Anfang gab es nur die Leere. Nichts bzw. alles existierte gleichzeitig in Form von unstrukturierter Energie. Das Bewußtsein wußte noch nichts von individuellem oder vielfältigem Sein. Es stand mit nichts in Beziehung, sondern war einfach nur da.

Nach einiger Zeit begann das Bewußtsein, sich selbst als „Etwas" wahrzunehmen. Da es aber noch keine Beziehungen zu etwas anderem hatte, waren alle Begriffe wie oben, unten, vorn, hinten, links und rechts völlig ohne Sinn. Zu diesem Zeitpunkt „wußte" das Bewußtsein nur, daß es „existierte".

Nachdem das Bewußtsein diesen Zustand als Erfahrung wahrgenommen hatte – vielleicht nur für wenige Millisekunden, vielleicht für Jahrtausende –, begann es, für sich selbst eine Welt der Wahrnehmung zu entwickeln. Dazu mußte das Bewußtsein zuerst eine Distanz zu sich selbst herstellen, um den Ort seiner Existenz definieren zu können. Es projizierte daher seine Wahrnehmung nach oben und unten, hinten und vorn sowie nach links und rechts, indem es sich mit einem emotions- und bewegungslosen Feld umgab. Danach begann das Bewußtsein, gleichzeitig um diese drei Achsen zu rotieren, und erzeugte so die Möglichkeit, von einem statischen zu einem dynamischen, kugelförmigen Erfahrungsfeld wechseln zu können (Abb. 33).

Durch das Erschaffen der Kugel hatte sich das Bewußtsein jetzt eine Welt der Erfahrung aufgebaut, allerdings ohne irgendwelche Ereignisse außerhalb der Kugelsphäre wahrnehmen zu können.

Zu einem Zeitpunkt entschloß sich das Bewußtsein dann, die Grenzen seines Erfahrungsbereiches auszudehnen und so das Unbekannte in seinen Erfahrungsschatz zu integrieren. Dazu begab sich das Bewußtsein an den Rand seiner bekannten Welt (in diesem Beispiel bis zu einem Punkt am Rand der Kugel). Von hier aus projizierte das Bewußtsein noch einmal die ihm bekannte Distanz in die Leere des Unbekannten hinaus.

Das menschliche Bewußtsein geht genauso vor, wenn es sich ins Unbekannte begibt. Es fängt immer damit an, die Erkenntnisse aus der bisher bekannten Welt sozusagen als Werkzeug „einzupacken" und damit an die Grenze seiner Welt

Abb. 32:
Das „Auge des Horus" –
als Hieroglyphe steht es für
das Wort „Bewußtsein".

„zu gehen". Von dort unternimmt der Mensch dann einige Schritte in den unbekannten Bereich hinein, indem er sofort versucht, die neue Umgebung mit Hilfe des mitgebrachten Wissens zu definieren. Er projiziert also die „Kugel" seines Bewußtseins ins Unbekannte – egal, ob es sich dabei um Karriere oder persönliche Beziehungen, um etwas Materielles oder Spirituelles handelt. Was außerhalb der individuellen Erfahrungen liegt, wird immer durch die Brille des persönlichen Wissens interpretiert.

Wenn das Bewußtsein diesen subtilen und doch mächtigen Schritt seiner Ausdehnung unternimmt, geschieht etwas Wunderbares und Ehrfurchtgebietendes, das die Beziehungen zwischen Bewußtsein und Erfahrung für immer verändert.

Die Abbildung 34 zeigt den Projektionsvorgang des Bekannten ins Unbekannte. Während sich die zwei Kugeln in

Abb. 33:
Das ursprüngliche
Bewußtsein wurde sich
seiner selbst gewahr.
Es begann, seine
Wahrnehmung nach
oben, unten, links,
rechts, vorn und hinten
zu projizieren. Danach
begann es, um diese
Achsen zu rotieren,
und schuf sich so ein
kugelförmiges Erfahrungsfeld seiner selbst.

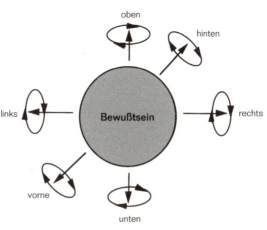

133

unmittelbarer Nähe voneinander bilden – jede Kugel enthält den halben Durchmesser der anderen –, entsteht ein gemeinsamer Bereich der Überlappung. Diese Zone wird in der Heiligen Geometrie „Vesica Piscis" (deutsch: „Fischblase") genannt. Sie entspricht der ägyptischen Hieroglyphe für „Mund" und für den „Schöpfer". Sie ähnelt auch dem Zeichen der Mayas für die Zahl Null, die bei ihnen in Zusammenhang mit unserer Galaxis, der Milchstraße, steht.

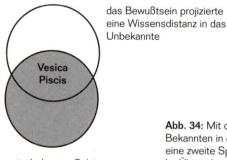

Abb. 34: Mit der ersten Projektion des Bekannten in das Unbekannte entsteht eine zweite Sphäre der Erfahrungswelt. Im Überschneidungsbereich bildet sich die „Vesica Piscis", die „Fischblase".

In der Zone der „Vesica Piscis" geschieht etwas „Magisches". Als das Bewußtsein die Leere wahrgenommen hat, stand die von ihm wahrgenommene Welt in Übereinstimmung mit der Kugel. Alles war in bester Ordnung, Balance und Harmonie, wenn auch vollständig ereignislos. Die Energie war absolut homogen. Als aber die zweite Kugel erzeugt war, stimmte der perfekte Zustand der ersten Kugel nicht mit dem der zweiten Kugel überein. Derartige Überlappungsbereiche stehen stets unter Spannung, da die zwei Kugeln dazu tendieren, sich gegenseitig auszubalancieren. Es war diese Spannung, die das Bewußtsein dazu veranlaßte, nach Ordnung zu streben – jede Spannung der Unordnung strebt nach Ordnung.

Plötzlich geschah etwas: Es entstand Bewegung in Form von Energie, die versuchte, die Spannungen aufzulösen und wieder die Harmonie der Einheit herzustellen. Die Energie in den zwei Kugeln wurde dazu angetrieben, eine Balance zu erreichen. An diesem Punkt entschied das Bewußtsein, sich

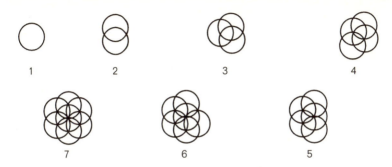

Abb. 35: Das Bewußtsein dehnt sich immer wieder aus, indem es jeweils vom Schnittpunkt zweier Sphären aus einen neuen Erfahrungsraum projiziert. Durch die ersten sieben kugelförmigen Ausdehnungen des Bewußtseins entsteht der „Same des Lebens".

weiter auszudehnen. Es begab sich erneut an den Rand seiner bekannten Welt, bewegte und projizierte von dort aus seine Erfahrungen in die Leere der unbekannten Welt. Dieses Mal geschah die Projektion von einem Schnittpunkt der beiden Kugeln aus. Auf diese Weise begann sich eine komplexe Struktur zu entwickeln (Abb. 35). Die Projektionen wiederholten sich danach immer wieder, bis das Bewußtsein schließlich jene Stelle erreichte, an der es begonnen hatte.

An diesem Punkt hat das Bewußtsein seine Reise ins Unbekannte vollendet. Um weiterzumachen, müßte es eine neue Ebene, einen größeren Umkreis, erschließen. Mit dem Ende der bisherigen Reise hat sich das Bewußtsein in einem mächtigen Resonanzsymbol Ausdruck verschafft – im „Samen des Lebens" (Abb. 36).

Abb. 36: Der „Same des Lebens" – entstanden aus den ersten sieben Ausdehnungen bzw. Projektionen des Bewußtseins.

Der „Same des Lebens" steht für viele verschiedene Aspekte des Lebens, auch wenn seine eigentliche Bedeutung höchst esoterisch ist. Auf die sieben ineinander geschachtelten Kugeln wird in der Bibel symbolisch mit den sieben Tagen der Schöpfung hingewiesen, wobei jede Kugel eine Ebene von Energie-Gitternetzen bzw. Matrizen repräsentiert. Auch die sieben Noten der Tonleiter unseres Musiksystems nehmen darauf Bezug. Die Smaragd-Tafeln von Thot erwähnen den „Samen des Lebens" als mystischen Schlüssel zum Wissen der Pyramiden und zu den „Hallen von Amenti".

> Folge dem Schlüssel, den ich hinterlasse; suche, und das Tor zum Leben soll dir gehören. Suche in meiner Pyramide, tief im Korridor, der in einer Wand endet; gebrauche den Schlüssel der Sieben.
>
> *Die Smaragd-Tafeln von Thot,* TAFEL 5

So, wie der „Same" sich zur „Blume" entwickelt, so bewegt er sich zu den Schnittpunkten der Kugeln und projiziert ein bekanntes Maß an Wissen ins Unbekannte hinaus. Er bewegt sich gleichsam auf seiner Tonleiter, bis er sich selbst wieder begegnet und sodann eine neue Oktave erschaffen kann. Der „Same des Lebens" ist sozusagen ein Modell für die Ausdehnung von Energie, Information, Licht bzw. Bewußtsein innerhalb eines bereits bestehenden Systems intelligenten Bewußtseins. Der wahre heilige Aspekt in dieser speziellen Geometrie besteht in den Zusammenhängen zwischen Form und Klang, Schwingung und Geometrie.

Nach diesem Schema entwickelt sich jeder Mensch vom Zeitpunkt der Empfängnis im Mutterleib an, denn auch die menschliche Zelle durchläuft zum Beginn ihrer stufenweisen Entwicklung sieben Stadien. Diese Symmetrien der geometrischen Formen wiederholen sich danach auch in den verschiedenen Entwicklungsstadien des Fötusses immer wieder. Die „Baupläne aus Licht" für die Entstehung der menschlichen Form sind in drei verschiedenen mathematischen Sequenzen verschlüsselt. Eine davon ist die binäre Sequenz, von der ein Teil im Folgenden aufgeführt ist.

Die binäre Sequenz:

1, 2, 4, 8, 16, 32, 64, 128, 256, 512, 1024, 2048...

Jede Zahl in der Sequenz wird durch Verdoppelung der vorangegangenen Zahl gebildet. Auf binären Codes ist auch jeder Computerspeicher aufgebaut. Ein anderes Beispiel für binäre Sequenzen findet man in jedem Strang des DNS-Moleküls. In diesem gibt es insgesamt 64 verschiedene Positionen, die die chemischen Bausteine einnehmen können. Die „64" ist die siebte Zahl der binären Zahlenfolge und stellt das Ende eines in sich abgeschlossenen Schöpfungszyklus dar. Die Wirkkraft der binären Sequenz wird deutlich, wenn man bedenkt, welche hohen Zahlenwerte in wenigen Schritten erreicht werden.

Der menschliche Körper bedient sich bei seiner Zellteilung dieser Zahlenfolge. Forschungen haben ergeben, daß der menschliche Körper täglich zirka eine Billion Zellen erneuern muß. Nach den binären Vervielfachungsregeln ist der Körper dazu sehr schnell in der Lage, denn aus einer Zelle werden zwei, daraus vier, dann acht usw. (siehe Abb. 37). Nach nur 46 Verdopplungen ist das Ziel von einer Billion erreicht.

Blickt man durch ein Elektronenmikroskop, wird die binäre Sequenz auch bei der Zellteilung sichtbar. Es werden nämlich

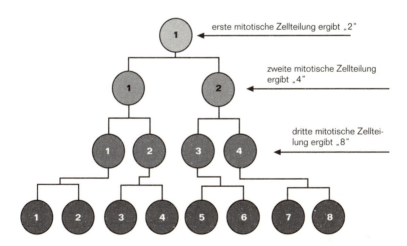

Abb. 37: Das Schema der Verdopplungen bei der Zellteilung offenbart die binäre Zahlenreihe.

keine willkürlichen Anhäufungen von Zellen erzeugt, sondern alles läuft nach einem sich ständig wiederholenden „Plan" ab. Verbindet man die Mittelpunkte der Zellen, also der geometrischen Kugelsphären, durch Linien miteinander, wird die zugrundeliegende geometrische Struktur sichtbar: Nach den ersten zwei Verdopplungen ordnen sich die vier entstandenen Zellen stets in einer ganz bestimmten Struktur an – nämlich in Form des einfachsten Platonischen Körpers, des Tetraeders (Abb. 38, links)

Bei der nächsten Teilung entstehen acht Zellen, die sich zu zwei einander durchdringenden Tetraedern – in der Heiligen Geometrie „Stern-Tetraeder" genannt – formieren (Abb. 38, rechts).

Über die Struktur des Stern-Tetraeders nähern wir uns dem wahren Verständnis von Mensch und Schöpfung: Die zweidimensionale Darstellung des Stern-Tetraeders ist nichts anderes als das Abbild des bekannten Davidsterns. Beide geometrischen Formen sind starke Resonanzsymbole für alle Menschen. Sie stehen für die ursprüngliche Einheit in jedem Wesen, die als Energiestrahlung über die Grenzen des menschlichen Körpers hinausgeht. Zeigt man diese Symbole Ureinwohnern Perus, Nordamerikas oder Ägyptens, reagieren alle gleich verständnisvoll und können einen Sinn darin erkennen. Wie kann das sein? Warum sind sie so tief im Bewußtsein der Menschheit verwurzelt? Warum erkennen die Menschen sofort in ihnen ein starkes Symbol für etwas Inneres?

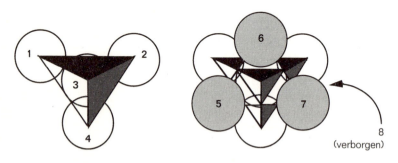

Abb. 38: Die ersten vier Zellen, die nach zwei Zellteilungen entstanden sind, formen ein Tetraeder (im Bild links).
Nach einer weiteren Verdopplung entstehen acht Zellen, die sich zu einem „Doppel-Tetraeder", dem sogenannten „Stern-Tetraeder" anordnen (im Bild rechts).

Die Struktur des Stern-Tetraeders ist ebenso wie die der „Blume des Lebens" eine Reflexion von Schlüsselinformationen, die tief ins Unterbewußtsein der Menschheit eingeprägt sind. Sie sind nicht nur gespeicherte Informationen, sondern im wahrsten Sinne des Wortes die Geometrie der Gene. Jeder Mensch auf Erden begreift diese Strukturen nicht nur bis zu einem gewissen Grad mit seinem Bewußtsein, vielmehr erkennt sein Körper selbst sie wieder. Nur dadurch kann sich der physische Körper überhaupt bilden, denn jede Zelle teilt sich nach dem darin codierten Bauplan der Platonischen Körper. Die Formen der Zellen erzeugen ein Strahlungsfeld aus Informationen, das als Verbindung zwischen dem physischen Körper und der feinstofflichen Matrix dient. Dabei handelt es sich nicht um die Energie der Aura- oder Pranafelder, sondern um subtile, feinstofflich-kristalline Felder aus Informationsenergie. Um dies besser zu verstehen, gehen wir im folgenden Abschnitt näher auf die dritte Stufe der binären Zellteilung ein, bei der acht Zellen existieren. Das Wissen um die dabei wirkenden kombinierten subtilen Energiefelder wurde bereits vor drei- bis viertausend Jahren an den alten Mysterienschulen gelehrt und seitdem nur mündlich weitergegeben. Jetzt, zum Ende dieses Zeitzyklus, wird es für alle öffentlich zugänglich:

„Mer-Ka-Ba": das Gefährt der Auferstehung

In altägyptischen Schriften taucht eine eigentümliche Textpassage auf, die Meister Thot seinen Schülern zu deren Belehrung erzählt haben soll:

> „Aus eins wird zwei,
> aus zwei wird vier,
> aus vier wird acht,
> und acht ist eins."

Dies ist ein Hinweis von Thot auf die ersten acht Zellen, die eine strahlende Energiestruktur in Form eines Stern-Tetraeders erzeugen. Warum ein Stern? Warum wird dieser Form in unserem Entwicklungsprozeß soviel Bedeutung beigemessen?

Um diese Fragen beantworten zu können, müssen wir nochmals auf die alten Schriften verweisen. Sowohl im Hebräischen wie auch im Ägyptischen findet sich verblüffenderweise der gleiche Name für die subtile Energie- und Informationsstruktur des menschlichen Körpers: „Mer-Ka-Ba". Im Ägyptischen wird der Begriff mit „Mer" = „Licht", „Ka" = „Geist" und „Ba" = „Körper" übersetzt. Gemeint ist damit also ein Licht-Geist-Körper, den jede Zelle, aber auch der gesamte Körper besitzt und der energetische Impulse in der Form des Stern-Tetraeders ausstrahlt. Wenn der „Mer-Ka-Ba"-Samen physische Form annimmt, lagert er sich im Bereich des ersten Chakras an der unteren Basis der Wirbelsäule an. An diesem Punkt werden die ersten acht Zellen fixiert und im geometrischen Zentrum des menschlichen Körpers verankert. Die Strukturen dieser Zellen erzeugen eine derart starke Strahlung, daß ihr Feld über die Grenzen des physischen Körpers hinausreicht (siehe Abb. 38 und 39).

Im größten Teil der öffentlich zugänglichen Schriften wurden eventuelle Hinweise auf die „Mer-Ka-Ba" vernichtet. Nur in den esoterischen Lehren der Mysterienschulen wurde das Wissen darum bewahrt, denn es ist ein wichtiger Schlüssel für den direkten Zugang zur göttlichen Energie. Die „Mer-Ka-Ba" kann man sich als ein „Fahrzeug" aus Licht vorstellen, bei dessen Beherrschung man Zeit, Raum und Dimensionen transzendieren kann. Dieses „Lichtgefährt" ist nicht vom Organismus getrennt, sondern stellt einen wichtigen Bestandteil des Körpers dar, der in jeder Zelle als eine holographische Resonanz enthalten ist. Ist das Feld der „Mer-Ka-Ba" in Ruhe, erscheint es in Form eines Stern-Tetraeders bzw. zweidimensional als Davidstern (siehe Abb. 39).

Im Laufe des Lebens geht das Energiefeld eines Menschen aber zur Rotation über. Diese dynamische Phase der „Mer-Ka-Ba" unterscheidet sich ganz wesentlich von der statischen. Die geometrische Form des Energiefeldes erhält durch die Rotation ein flaches, „untertassenförmiges" Aussehen. Dabei drehen sich die unteren und oberen Tetraeder gegeneinander, und die

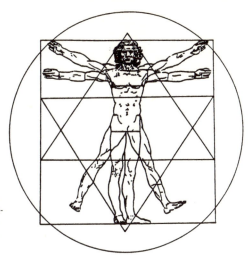

Abb. 39: Das Feld der „Mer-Ka-Ba" in Relation zu den menschlichen Proportionen (skizziert nach mündlichen Mitteilungen von Drunvalo, 1994).

seitlichen Ecken strecken sich durch die Fliehkräfte immer weiter nach außen. Bei mehrfacher Lichtgeschwindigkeit neutralisieren sich schließlich die beiden Pole und nehmen eine andere Form an. Dieser Zustand läßt sich am besten mit dem Begriff „Einheit" kennzeichnen.

Die dynamische Form der „Mer-Ka-Ba" ist ebenfalls ein sehr starkes Resonanzsymbol. Als „Spiralnebel" mit Rotationsarmen und als „fliegende Untertasse" sind sie tief in die Bewußtseins-Matrix der Menschheit eingraviert. Die Form der „Mer-Ka-Ba" bleibt letztlich jedoch immer konstant, kann aber in ihrem Ausmaß variieren. Dieselbe Struktur der „Mer-Ka-Ba" finden wir im Mikrokosmos in der Form der Atome und Zellen und im Makrokosmos im Erscheinungsbild von Sonnensystemen und Galaxien.

Das Abbild der „Mer-Ka-Ba" wurde von Leonardo da Vinci in einer seiner berühmtesten Zeichnungen – sie stellt die Proportionen des menschlichen Körpers dar – verschlüsselt. Die in dieser Zeichnung codierten Informationen sind so umfangreich, daß sie den Rahmen dieses Textes sprengen würden. Die Zeichnung zeigt einen Mann, der Arme und Beine in gespreizter Position hält. Der Winkel der Arme steht im Verhältnis 5:2. Dieses Verhältnis findet man erstaunlicherweise auch bei den Diagonalen in der Königskammer der Großen Pyramide, in der einst die Einweihung in die Funktionsweise der „Mer-Ka-Ba" erfolgt war.

Der Kreis, der die Figur in Abbildung 39 umrandet, symbolisiert eine dreidimensionale Kugel und steht für die Räumlichkeit des Abgebildeten. Die Kugelsphäre besteht eigentlich aus einer Reihe von nicht dargestellten Bögen, die die Spitzen der Energiestrukturen im Zentrum des Stern-Tetraeders unter der Wirbelsäule berühren. Das große Quadrat in der Zeichnung repräsentiert einen dreidimensionalen Würfel, dessen Größe in einem genau festgelegten Verhältnis zur Kugelsphäre steht. In uralten Schriften wird die Kugel als Zeichen vollkommenen Bewußtseins angesehen. Alle Formen, auch die der Platonischen Körper, streben in ihrer Entwicklung die vollendete Kugelgestalt an. Das Ikosaeder ist der komplexeste Platonische Körper und stellt die vollkommenste auf Erden erreichbare Geometrie dar. Daher gibt es in europäischen Kirchen Holzschnitzereien und Glasmalereien, in denen das Christus-Kind in einer Hülle in Form eines Ikosaeders dargestellt ist.

Das Ziel menschlicher Entwicklung ist es, die physische Form – den Würfel – mit der geistigen Form – der Kugel – in Balance zu bringen. Diese Ausgewogenheit kann mathematisch dargestellt werden: Sie ist erreicht, wenn der Umfang des Vierecks mit dem Umfang des Kreises übereinstimmt. Voraussetzung für eine solche Balance zwischen dem Physischen und dem Nicht-Physischen beim Menschen ist die Harmonie zwischen Körper, Geist und Seele.

Vom ersten Moment des Lebens bis zu seinem Ende funktionieren diese geometrischen Lichtfelder des Menschen in direkter Resonanz mit den energetischen Strukturen der Erde, die unter anderem durch bestimmte Resonanzfrequenzen wie der Schumann-Frequenz erzeugt werden. Der Mensch ist aber nicht auf den „Auto-Piloten" Erde angewiesen. Er kann seine Lichtfelder direkt in sich finden und lernen, sie bewußt umzustrukturieren. Auf diese Weise ist er in der Lage, selbst die Entwicklung seines Bewußtseins zu beschleunigen. Durch den bewußten Zugang zum Feld der „Mer-Ka-Ba" kann der Betreffende lernen, die Reaktionen seines Körpers auf äußere Faktoren zu steuern – z.B. die Empfindlichkeit gegenüber UV-Strahlung,

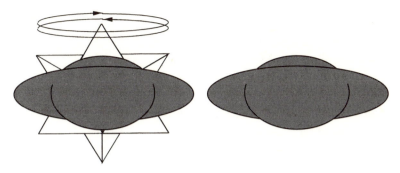

Abb. 40: Wird das „Mer-Ka-Ba"-Feld, das die Form eines Stern-Tetraeders" besitzt, in Rotation versetzt, spricht man vom dynamischen Aspekt der „Mer-Ka-Ba". Diese erhält dann die Form einer „fliegenden Untertasse".

Viren, Bakterien und Umweltgiften oder die Anpassung an Veränderungen von Magnetismus und Resonanzfrequenz der Erde. Dies geschieht einfach dadurch, daß der Mensch seinen gesamten Schwingungszustand erhöht und dadurch in einen höheren Resonanzbereich gelangt. Diese Schwingungserhöhung geschieht bei der Konzentration auf „hohe" Gedanken und Gefühle der Liebe. Dies sollte für alle zu einem wichtigen Teil des Lebens werden, wobei mit jeder neuen Erkenntnis allerdings auch eine größere Verantwortung verbunden ist.

Es gibt noch weitere morphogenetische Informationsfelder, die von anderen in Verbindung stehenden Zellstrukturen

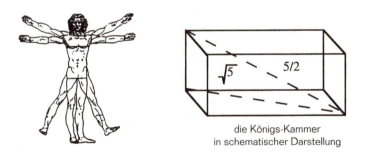

die Königs-Kammer
in schematischer Darstellung

Abb. 41: Es besteht eine Beziehung zwischen der speziellen Darstellung des Menschen in Leonardo da Vincis berühmter Zeichnung der menschlichen Proportionen und den Maßverhältnissen in der Königskammer in der Cheops-Pyramide (rechts im Bild skizziert): Der Winkel der Arme ist mit den Winkeln der Diagonalen der Königs-Kammer identisch.

143

abstrahlen. Diese Felder treten periodisch auf und nehmen, während sie in unterschiedlichen Größen durch die Matrizen projiziert werden, die Formen der Platonischen Körper an. Jedes dieser Felder stellt einen eigenen Wissensbereich dar und kann als eine andere Form der „Mer-Ka-Ba" bezeichnet werden. Es gibt präzise Lehren, die auf der Kenntnis dieser einzelnen oder zusammengesetzten Energiefelder basieren. Jedes Mal, wenn eine individuelle Form entsteht, stehen alle ihre Energiefelder in Resonanz mit den dazugehörigen Netzen und Matrizen. Dies ist die „Wissenschaft der ‚Mer-Ka-Ba'".

■ ZUSAMMENFASSUNG

- Der Begriff „Licht" bedeutet in den alten Schriften ein breites Spektrum von Schwingungen und Informationen, wovon das eigentliche sichtbare Licht nur einen kleinen Teilbereich umfaßt. Wir werden in jedem Augenblick unseres Lebens von energetischen Informationsstrukturen überflutet, die vom Licht getragen werden und auf unsere Zellen und Gene einwirken.
- Über mehrere Jahrtausende hinweg lag die Grundfrequenz der Erde bei zirka 8 Hz (7,8 Hz). Auf unsere Gehirnwellen bezogen entspricht dies dem Zustand tiefer Entspannung. Man kann sagen, daß die Erde sich im Schlaf befunden hat. Wie aus der Fibonacci-Zahlenfolge abgeleitet werden kann, bewegt sich die Erde auf einen neuen Wert ihrer Resonanzfrequenz zu, der vermutlich bei 13 Hz liegen wird. Dies entspricht den Gehirnwellen im erhöhten Wachzustand.
- Der grundlegende „Stoff" der Schöpfung ist ein zweidimensionales Gitternetz, das von stehenden Wellen gebildet wird. Energie bewegt sich in den „Leitungen" dieses Gitternetzes. Da sich mehrere Gitternetze übereinanderlegen, entstehen daraus dreidimensionale Matrizen.
- Die verschiedenen Dimensionen bestehen aus unterschiedlich schnellen Schwingungen dieses „Feinstoffes". Es gibt beständige und nachvollziehbare Strukturen von Energie, deren Formen durch die Vibrationen der Energie – vergleichbar

den Klangfiguren, die durch Tonschwingungen entstehen – gebildet werden.

- Der Schlüssel der dreidimensionalen Schöpfung liegt in den fundamentalen Strukturen der Heiligen Geometrie, insbesondere der fünf Platonischen Körpern.
- Die „Blume des Lebens" ist ein uraltes geometrisches Symbol, das die menschliche Form, Geburt, Leben, Tod und Auferstehung verkörpert und für den bevorstehenden Wandel von großer Bedeutung ist.
- Der „Same des Lebens" ist ein weiteres bedeutsames geometrisches Symbol. Es steht für Informationsstrukturen, die in eine vorstrukturierte Welt eintreten. Aus dem „Samen des Lebens" entwickelt sich die „Blume des Lebens".
- „Mer-Ka-Ba" ist ein ägyptisches und hebräisches Wort. Es bezeichnet das morphogenetische Lichtfeld, das aus dem menschlichen Körper in Form eines Stern-Tetraeders strahlt. In zweidimensionaler Sicht wird es durch den Davidstern symbolisiert. Die „Mer-Ka-Ba" ist bei Mystikern und Esoterikern als „Lichtkörper", „Lichtkörper-Fahrzeug", „Raum-Zeit-Fahrzeug" oder „Aufstiegsgefährt" bekannt. Durch ihre Form und Rotation erfassen die Energiefelder der „Mer-Ka-Ba" die stehenden Wellen der Gitternetze. Indem sie mit ihnen in Resonanz treten, ermöglichen sie die Wahrnehmung verschiedener Bewußtseinsebenen bzw. anderer Dimensionen.

III. Kapitel

INTERDIMENSIONALE SCHALTKREISE
Die Struktur unseres Bewußtseins

 Der Mensch ist in einem Prozeß der Veränderung, hin zu Formen des Lichts, die nicht von dieser Welt sind; er wächst mit der Zeit in die Formlosigkeit hinein auf der Ebene eines höheren Zyklus. Wisse, du mußt formlos werden, bevor du eins wirst mit dem Licht.

Die Smaragd-Tafeln von Thot, TAFEL 8

Man kann sich den menschlichen Körper als eine bestimmte Ebene innerhalb einer Hierarchie vielschichtiger Dimensionen der gesamten Schöpfung vorstellen. Die menschliche Form ist von vielen dieser Dimensionsebenen abhängig, wobei jede einem bestimmten Frequenzband des großen Schöpfungsgebildes entspricht. In diesem Sinne ist der materielle Körper nicht etwas von der übrigen Schöpfung Getrenntes, sondern er ist ein mit ihr verwobenes Teil des Ganzen, das in eine sehr dichte Matrix projiziert wurde – sozusagen als ein „Expeditionsfahrzeug", mit dessen Hilfe das Bewußtsein die materielle Welt erfahren und erkennen kann. Die Fähigkeit des Menschen, seine Wahrnehmung von einer Dimensionsebene auf eine andere auszudehnen, kann als „Navigationssystem" des „Körpergefährts" bezeichnet werden. Der Übergang von einer physischen zu einer nicht-physischen Ebene wird dabei möglich, indem die Schwingungen verändert werden, also die Frequenz des „Gefährts" erhöht wird. Dank unserer Lebenserfahrungen können wir lernen, welche Gedanken- und Gefühlsfrequenzen uns diesen Übergang ermöglichen. Unser Körper dient dabei als Resonanzraum, in dem die

Schwingungen, die in den höheren Matrizen erzeugt werden, verdichtet und realisiert werden können. Die menschliche Form wird somit zu einem „Werkzeug", mit dessen Hilfe sich die höheren Wahrheiten in der dualen materiellen Welt Ausdruck verschaffen können. Andererseits ermöglicht es der Resonanzraum des Körpers, die Grenzen der Gitternetze und Matrizen zu überwinden und Unsterblichkeit zu erreichen. In alten Schriften wird wiederholt darauf hingewiesen, daß der physische Körper ein wertvolles Geschenk ist, mit dem man weise umgehen muß. Jesus Christus bezeichnete den Körper als „Tempel des heiligen Geistes", der als höchste Intelligenz die Grundlage der Schöpfung bildet. Er ermahnte die Menschen mit den Worten:

> Wißt ihr nicht, daß ihr Gottes Tempel seid und der Geist Gottes in euch wohnt? Wenn jemand den Tempel Gottes verderbt, den wird Gott verderben; denn der Tempel Gottes ist heilig, und der Tempel seid ihr.
> 1. KORINTHER 3,16

Die Lichtorgane: Verbindungen zum Unsichtbaren

Der physische Körper besteht aus mehreren Energiesystemen. Die Lichtenergie der feinstofflichen, geometrisch-strukturierten „Mer-Ka-Ba" wird bei ihrem Abstieg in den physischen Körper in langsamere, „dichtere" Schwingungen transformiert. Dies geschieht in einem System energetischer „Kanäle", die den physischen mit dem feinstofflichen Körper verbinden. In alten Schriften werden diese als „Chakren" bezeichnet. Modern ausgedrückt handelt es sich dabei um eine „Schnittstelle" vergleichbar dem Interface eines Computers.

Die Chakren enthalten die strukturellen Baupläne des Menschen und dienen als Verbindungs- und Transformationssysteme. Durch sie fließen die Licht- und Informationsenergien, wenn sie auf ihrem Weg durch die Matrix mehr und mehr materielle Formen annehmen. In den alten Schriften werden die Chakren als sich drehende Räder beschrieben, denen je nach ihrer Position im Körpersystem eine bestimmte Farbe –

und damit Schwingungsfrequenz – zugeordnet wird. Sie liegen auf einer energetischen Linie zwischen dem Scheitelpunkt des Kopfes (dem sogenannten „Kronenchakra") und dem unteren Ende der Wirbelsäule zwischen Anus und Geschlechtsorganen („Wurzelchakra").

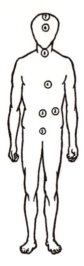

Abb. 42: Die Lage der Chakren, der sieben Hauptenergiezentren des Menschen – ihnen sind jeweils bestimmte Farben zugeordnet: 1 = rot, 2 = orange, 3 = gelb, 4 = grün, 5 = blau, 6 = indigo, 7 = violett.

In den letzten Jahren ist es westlichen Wissenschaftlern und Forschern gelungen, die Chakren meßtechnisch nachzuweisen und damit die Beschreibungen in den alten Schriften zu bestätigen. Sie verwendeten dazu hochentwickelte Instrumente, die den Körper und seine Energien nicht beeinflussen, wie es sonst etwa beim „Durchleuchten" mit Hilfe von Röntgenstrahlen geschieht. Der amerikanische Privatforscher Robert Dratch entwickelte z.B. eine Art Scanner, „Holographic Spectrum Analyzer" genannt, mit dessen Hilfe die Körperfrequenzen genau vermessen und aufgezeichnet werden können. Aus diesen Daten geht hervor, daß die Chakren eine abgeflachte Trichterform aufweisen und den physischen Körper nur in einem kleinen Punkt von zirka 2 mm Durchmesser berühren. Jedes Chakra rotiert in unterschiedlicher Geschwindigkeit, entsprechend der Frequenz seiner strukturellen Informationen. Die „Vitalität" eines Chakras wird durch seine Rotationsgeschwindigkeit und durch die Ausdehnung seiner Energieabstrahlung bestimmt.

Aus diesen Parametern können auch Rückschlüsse auf den Gesundheitszustand des Körpers gezogen werden. In alten Schriften werden sieben verschiedene Hauptchakren genannt. Diese Anzahl konnte in Dratchs Messungen bestätigt werden, jedoch scheinen die Positionen der Chakren gegenüber den Überlieferungen zu differieren. Nach Dratch liegt jedes Chakra direkt über einer der endokrinen Drüsen des Körpers. Sie fungieren als „Energie-Transformatoren", indem sie hohe Frequenzen aus den subtilen Gitternetzen in die tieferen Frequenzen der gröberen Gitternetze umwandeln. Bekanntlich hat der Mensch sieben endokrine Drüsen, die untereinander hierarchisch gesteuert sind. Ihre Zuordnung zu den Chakren und Farben ist in Abbildung 43 dargestellt.

Die Angaben über Anzahl und Position der Chakren variieren je nach historischem System. In einigen chinesischen Schriften wird auf vier Hauptchakren hingewiesen, die die Basis für Akupunktur und Akupressur bilden. Auch in einigen orientalischen Systemen wird von vier Chakren ausgegangen (die dem Wurzelchakra, Solarplexuschakra, Herzchakra und Stirnchakra entsprechen). Andere Systeme nehmen die Existenz von sieben Chakren an. Zwischen den Chakren befinden

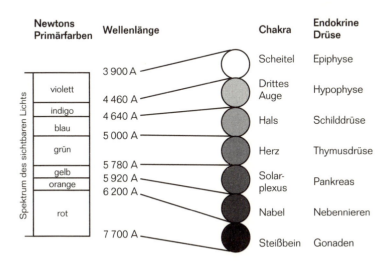

Abb. 43: Das Band des sichtbaren Lichts und die Zuordnung der Farben zu den Chakren sowie zu den damit verbundenen jeweiligen Drüsen.

sich energetische Verbindungen, die Akupunktur-Meridiane bzw. Nadis genannt werden.

Die verschiedenen Chakrasysteme stimmen in der Lokalisierung der Energiepunkte weitgehend überein. In den modernen Systemen sind die vier oder sieben Chakren nur ein Teil eines umfassenderen Systems von über 20 Chakren.

Die Farbzuordnungen zu den Chakren blieben in den historischen Lehren weitgehend gleich. (Abweichende Farbzuordnungen finden sich z.B. in den Chakralehren der Tibeter und unter verschiedenen Yogalehren; d. Übers.) Dem ersten Chakra, also dem Wurzelchakra, wird meist die Farbe Rot, dem zweiten Orange, dem dritten Gelb usw. und schließlich dem siebten Violett zugeordnet. Wenn wir uns das bekannte System der sieben Chakren ansehen, so stellen wir fest, daß diese Farbzuordnungen vom Wurzel- bis zum Kronenchakra in einer ganz bestimmten Abfolge stehen: Die Farbfolge entspricht der im Regenbogen oder der von Spektralfarben bei einer Brechung weißen Lichts in einem Prisma. Jede Farbe umfaßt ein bestimmtes Band an Frequenzen und Wellenlängen. Das menschliche Auge nimmt diese Wellen auf und „deutet" sie als die Farbe. In der Physik versteht man unter diesem Farblicht ein enges Band elektromagnetischer Strahlung zwischen Infrarot und Ultraviolett. Die Chakren stellen eine Art Antenne dar, bei der jedes nur bestimmte Wellenlängen der natürlichen Strahlung empfangen und in Frequenzen, die unser Körper zu nutzen vermag, umwandeln kann. Diese Frequenzen werden auf ihrem Weg in den Körper auf molekularer Ebene nochmals mit Hilfe von genetischen Rezeptoren, den sogenannten Codonen der Erbsubstanz, umgewandelt.

Die Drehung der Chakren ist ein Zeichen für den Energiefluß, der dort stattfindet, wobei die oberen Chakren eine schnellere Rotationsgeschwindigkeit besitzen als die unteren. Das Wurzelchakra steht in Resonanz mit der Wellenlänge von Rot. Das entsprechende Licht hat eine Wellenlänge, die zwischen 6 200 und 7 700 Ångström liegt. Das Wurzelchakra eines gesunden Menschen sollte demnach eine Mindestdrehung haben, um diesen Wert zu erreichen. So erhält die zugehörige endokrine Drüse, in diesem Fall die Gonaden, eine optimale Energiezufuhr.

Zwischen jedem Chakra und bestimmten Energiefrequenzen der Schöpfungs-Matrix besteht eine direkte Verbindung. Das Chakra ist als „energetisches Organ" die Verbindung zwischen physischem Körper und nicht-physischen Gitternetzen. Durch diese Resonanzverbindung haben wir Zugang zum gesamten unendlichen Frequenzspektrum der Schöpfung. Zum Beispiel ist das siebte Chakra, das mit der Hypophyse in Verbindung steht, die Schnittstelle zwischen einem unendlichen Gitternetz aus Energiestrahlung und seinem eigenen holographischen Bild als Drüse. Durch diese Verbindung bekommen die vom Menschen wahrgenommenen Dinge ihre Realität, denn der Mensch ist nicht so unabhängig und autonom, wie es scheint. Unsere Erfahrungen sind nämlich nichts anderes als Energie, die ständig versucht, sich auf vielen Ebenen auszudrücken. Der Mensch ist mit einer ganzen Reihe von Gitternetzen verbunden, die alle ihre eigenen Energiespektren haben. Diese Gitternetze werden im allgemeinen als Dimensionen bezeichnet.

Die tatsächliche individuelle Größe eines Chakras steht in einem bestimmten Verhältnis zur Körpergröße des Menschen. Dies kann auch aus der bereits vorgestellten Zeichnung Leonardo da Vincis zu den menschlichen Proportionen abgelesen werden (Abb. 44). Die Entfernung vom Handgelenk zur Spitze des Mittelfingers steht in einem Proportionsverhältnis der erwähnten Fibonacci-Zahlenreihe, welches als „Phi-Wert" bezeichnet wird. Dieser Wert definiert auch den Radius des individuellen Chakrakegels. Auch wie weit die Kegel der ätherischen Organe über den physischen Körper hinausragen, läßt sich bei einem gesunden Menschen mit Hilfe des Phi-Wertes bestimmen. Die Spitze des Chakrakegels liegt direkt über der zugeordneten endokrinen Drüse. Das bereits erwähnte Meßgerät von Robert Dratch kann diese Punkte erfassen und auf einem Bildschirm sichtbar machen.

Im Alter oder bei Krankheit schrumpfen die Chakren und verlangsamen ihre Rotation. Alte tibetische Übungen zur Erhaltung der Chakrarotation legen nahe, daß die Tibeter bereits vor Jahrtausenden um diese Zusammenhänge wußten. Diese lange Zeit in den Klöstern Tibets als Geheimnisse gehüteten Übungen für die tägliche Praxis werden in dem Buch *Der Quell des Lebens* von Chris Griscom beschrieben und ihre Bedeutung erläutert.

Abb. 44: In Leonardo da Vincis Zeichnung der Proportionen des menschlichen Körpers wird deutlich, daß der Bau des Menschen den Zahlengesetzen der Fibonacci-Reihe unterliegt.
Der eingefügte Kreis veranschaulicht die Größe eines Chakras. Sein Radius entspricht der Entfernung vom Handgelenk zur längsten Fingerspitze des jeweiligen Menschen.

Das menschliche Wissen wird zum größten Teil aus den täglichen Erfahrungen gesammelt. Ebenso erreicht es aber den Menschen auch in Form von Signalen, die auf zellulärer Ebene empfangen werden. Dieser Prozeß geschieht ununterbrochen bei allen Menschen. Die Strahlungsenergie der Schöpfung – also Erdgitternetze, Erdmaterie, Gedankenstrahlung, kosmische Strahlung usw. – „regnet" in Form von „Wellenpaketen" dauernd auf die Menschen nieder. In ihnen sind Informationen als geometrische Strukturen verschlüsselt. Man ist also gezwungen, täglich 24 Stunden lang Informationen zu verarbeiten, zu sortieren und zu entscheiden, was nützlich ist und was nicht. Dies bedeutet eine erhebliche Menge an Arbeit! Alle Chakren sind dauernd sämtlichen Informationsstrahlungen gleichzeitig ausgesetzt und „sortieren" diese nach bestimmten, für das jeweilige Chakra typischen Frequenzbändern. So sind die Chakren auch unser „Sortier-Mechanismus" für verwertbare oder unnütze Informationen bzw. Schwingungen.

Bei vielen Menschen werden die unbewußten Informationsimpulse auf folgende Art und Weise assimiliert:

1. Die Informationen werden von den feinstofflichen Energiefeldern aufgenommen und sofort im physischen Teil der Matrix verdichtet.
2. Die Menge an Informationen ist zu groß und überschwemmt die subtilen Energiefelder. Die Informationen werden daher vorübergehend in bestimmten „Puffern" zwischengelagert, so daß sie zu einem späteren Zeitpunkt assimiliert werden können. Das geschieht meistens in einem Zeitraum von 16 Stunden.
3. In den „Puffern" können aber auch immer mehr Informationen gelagert werden, bis hin zu deren vollständigen Sättigung. Zu diesem Zeitpunkt haben die Puffer eine Schwingung angenommen, die das Schlafzentrum im Gehirn beeinflußt und die Produktion des „Schlafhormons" Serotonin anregt.
4. Während des Schlafs kann der Körper die „Puffer" wieder leeren und die Informationen in der Körper-Matrix integrieren, von wo aus sie an die passenden Stellen weitergeleitet werden.

Wenn der Körper sich an jene Schwingungen gewöhnt hat, die mit den „höheren" Gitternetzen in Resonanz stehen, benötigt er auch weniger Schlaf. Es kann sein, daß du zur Zeit diese Erfahrung machst, da du dich in den letzten Jahren schon an höhere Schwingungen gewöhnt hast. Die schnelleren Schwingungen der Zellen können aber auch zeitweise von einem größeren Schlafbedürfnis begleitet werden, besonders wenn tiefverwurzelte Emotionen geweckt wurden. Das erhöhte Schlafbedürfnis legt sich wieder, sobald der Körper sich ganz an die neuen Schwingungen angepaßt hat. Dieser Prozeß ist ein großes

Geschenk, denn verdrängte Emotionen steigen wieder ins Bewußtsein auf und werden durch die höheren Schwingungen aufgelöst – dies führt zu wirklicher Heilung.

Aufgrund der erhöhten Schwingungen rotieren auch die Chakren schneller und verarbeiten ankommende Informationen rascher. Auch dies trägt dazu bei, daß der Körper weniger Informationen zwischenlagern muß und daher mit weniger Schlaf auskommt.

Die Mudras: der Zugang zur Schöpfung durch die Energiekreise des Körpers

Jedes Chakra ist durch eine erhebliche Anzahl von „Schaltkreisen" mit verschiedenen inneren Organen und Hautkontaktpunkten verbunden. In der fernöstlichen Medizin nennt man diese Energieleitungen Meridiane. Auf diesen Meridianen liegen verschiedene Verknüpfungspunkte, die bei Akupunktur und Akupressur genutzt werden. Sie werden entweder stimuliert oder „kurzgeschlossen" und befördern Energieimpulse oder verhindern, daß diese in bestimmte Nervenzentren gelangen. Es existiert ein umfangreiches traditionelles Wissen darüber, wie durch die Meridianenergien auch ein Zugang zu den Chakren geöffnet werden kann.

Ein besonderer Aspekt dieses in östlichen Schriften festgehaltenen Wissens ist die „Lehre der Mudras". Darunter versteht man bestimmte Finger- und Handhaltungen, mit deren Hilfe Meridianenergien verbunden und bestimmte elektrische Spannungen im Körper erzeugt werden können. Jede Fingerspitze ist nämlich ein elektrischer Kontaktpunkt, der über einen oder mehrere Meridiane direkt mit einem Chakra verbunden ist. Jede Fingerspitze wird einem Hauptchakra zugeordnet. Zusätzlich kann sie noch mit anderen Nebenchakren verbunden sein. Die „Schaltkreise" der Finger werden dazu benutzt, die Hauptchakren zu aktivieren. Der Daumen dient dabei als „Erdungspol". Das Mudra, das durch Daumen und Zeigefinger gebildet wird, dient dazu, das erste Chakra (Wurzelchakra) anzusprechen. Das zweite Chakra wird durch das

Mudra aus Daumen und Mittelfinger „aktiviert" usw. Das fünfte Chakra wird dann erneut durch das Mudra aus Daumen und Zeigefinger angesprochen. Die Zusammenhänge zwischen Fingern und Chakren sind wie folgt:

Finger	Chakra
Zeigefinger	1. Chakra (Wurzelchakra)
Mittelfinger	2. Chakra (Sexualchakra)
Ringfinger	3. Chakra (Solarplexus- oder Milzchakra)
kleiner Finger	4. Chakra (Herzchakra)

(In dieser Reihenfolge fortlaufend folgt nun wieder der erste Finger:)

Zeigefinger	5. Chakra (Halschakra)
Mittelfinger	6. Chakra (Stirnchakra)
Ringfinger	7. Chakra (Scheitel- oder Kronenchakra)

Westliche Meditationstechniken, die in den letzten 30 Jahren entstanden, und viele alte östliche Techniken nutzen die Mudras in der Meditation. Die Energien werden z.B. mit dem Zeigefinger-Mudra willentlich aus dem entsprechenden Gitternetz des Erdmagnetfeldes abgezogen und durch die Chakren auf ein bestimmtes Körperteil fokussiert.

Die christlichen Anweisungen für das Beten beinhalten ebenfalls eine spezielle Handhaltung, ohne allerdings den Grund dafür zu nennen. Bei diesem „Gebets-Mudra" werden die Handflächen so aufeinander gelegt, daß sich die Fingerspitzen berühren. Diese Haltung ist auf der ganzen Welt und nicht nur im Christentum verbreitet. Das Mudra schließt durch die sich berührenden gegenüberliegenden Fingerspitzen einen „Schaltkreis" mit allen Chakren und Erdgitternetzen. Daran sind zu einem Großteil auch noch die Handchakren inmitten der Handflächen beteiligt. Durch die Kontaktpunkte der Fingerspitzen und der Handchakren wird die Energie in Form von Informations- oder Lichtimpulsen in andere Teile des Körpers oder zu anderen Menschen geleitet. Durch das Wissen um die Funktion der Mudras kann das Beten zu einem bewußten Prozeß werden, in dem die Einheit mit der Schöpfung anerkannt wird. In der Erkenntnis dieser Einheit nehmen wir direkt Einfluß auf unser Leben, anstatt äußere Kräfte um Hilfe zu bitten.

Bewußtsein als Information

In Abbildung 45 ist der „Abstieg" informativer Energie durch die Schöpfungs-Matrix bis zur physischen Schnittstelle, wo sie in den Körper gelangt, dargestellt. Die Quelle der Informationen liegt in den Schwingungen der Matrix. Sie werden beeinflußt durch Lichtimpulse, die von außen in die Erd-Matrix einstrahlen – ausgehend von Planeten, der Sonne oder vom Zentrum unserer Milchstraßen-Galaxis, der sogenannten Zentralsonne.

Nachdem die Informationsenergie in der Schöpfungs-Matrix in eine passende Resonanz versetzt wurde, strömt sie durch die Baupläne der menschlichen Form. Dort wird die Energie in den bereits vorhandenen geometrischen Strukturen der menschlichen Matrix weiterverarbeitet. Diese Strukturzonen sind die Speicher mentaler und emotionaler Informationen. Hier finden auch die Unterscheidungsvorgänge zwischen Emotionen und Gedanken statt. Die Strukturen der vorhandenen Erfahrungen, also die Prägungen durch das Leben, sind ebenfalls in diesen Zonen gespeichert. Sie können die nötigen Unterscheidungen beeinflussen und dazu beitragen, daß objektive Dinge nur verzerrt wahrgenommen werden. Eine der wichtigsten Lektionen, die man hier auf Erden lernen kann, ist die Erkenntnis, daß der Mensch keineswegs nur aus seinen Erfahrungen besteht. Vielmehr sind wir als Menschen etwas Ganzheitliches, Vollständiges – egal, welchen Erfolg oder Mißerfolg wir im Leben haben. Erfolg und Mißerfolg sind nur unsere Erfahrungen, die als Anstöße für unsere persönliche Entwicklung dienen. Sie haben aber nichts mit unserem wahren Wesen, der Seele, zu tun. Die Seele ist derartigen Strukturen nicht unterworfen, sie ist frei und unabhängig.

Wenn die verschlüsselten Lichtstrukturen ihren Weg durch die Matrix immer weiter fortsetzen, beginnen sie zu einem Zeitpunkt in jene Formen überzugehen, aus denen die dreidimensionale Welt besteht – in die Platonischen Körper.

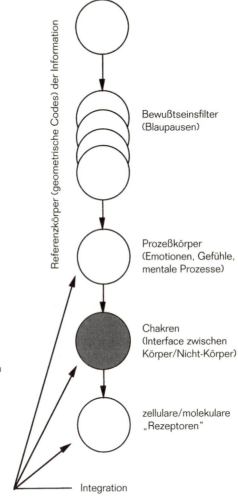

Abb. 45: Vereinfachtes Modell des Verdichtungsprozesses von Informationen, die durch die Schöpfungs-Matrix in den physischen Körper „sinken".

Dabei tritt das Chakrasystem in Aktion, das die empfangenen Schwingungen mit Hilfe jeweils unterschiedlicher „Programme" – entsprechend der Farbzuordnungen – entschlüsselt. Die Schwingungen, die durch die Chakren „identifiziert" werden, erreichen danach die endokrinen Drüsen, das Hauptsystem der körperlichen Gesamtregulierung. Die Drüsen steuern die chemische Balance, den Säure-Basen-Haushalt, die Hormonproduktion, die Körpertemperatur und die Lichtaufnahme. Die endokrinen Drüsen sind der physische Teil der Chakren. Gemeinsam bilden sie die lebensnotwendigen Verbindungen zwischen der stofflichen und der feinstofflichen Welt.

Neben den bekannten Chakren befinden sich in jeder einzelnen Zelle des Körpers entlang der DNS-Spirale noch einmal winzige Mikrochakren. Die modernen Molekular-Biologen identifizieren an diesen Chakrapunkten Zuckerverbindungen mit vier verschiedene Grundstrukturen, die sie mit „A", „C", „G", und „T" (bei der RNS „U") bezeichnen. Damit sind die in Dreiergruppen, den Tripletten, angeordneten Nukleobasen Adenin – „A", Cytosin – „C", Guanin – „G", Thymin – „T" und, im Faller der RNS, Urazil – „U" gemeint. Ihre Reihenfolge an den Strängen des RNS-Moleküls bestimmt die Bildung der Aminosäuren, die für das Leben von essentieller Bedeutung sind. Diese Basispunkte, „Codone" genannt, können theoretisch in 64 verschiedenen Variationen miteinander kombiniert werden. (Ein „Codon" ist ein Triplett aus drei Nukleobasen, dem eine Aminosäure entspricht; d. Übers.)

Bei den meisten Menschen bilden sich von den 64 Möglichkeiten jedoch nur 20 verschiedene Verbindungen – die bekannten 20 Aminosäuren. Dies muß aber nicht immer so sein, denn es gibt Verbindungen, die die gleichen Aminosäuren erzeugen – ein überflüssiger „Luxus". Zum Beispiel die Reihen 3 bis 8 in der ersten Spalte der Tafel 3: Die Aminosäure Leuzin wird durch den Code „UUA" dargestellt. Aber auch die Kombinationen „UUG", „CUU", „CUC", „CUA" und „CUG" erzeugen diese Aminosäure. Warum stehen allein sechs verschiedene Codes der 64 möglichen Kombinationen für die gleiche Aminosäure? Warum entstehen aus 64 Möglichkeiten nur 20 verschiedene Verbindungen? Warum treten einige Aminosäuren häufiger auf als andere?

Die Antworten auf diese Fragen können nicht in den Codes gefunden werden, sondern nur im Umfeld, in dem diese Form annehmen:

Sp. 1	Amino	Sp. 2	Amino	Sp. 3	Amino	Sp. 4	Amino
U	UUU PHE	UCU	SER	UAU	TYR	UGU	CYS
U	UUC PHE	UCC	SER	UAC	TYR	UGC	CYS
U	*UUA LEU*	UCA	SER	UAA	STOP	UGA	STOP
U	*UUG LEU*	UCG	SER	UAG	STOP	UGG	TRP
C	*CUU LEU*	CCU	PRO	CAU	HIS	CGU	ARG
C	*CUC LEU*	CCC	PRO	CAC	HIS	CGC	ARG
C	*CUA LEU*	CCA	PRO	CAA	GLN	CGA	ARG
C	*CUG LEU*	CCG	PRO	CAG	GLN	CGG	ARG
A	AUU ILE	ACU	THR	AAU	ASN	AGU	SER
A	AUC ILE	ACC	THR	AAC	ASN	AGC	SER
A	AUA ILE	ACA	THR	AAA	LYS	AGA	ARG
A	AUG MET	ACG	THR	AAG	LYS	AGG	ARG
G	GUU VAL	GCU	ALA	GAU	ASP	GGU	GLY
G	GUC VAL	GCC	ALA	GAC	ASP	GGC	GLY
G	GUA VAL	GCA	ALA	GAA	GLU	GGA	GLY
G	GUG VAL	GCG	ALA	GAG	GLU	GGG	GLY

Tafel 3: Der genetische Code (Quelle: James D. Watson, *The Molecular Biology of the Gene*, 1976)

Im zweiten Kapitel wurde beschrieben, wie die Materie ihre Form in Abhängigkeit bestimmter Umweltparameter wie Magnetismus und Erdfrequenz ausbildet. So erzeugt auch der genetische Code des Menschen – wie alles Leben auf der Erde – seine Formen innerhalb eines verhältnismäßig starken, „dichten" Magnetismus und einer relativ niedrigen Resonanzfrequenz von zirka 8 Hz. Die Gene eines Durchschnittsmenschen enthalten 46 Chromosomen. Die Codon-Matrix erzeugt nur 20 Aminosäuren von 64 Möglichkeiten, was etwa einem Drittel entspricht. Der Sinn der 44 verbleibenden Codone bleibt ein Rätsel. Studien der letzten Jahre lassen vermuten, daß drei der 44 übrigen Codone Ein- und Ausschaltfunktionen für das DNS-Molekül ausüben. (Gemeint ist hier wohl das Start-Codon – meist „AUG" – und die bis zu 2 Stop-Codone, die eine abzulesende Sequenz der Erbsubstanz begrenzen; d. Übers.) Was aber ist die Aufgabe der restlichen 41 Codone?

Da sich jetzt kurz vor dem großen Wandel neue Umweltbedingungen mit geringerem Magnetismus und höherer Resonanzfrequenz einstellen, hat jedes dritte Glied der Dreier-Codone die Gelegenheit, sich zu „aktivieren". Der Wechsel der Parameter in Verbindung mit der Bereitschaft eines Menschen, höhere Formen von Energie aufzunehmen, schafft auch die Voraussetzungen dafür, daß sich neue chemische Verbindungen bilden können. Diese abgewandelten Formen der bestehenden Aminosäuren ermöglichen dann als neue „Antennen" eine dauerhafte vollständige Resonanz mit der Schöpfung. Der genetische Code der neuen Aminosäuren könnte folgendermaßen aussehen:

Die Codon-Matrix mit ihren 64 Möglichkeiten bliebe auch nach dem Wandel des genetischen Codes erhalten. Jeder Code würde dann jedoch eine ganz bestimmte Aminosäure erzeugen.

Auf den ersten Blick sehen die in Tafel 4 dargestellten Verbindungen genauso aus wie jene in Tafel 3. Der Rahmen um die „LEU"-Codes soll das neue Konzept verdeutlichen: Chemisch bleiben die Aminosäuren gleich, nur die neue Struktur weist auf die höhere, komplexere Ordnung hin. Durch den Einfluß kürzerer und komplexerer Schwingungen können neue Formen der Aminosäuren entstehen – z.B. „LEU1", „LEU2", „LEU3" usw. Da die physische Form des Menschen entscheidend durch die Anordnung der Aminosäuren bestimmt wird, muß sich mit deren Veränderung auch eine neue Form des Menschen entwickeln – wohin er sich entwickeln wird, ist noch völlig unbekannt.

Die meisten Menschen können bisher nur ganz bestimmte Informationsimpulse empfangen und verarbeiten, auf die die normale „20-Codon-Antenne" reagieren kann. Für sie beschränkt sich ihre Erfahrungswelt auf die Bandbreite der 20 aktivierten Codone. Wie jeder einzelne den bevorstehenden

Sp. 1	Amino	Sp. 2	Amino	Sp. 3	Amino	Sp. 4	Amino
U	UUU PHE1	UCU	SER1	UAU	TYR1	UGU	CYS1
U	UUC PHE2	UCC	SER2	UAC	TYR2	UGC	CYS2
U	*UUA LEU1*	UCA	SER3	UAA	STOP	UGA	STOP
U	*UUG LEU2*	UCG	SER4	UAG	STOP	UGG	TRP
C	*CUU LEU3*	CCU	PRO1	CAU	HIS1	CGU	ARG1
C	*CUC LEU4*	CCC	PRO2	CAC	HIS2	CGC	ARG2
C	*CUA LEU5*	CCA	PRO3	CAA	GLN1	CGA	ARG3
C	*CUG LEU6*	CCG	PRO4	CAG	GLN2	CGG	ARG4
A	AUU ILE1	ACU	THR1	AAU	ASN1	AGU	SER1
A	AUC ILE2	ACC	THR2	AAC	ASN2	AGC	SER2
A	AUA ILE3	ACA	THR3	AAA	LYS1	AGA	ARG1
A	AUG MET	ACG	THR4	AAG	LYS2	AGG	ARG2
G	GUU VAL1	GCU	ALA1	GAU	ASP1	GGU	GLY1
G	GUC VAL2	GCC	ALA2	GAC	ASP2	GGC	GLY2
G	GUA VAL3	GCA	ALA3	GAA	GLU1	GGA	GLY3
G	GUG VAL4	GCG	ALA4	GAG	GLU2	GGG	GLY4

Tafel 4: Mögliche neue Konfiguration des genetischen Codes, mit erweitertem Zugang zur Schöpfungs-Matrix.

Wandel erfährt, hängt davon ab, wie er seine Codone aktivieren kann. Dies hängt wiederum von den Schwingungen der Gitternetze, mit denen er sich in Resonanz befindet, ab. Die Entwicklung eines neuen Bewußtseins wird nur dann möglich sein, wenn wir lernen, die alten begrenzten Strukturen loszulassen und uns mit weniger limitierten Gitternetzen in Resonanz zu bringen. Das neue Bewußtsein unterliegt dann nicht mehr den bisherigen Begrenzungen. Wer sich jetzt mit höheren Informationsstrukturen in Resonanz bringt, wird sich selbst als eine

Einheit und zugleich als einen Teil der Schöpfung begreifen –
sein Leben wird einen neuen Sinn bekommen. Sobald die Auswirkungen des Wandels mehr und mehr Fuß fassen, können
wir aus der Genforschung einen greifbaren Beweise dafür
erwarten: Es wird den Forschern gelingen, neue Formen von
Aminosäuren zu erzeugen.

Auf der Ebene der Zellen und Gene kann der Körper alle
Informationen am gründlichsten verarbeiten. In dem Maße, wie
die verarbeiteten Informationen in die Körper-Geist-Seele-Matrix
zurückgestrahlt werden, läßt sich die Bereitschaft des Körpers
erkennen, noch weitere Informationen zu verarbeiten. Wenn die
verschlüsselten Energieimpulse in der Struktur der Matrix eine
passende Resonanz gefunden haben, werden sie dort sofort integriert. Die verarbeiteten Energieimpulse des Integrationsprozes-
ses hallen wie ein Echo durch das System der Matrix, und wir
sind dann der Meinung, etwas gelernt zu haben (Abb. 45).

Innerhalb unserer auf Resonanz eingestimmten Matrix der
Erfahrungen sind wir in der Lage, die unterschiedlichsten Energien umzuwandeln. Diese Fähigkeit liegt schon immer in uns
verborgen. Die subtilen Funktionen unserer Gedanken und
Gefühle sind die Hauptwerkzeuge hierfür. Im Diagramm in Abbildung 46 ist dargestellt, auf welcher Ebene unsere Gedanken
die größte Kraft entwickeln können:

Der linke Teil des Diagramms ist mit Abbildung 45 identisch. Der rechte Teil zeigt den Ablauf von Denkprozessen und
Gefühlen und ihre Wirkung auf den Körper: Wenn ein Gedanke
entsteht, so nimmt er zunächst jene Energiefrequenzen auf, die
eine konstruktive Verbindung zum Körper herstellen. Dieser
Prozeß beginnt im Gehirn, indem die „Gedankenfrequenz" eine
Veränderung des Säure-Basen-Spiegels in den „grauen Zellen"
bewirkt. Diese Veränderung wird allen Zellen im Körper durch
eine Änderung der elektrischen Spannung, die von den Zellmembranen übertragen wird, signalisiert. Dadurch bekommen
auch diese Zellen eine neue Frequenz und erzeugen eine veränderte elektrische Spannung. Die neue Frequenz reorganisiert
wiederum die bestehenden Informationsstrukturen und gibt
ihnen eine neue „Paßform", was als Integration des Gedankens
erfahren wird. Diese Integration ist ein Prozeß des Lernens, der

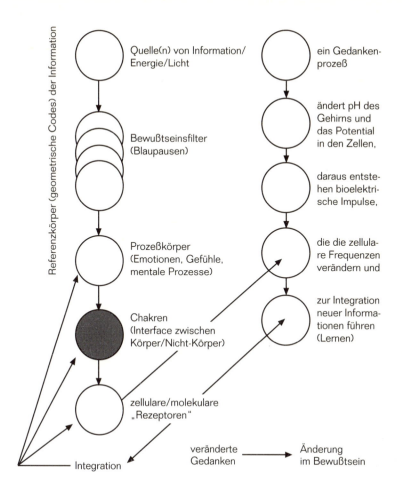

Abb. 46: Schema der Beziehungen zwischen einem Verdichtungsprozeß der Schöpfungs-Matrix und einem Gedankenprozeß.

ununterbrochen auf unterbewußter Ebene abläuft. Alte Strukturen und Überzeugungen werden durch einen Wandel im Denken aufgebrochen – dies ist das „Erwachen". Es geschieht ganz einfach durch die Akzeptanz neuer Wahrheiten, was nicht bedeuten muß, daß diese Wahrheiten herbeigesehnt oder gewünscht werden. Der Schlüssel zu dieser Akzeptanzfähigkeit ist eine Bewußtseinsveränderung, bei der der Schleier aus Angst und Schmerz beseitigt und das „Auge des Herzens" geöffnet wird.

Das Wissen der Zellen

Unsere Körperzellen lernen durch unsere Lebenserfahrungen. Denkprozesse wie Glauben, Wahrnehmen und Verstehen verursachen im Körper physische Veränderungen. Gedanken und Gefühle sind Werkzeuge, mit deren Hilfe die bioelektrische Ladung in den Zellen verändert wird. Der Mensch reagiert auf alle seine Erfahrungen mit den unterschiedlichsten Gefühlen. Es ist notwendig, die Zusammenhänge zwischen den Gedanken und den Zellen zu analysieren, um verstehen zu können, wie unsere Erfahrungen den Körper auf der Ebene der Zellen beeinflussen.

Jede Zelle ist sozusagen der Endpunkt, an dem die menschliche Matrix in eine dichte physische Form übergeht. Die Zelle empfängt einen Energieimpuls, der von einem „geeichten" Chakra „vorsortiert" und auf eine passende Frequenz heruntertransformiert wurde. Auf dieser Ebene der Zellen haben die Körperprozesse einen elektrischen Charakter. Jede der zirka 70 Billionen Körperzellen funktioniert nämlich wie ein winziger elektrischer Schaltkreis. Dieser Schaltkreis besitzt einen Widerstand und eine Ladung, er kann Energie speichern und ist regulierbar. Abbildung 47 ist die schematische Darstellung einer menschlichen Zelle. Die Zelle besteht hauptsächlich aus Flüssigkeiten, die eine elektrische Ladung aufweisen. Diese Flüssigkeiten sind durch dünne Gewebemembranen getrennt, die nur bestimmte Flüssigkeiten zu bestimmten Zeiten hindurchlassen. Durch die Bewegung der Flüssigkeiten zwischen den Membranen entsteht die elektrische Spannung bzw. ein Strom, der meßbar durch jeden Menschen fließt.

Jede Zelle arbeitet innerhalb eines bestimmten Frequenzbandes, wobei miteinander verbundene Zellverbände – z.B. die Zellanhäufung eines Organes – zusätzlich auf ein weiteres Frequenzband „geeicht" sind. Jedes Organ hat deshalb eine charakteristische Grundfrequenz, die aus der Energie der Zellverbindungen gespeist wird. Diese Grundfrequenz verhindert, daß unerwünschte elektromagnetische Informationen in das betreffende Organ eindringen können, was in alternativen Heilmethoden wie der Bioresonanz-Therapie genutzt wird. In einer Zelle

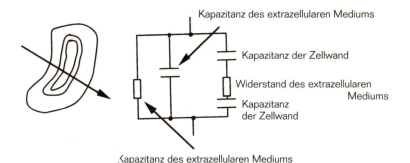

Abb. 47: Die Skizze einer menschlichen Zelle (im Bild links) veranschaulicht den schichtweisen Aufbau aus Flüssigkeiten und verschieden dicken Zellmembranen. Die dadurch entstehenden elektrischen Eigenschaften stellt das zweite Schema (im Bild rechts) in Form eines Schaltplanes dar. Markiert sind die „Bauteile" Widerstand und Kapazitanz. (Quelle: Schwan, 1956)

existieren mehrere Funktionsebenen – elektrische, chemische, magnetische usw. –, die sich in Balance befinden müssen. Ein wichtiger Aspekt, der unbedingt ausgeglichen und neutral sein muß, ist der des Säure-Basen-Spiegels. Das Verhältnis zwischen Säure und Basen wird als pH-Wert angegeben, der im Bereich zwischen „0" und „14" liegen kann. Der Wert „0" ist am stärksten sauer und „14" ist am stärksten alkalisch. Der Wert „7" ist neutral und zeigt die perfekte Balance zwischen den beiden Extremen an.

Gedankenprozesse, Zellfrequenzen und die Fähigkeit, diese Frequenzen zu regulieren, sind stofflich gesehen eine Funktion des pH-Wertes im Gehirngewebe. Wenn ein Mensch eine Erfahrung macht, entstehen dabei Gedanken, die mit dieser Erfahrung in Zusammenhang stehen. Ein Teil dieser Gedanken besteht aus einer elektrischen Ladung. Eine Veränderung in diesem Gedankenprozeß erzeugt gleichzeitig eine Verschiebung des pH-Spiegels in dem „zuständigen" Teil des Hirns. Diese wirkt sich wiederum auf den pH-Wert der Zellflüssigkeiten in bestimmten Teilen des Körpers und damit auch auf deren Schwingungsfrequenz aus. Dieses Grundprinzip ist das Wirkgeheimnis einer Therapie, die als „Positives Denken" bekannt ist.

Dieses einfache Modell kann uns auch den Wert regelmäßigen Meditierens in diesem Zusammenhang veranschaulichen: Der Mensch entwickelt während seines Lebens verschiedene Strukturen in seinem Denken, Fühlen und Glauben als Reaktion auf physische, emotionale oder psychische Eindrücke. In der Meditation wird der Schleier dieser Strukturen für eine kurze Zeit durchlässig, so daß neue Strukturen ihren Weg in unser System finden können. Dieser Prozeß hat einen vielfältigen Effekt auf den Menschen, wenn er begreift, wie einfach es eigentlich ist, alte hinderliche Strukturen gegen neue auszutauschen. In solchen willentlichen Änderungen liegt der Schlüssel zur eigenen Evolution – der Evolution des Bewußtseins. Die Fähigkeit zu wirklichem Mitgefühl mit anderen hilft dabei, einen neutralen pH-Wert zu erzeugen. Sie findet ihren Höhepunkt in der Fähigkeit des Vergebens und Verzeihens.

■ ZUSAMMENFASSUNG

- Die Lebenserfahrungen sind Anhäufungen von Energie-, Informations- und Lichtimpulsen, die einen ausbalancierten Zustand erreichen möchten.
- Informationsenergie steigt durch die Schöpfungs-Matrix in immer dichtere Matrizen ab und „kristallisiert" schließlich zur menschlichen Form.
- Denken und Fühlen „pressen" Informationen in unseren Matrix-Körper, da sie die Frequenzen der Zellen steuern und damit die Integration der Informationen bewirken.
- Die Integration von Informationsenergie in den Zellen erzeugt in der Matrix eine Balance, die die Bereitschaft zur Aufnahme weiterer Informationen signalisiert.
- Durch unseren freien Willen können wir uns unsere Gefühle und Gedanken selbst aussuchen und haben die Möglichkeit, selber bestimmte Strukturen in uns zu erzeugen.
- Gedanken, Gefühle und Emotionen regulieren den pH-Wert des Gehirns, der wiederum die bioelektrischen Ladungen und Frequenzen jeder Zelle beeinflußt.
- Die DNS-Moleküle reagieren auf die veränderten Zellfrequenzen. Das Chakrasystem kann zu seinen optimalen Schwingungen finden. Die Aura reflektiert in ihrer Strahlung jede Veränderung. Es besteht die Möglichkeit, daß sich neue Formen von Aminosäuren entwickeln.

IV. Kapitel

KORNKREISE
Die Resonanzsymbole des Wandels

Sprich zur Erde, und sie wird dich lehren.

HIOB 12,8

Im holographischen Universum ist alles Wissen unvergänglich und in Form resonanter Klang- und Formstrukturen gespeichert. Durch die Energie des Universums entwickeln einige Segmente des Bewußtseins die Fähigkeit, dieses Wissen erkennen zu können. Davon profitiert auch das Ganze bis zu einem gewissen Grade. Die Schönheit des Universums liegt darin, daß viele Menschen als Teil des Ganzen „funktionieren", obwohl sie selbst ein abgeschlossenes Ganzes sind. Wenn daher ein solcher Mensch etwas lernt, lernen alle etwas. Was einem Menschen Nutzen bringt, nützt tendenziell allen. Wenn ein Mensch geheilt wird, werden – bis zu einem gewissen Grade – alle geheilt. Allein mit Hilfe holographischer Erfahrungen schaffen es allerdings nur wenige, sich tiefgreifend zu wandeln bzw. selbst zum Träger des Wandels werden.

In der Schöpfung treten immer wieder neue Strukturen auf. Manchmal befinden sich diese jedoch gänzlich außerhalb des menschlichen Kollektivbewußtseins und können daher erst in Erscheinung treten, wenn das Leben einen sinnvollen „Bauplan" dafür bereitstellt. Ein historisches Beispiel soll dies verdeutlichen:

Der Forscher und Buchautor Tom Kenyon berichtet von einem Ereignis, das sich zwischen spanischen Forschungsreisenden und afrikanischen Ureinwohnern zugetragen hat. Danach befanden sich die Spanier auf einer Reise in die „neue

Welt" und hatten in ihren für damalige Zeit sehr großen Schiffen mit gewaltigen Leinensegeln gerade die Südspitze Afrikas umfahren. In sicherem Abstand vom Ufer gingen sie vor Anker und ruderten mit einigen Besatzungsmitgliedern an Land. Die Afrikaner, die noch nie weiße Männer oder ihre Schiffe gesehen hatten, fragten, wie sie in diesen Teil der Welt gekommen seien. Die Matrosen zeigten auf die Schiffe mit den großen weißen Segeln, die vom Ufer aus noch deutlich zu erkenne waren. Doch so sehr die Afrikaner auch schauten, sie konnten die Schiffe nicht sehen. Schließlich versuchte der Medizinmann des Stammes etwas Neues: Er verdrehte die Augen und schielte ein wenig. So konnte er plötzlich die Umrisse der Schiffe erkennen. Die anderen ahmten dies nach und sahen daraufhin ebenfalls die Schiffe. Als später weitere Stammesmitglieder ans Ufer kamen, konnten diese sogar sofort die Segelschiffe erkennen. Der gesamte Stamm hatte plötzlich gelernt, auf neue Art und Weise wahrzunehmen, und sprengte so die Schranken seiner bis dahin wahrgenommenen Welt. Dies ist ein historisches Beispiel für die bekannte Theorie vom „hundertsten Affen" (ein Effekt der von Rupert Sheldrake postulierten morphogenetischen Felder; d. Übers.).

Die Bedeutung dieser Geschichte ist folgende: Die Information „Schiff" war immer da, sie veränderte sich nicht. Allein den Afrikanern war diese Struktur, die Form der Schiffe, völlig unbekannt. Sie hatten auch nicht die Möglichkeit, irgend etwas als Vergleich heranziehen zu können, denn sie kannten weder Schiffsplanken noch Segel oder Metallbeschläge. Obwohl ihre Augen die Schiffe sahen, stufte ihr Verstand die Informationen als zu fremdartig ein und filterte sie aus.

Auch wir sind durch unsere Kultur und Gesellschaft in unserer Aufnahmefähigkeit begrenzt. Wenn wir mit den Augen etwas aufnehmen und zum Gehirn weiterleiten, suchen wir entsprechend unserer Kultur nach Vergleichbarem, das wir in vorangegangenen Erfahrungen kennengelernt haben. Unser „Sehen" ist durch unsere Erfahrungen limitiert, denn wir greifen nur auf jene Strukturen zurück, von denen wir gelernt haben, daß sie mit der „Realität" übereinstimmen. Wenn etwas nicht hineinpaßt, dann existiert es einfach nicht. Schon das unbewußte Wiedererkennen von Symbolen aber erzeugt einen Energieaustausch zwischen den Strukturen der äußeren Informationen und denen, die im Gedächtnis gespeichert sind – dies scheint eine der Aufgaben der mysteriösen „Kornkreise" zu sein.

Von einfachen Kreisen zu komplexen Formen

Seit mindestens 1975 tritt ein höchst rätselhaftes Phänomen auf, das im Laufe der Jahre hinsichtlich seiner Bedeutung und Herkunft sogar noch mysteriöser wurde: Jedes Jahr erscheinen immer mehr und komplexere Kreise und Piktogramme in Kornfeldern und Wiesen – „Kornkreise" genannt. Die ersten dieser Zeichen waren relativ einfach strukturiert und traten recht selten auf. Sie wurden meist sofort für das Werk trickreicher Spaßvögel gehalten. Bald jedoch wurde klar, daß nicht alle Kornkreise Streiche sein konnten. Zu groß wurde ihre Anzahl, und zu komplex und großflächig waren ihre Formen. Bis heute gibt es auch noch keine überzeugende Methode, mit der man die großen Piktogramme von Menschenhand herstellen könnte, ohne dabei Boden und Halme zu zertreten. Zudem ist die Zellstruktur der Halme an deren Biegestellen verändert, was bisher weder erklärt noch nachgeahmt werden kann. Die Kornkreise treten mittlerweile in fast allen Ländern der Erde auf – unter anderem in Australien, Japan, Rußland, Kanada, Deutschland und den USA. Der weitaus größte Teil der „Zeichen im Korn" zeigte sich jedoch in England, genauer in der Gegend um Avebury und Stonehenge. Seit 1975 nahmen ihre Anzahl und Komplexität dramatisch zu. Im Diagramm der Tafel 5 ist die Zunahme der Piktogramme bis 1990 dargestellt. 1991 und 1992 traten weniger Zeichen im Korn auf, dafür waren diese aber von wesentlich komplexerer Struktur.

Die Ausweitung des Phänomens hat dazu geführt, daß heute nicht nur einige wenige „Kornkreis-Fans", sondern viele Wissenschaftler und Forscher glauben, die Zeichen versuchten, uns etwas über unseren Planeten und über uns „mitzuteilen". Diese Botschaften scheinen sehr dringend zu sein, bedenkt man, wie zahlreich und komplex die Piktogramme innerhalb weniger Jahre wurden. Aber wie entstehen sie? Wer oder was möchte uns etwas mitteilen? Und vor allem: Was ist die Botschaft der Kornkreise?

Wie die Kornkreise entstehen, ist tatsächlich auch nach über 20 Jahren ein Rätsel. Die Piktogramme sind oft Kombinationen von Kreisformen, wobei ganze Halmbündel zu spiralförmigen Strukturen geformt sind, die flach auf dem Boden liegen. In der „Herstellung" der Kreise wird ein großer Respekt für die Getreidepflanzen erkennbar, denn die Halme sind nie gebrochen oder entwurzelt. Sie wachsen fast waagerecht weiter und bilden ganz normal ihre Ähren aus. Der Boden unter den Kornkreisen besteht oft aus lockeren Erdklümpchen, wie sie sich auch unter Wärme- und Feuchtigkeitseinfluß bilden können. Schon bei der kleinsten Berührung zerbröseln sie, was eine Herstellung der Kreise durch Spaßvögel wohl unmöglich macht. Die Halme innerhalb der Piktogramme liegen meist in

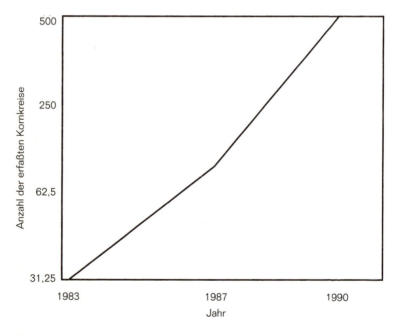

Tafel 5: Die nichtlineare Zunahme der erfaßten Kornkreise in den Jahren 1983–1990.

Abb. 48: Detail eines Kornkreises. Die umgebogenen Halme liegen schichtweise einmal im Uhrzeigersinn, einmal im entgegengesetzten Uhrzeigersinn. (Foto: Sharon Warren und Ron Russel, Center for Crop Circle Studies)

mehreren Lagen aus entgegengesetzten und ineinander verwobenen Spiralen (siehe Abb. 48). Bei mikroskopischen Analysen wurde zudem festgestellt, daß die kristalline Struktur der Pflanzen in den Kornkreisen viel geordneter ist als die der Gewächse außerhalb.

Schwingungsgeometrie: die Entstehung der Zeichen

Das Kornkreis-Phänomen hat eine große Formenvielfalt entwickelt. Waren die ersten Zeichen noch einfache Kreise, die nur in ihrer Größe variierten, gab es bald Kreise, die mit einfachen, doppelten und dreifachen Ringen umgeben waren. Die Lage der Kreise in den Feldern wies stets genau definierte Abstände zwischen Kreisrand und Außenkante des Feldes auf. Es ist ein Rätsel, wie die Kreise derart genau in die Felder plaziert werden konnten. Der englische Kornkreis-Forscher Colin Andrews meinte einmal, daß die Kreise aussähen, als wären sie mit Plätzchenformen aus einem Teig gestanzt worden.

Anwohner betroffener Felder berichten vielfach, daß sie in der Zeit, als die Kreise entstanden sein mußten, keinerlei Verkehr bemerkt hatten. Es gab auch keine Fußabdrücke oder Autospuren. Niemals war jemand auf den Feldern „ertappt" worden. (Mittlerweile gibt es aber auch zahlreiche Nachahmungen von Kornkreisen, und etliche Fälscher behaupten, einige der neuen Piktogramme hergestellt zu haben. Je nach Untergrund und örtlichen Umständen können die auch schon öffentlich vorgeführten Fälschungen zumindest auf den ersten Blick nur noch schwer von den echten Kreisen unterschieden werden. Dennoch sind die Kornkreis-Spezialisten davon überzeugt, einen echten Kornkreis von einer Fälschung unterscheiden zu können; d. Übers.)

Es gibt Aussagen anwohnender Bauern, daß sich die Kreise in relativ kurzer Zeit gebildet haben müssen, und manchmal sei während der Entstehungszeit ein helles gelbes Licht am Himmel über dem betreffenden Feld zu sehen gewesen. Auch Geräusche seien von dort zu hören gewesen.

In vorhergehenden Kapiteln wurde erklärt, wie aus Klang (bzw. Schwingung) Formen (bzw. Geometrien) entstehen. Schwingungen erzeugen geometrische Formen, und diese lassen wiederum Schwingungen entstehen. In der Cymatik wird diese Strukturbildung mit Hilfe von Tönen aus Lautsprechern demonstriert. Manche Kornkreis-Anwohner und -Forscher berichten tatsächlich von kaum hörbaren Tönen bei der Entstehung der Kreise, wobei sich mehrere Frequenzen überlagern sollen. Der Autor dieses Buches ist davon überzeugt, daß die Zusammenhänge zwischen Schwingungen und Geometrie die Grundlage der Technik bilden, die für das Entstehen der Kornkreise verantwortlich ist. Meines Wissens nach hat aber noch niemand direkt beobachten können, wie sich die Halme unter Einfluß einer mechanischen oder sonstigen Kraft biegen. Wenn die Kornkreise tatsächlich aufgrund der Kenntnis der Klang-Form-Beziehungen entstehen, dann geschieht dies vermutlich so schnell, daß es nur jemand beobachten könnte, der sich im gleichen Augenblick mitten in dem entstehenden Kornkreis befindet.

Die „Sprache" der Kornkreise

1978 entstand zum ersten Mal nicht nur ein einzelner Kreis, sondern eine kreuzförmige Struktur aus vier kleinen Kreisen, die symmetrisch um einen größeren Kreis angeordnet waren. 1990 waren die Zeichen dann schon so komplex geworden, daß man sie kaum noch beschreiben und klassifizieren kann. Dennoch benötigt das menschliche Bewußtsein irgendeine logische Ordnung für diese mysteriösen Zeichen. Daher wird im Folgenden ein Deutungssystem vorgestellt, das ausschließlich aus den Formen der realen Strukturen selbst entwickelt wurde:

Es gibt verschiedene Gruppen von Piktogrammen mit jeweils typischen Merkmalen. Diese Typen können beträchtlich differieren – auch wenn sich die Kreise auf ein und demselben Feld befinden. Mit zunehmender Komplexität entstehen strukturelle Aspekte, nach denen unterschiedliche Kategorien gebildet werden können.

Typ I
Strukturen, bei denen eine Bedeutung offensichtlich und beweisbar ist.

Abb. 49:
Typ-I-Piktogramm

1. das „Apfelmännchen", auch Mandelbrotmenge genannt
2. das Piktogramm von Barbary Castle
3. die „gebrochene Schlange"

Typ II

Strukturen mit direktem Bezug zur Heiligen Geometrie.

Abb. 50: Typ-II-Piktogramm

1. die „Fischblase"
   Dieses Zeichen symbolisiert den „Schoß" der Schöpfung. Es wird aus zwei Kreisen gebildet, die jeweils durch den Mittelpunkt des anderen verlaufen.
2. der „Same des Lebens" als Zirkelfigur aus 7 Kreisen oder als sechszackiger Stern. Der sechszackige Stern wird aus der Figur des „Samens" gebildet. Er symbolisiert die entgegengesetzt rotierenden Kraftfelder der elektrischen und magnetischen Anteile im elektromagnetischen Feld.

Typ III

Strukturen, die aus mindestens zwei miteinander verbundenen Kreisen bestehen.

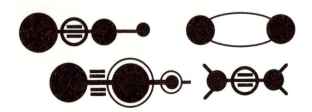

Abb. 51: Typ-III-Piktogramm

1. mit fast identischen Kreisen
2. mit einem oder mehreren durch Schattierungen, Bögen oder Anhängsel speziell gekennzeichneten Kreisen
3. mit Verbindungen aus Linien, Röhren oder Bögen als Variationen des aus der Heiligen Geometrie bekannten Symbols der „Fischblase"

Typ IV
Strukturen aus allein-
stehenden oder nahe
beieinanderstehenden
Kreisen

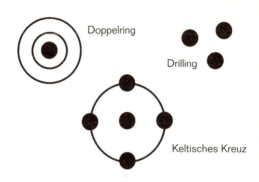

Abb. 52: Typ-IV-Piktogramm

1. zum Teil mit konzentrischen Ringen um den Kreis
2. mit unterschiedlich ausgerichteten, spiralförmig umgelegten Halmen innerhalb der Zeichen selbst

Typ V
Strukturen in Form alleinstehender, unverbundener mandalaförmiger Zeichen

1. das „Amulett-Armband" I und II
2. das pentagonale „Finale" der 1993er Kornkreis-Saison

Abb. 53: Typ-V-Piktogramm

Die Vielfalt der Kornkreise wird gerade mit Hilfe dieser einfachen Kategorisierung offensichtlich. Während die Zeichen immer zahlreicher und komplexer auftreten, wird ihre Botschaft immer klarer: Es ist eine Botschaft des Wandels. Das Schöne an diesen „Inschriften der Erde" ist die Tatsache, daß sie nicht durch irgendein Glaubenssystem eingeschränkt werden. Man braucht keine speziellen Theorien, um sie verstehen zu können. Es gibt nämlich Menschen, die diese Strukturen „erkennen" und klar wissen bzw. fühlen, was sie bedeuten.

Von großer Wichtigkeit ist, daß alle Menschen die Möglichkeit haben, direkt am Kornkreis-Phänomen teilzuhaben. Die Zeichen sind großflächig auf der Erde verteilt, und alle können sie sehen, ohne daß sich irgendeine höhere Autorität einmischen und ihre Erklärungen dazu aufdrängen könnte. Die Zeichen sprechen auf symbolischem Wege direkt zu uns.

Die „Botschaft" im Korn

Um die Botschaft der Kornkreise erfassen zu können, muß zuerst ihre „Sprache" und Ausdrucksweise besser verstanden werden: Anfangs erschienen die faszinierenden Piktogramme vielen nur als schöne, symmetrische Zeichen von größter Präzision, immensen Ausmaßen und geheimnisvoller Mystik. Eine sinnvolle Deutung aber könne nicht entdeckt werden, so dachten sie. Andere aber fühlten intuitiv, daß sich hinter den Zeichen eine Botschaft verbirgt: die Warnung an die Menschheit, sich besser umeinander und den Planeten zu kümmern. Aber ist dies wirklich schon die ganze Botschaft? Kann die „Sprache" der Kornkreise genauer entschlüsselt werden?

Meine Untersuchungen hierzu haben ergeben, daß in den Zeichen nicht nur eine, sondern fünf verschiedene unabhängige Symbolsprachen verschlüsselt sind. Diese „Sprachen" werden nicht aus mehreren verschiedenen Buchstaben-Kombinationen gebildet. Vielmehr sind sie ein lebendiger Ausdruck der Resonanzenergie, auf deren sinnvolle Informationsstrukturen wir bewußt oder unbewußt, physisch oder emotional ansprechen. Wir können folgende Symbolsprachen unterscheiden:

1. die Heilige Geometrie (die Resonanzsprache von Erde, Geist und Herz),
2. die Genetik (die Symbol- und Resonanzsprache des genetischen Codes),
3. elektrische Kreisläufe (die Symbolsprache der elektrischen Schaltkreise, wovon einige bereits vor Jahrhunderten auf alten Tempelzeichnungen und Töpfereien dargestellt wurden),

4. mathematische Konstanten (in Form grafischer Abbildungen),
5. grafische Zeichen unserer Vorfahren (vor allem der Indianer, Kelten und Ägypter).

Einer der faszinierendsten Aspekte des Kornkreis-Phänomens ist nun, daß alle Zeichen eine sehr ähnliche Botschaft in sich tragen – und dies, obwohl sie sich in ihren Formen und „Sprachen" beträchtlich voneinander unterscheiden.

Die Botschaft:

Ihr seid Teil von allem, was ihr in eurer Welt seht. Die Welt macht einen Wandel durch, der sich auf alle Bereiche eures Lebens auswirken wird.

Die Erde und ihre Menschheit hat auf ihrem Kreislauf um die Sonne und das Zentrum der Galaxis einen Punkt erreicht, den man als die Schwelle zum Wandel bezeichnen kann.

Die Erde und die Menschen verändern sich jetzt sehr schnell, wobei diese Veränderungen in den genetischen Strukturen der Körperzellen und im elektromagnetischen Energiefeld der Erde vor sich gehen. Dies war schon in den uralten Schriften vorhergesagt worden.

Wir haben spezielle Symbolsprachen entwickelt, um unsere Welt und uns selbst verstehen zu können. Die Kornkreise sind ebenfalls eine verschlüsselte Ausdrucksweise und vermitteln die „universalen Botschaft des Lebens". Ihr Code ist bereits in der Materie der Erde und in unserem Körper enthalten. Manche drücken sich auch in unseren Technologien aus. Die Botschaft der Kornkreise überrascht uns daher nicht wirklich völlig – aber in welcher „Sprache" ist sie geschrieben?

Die Völker der Erde sind zweifellos verschiedenartig, sowohl in der Entwicklung ihres Bewußtseins als auch in der Anwendung ihres Verstandes im täglichen Leben. Diese Verschiedenheit ist Teil der Schönheit des holographischen Universums, und jedes Individuum ist ein integrierter Teil des größeren Ganzen. Die Erzeuger der Kornkreise hätten ihren Zweck verfehlt, wenn sie die tiefe, universale Botschaft nur

auf eine spezielle Bevölkerungs- und Sprachgruppe zuge-
schnitten hätten. Da sich jedes bekannte Alphabet bei der Ent-
schlüsselung der Kornkreise als untauglich erwiesen hat,
brauchen wir zum Verständnis der Zeichen einen anderen Re-
ferenzrahmen.

Die Botschaft der Kornkreise ist an die eingestimmten
Energiekreisläufe des Menschen gerichtet. Die Kornkreise sind
die physischen Entsprechungen unserer Gedanken und Gefühle, die sich durch Worte nicht ausdrücken lassen. Wir sind jetzt
am Ende eines großen Entwicklungszyklus des Bewußtseins
der Menschheit angekommen!

Die Bedeutung der verschlüsselten Zeichen ist unter anderem:

- Der Wandel der Erde beinhaltet die Errichtung neuer
  „Erdungspunkte" des Energiekreislaufes unseres Sonnen-
  systems und der Matrix von Erde und Mensch.
- Die genetischen Codes werden durch spezielle neue Codone
  erweitert.
- Die Prophezeiungen der amerikanischen Ureinwohner er-
  füllen sich: Das Ende der „fünften Welt" des Bewußtseins
  steht bevor.
- Es werden spezielle Basispunkte im menschlichen DNS-
  Molekül aktiviert.

Da die Strukturen der Kornkreise auf jeden Menschen direkt
einwirken, bilden sich in ihm die unterschiedlichsten persönlichen Erklärungen und Bewertungen. Jeder Mensch interpretiert die Kornkreise auf der Grundlage seiner individuellen
Bewußtseinsfilter. In den Prophezeiungen der amerikanischen
Ureinwohner heißt es, daß die Menschen durch das Auftreten
bestimmter Zeichen wissen werden, wann die Zeit der großen
Reinigung gekommen ist. Vieles spricht dafür, daß die Kornkreise zu diesen Hinweisen gehören. Andere Ureinwohner
sprechen von einer Zeit, „in der man den Mond auf Erden und
im Himmel sehen kann". Es wird behauptet, daß den Mitglie-
dern dieses Stammes die Tränen in die Augen traten, als sie ein
Bild des Piktogramms in Abbildung 54 sahen.

Abb. 54: Schematische Skizze eines 1993 aufgetretenen Zeichens, das den zunehmenden Mond symbolisiert. Eine Prophezeiung zum Wandel besagt, daß „der Mond am Himmel und auf Erden gesehen wird".

Christlich orientierte Menschen interpretieren die Zeichen im Korn als Erfüllung einer biblischen Prophezeiung:

> Und ich werde Wunder tun oben am Himmel und Zeichen unten auf der Erde.
> APOSTELGESCHICHTE 2,19

Trotz unterschiedlicher Kulturen und Religionen hat das Zeichen des zunehmenden Mondes für viele Menschen eine ähnlich große Bedeutung.

Konvergenz von Ordnung und Chaos

Aus bestimmten mathematischen Formeln, die im Rahmen der sogenannten Chaos-Physik bekannt wurden, entstehen „im Computer" beeindruckende geometrische Formen. Die wohl bekannteste, auf diese Weise „geformte" Geometrie ist das von Benoit Mandelbrot 1980 entdeckte „Apfelmännchen", auch Mandelbrotmenge genannt. Dabei handelt es sich um eine durch Formeln definierte Menge komplexer Zahlen, die in eine bildliche Darstellung umgesetzt wurden. Eben dieses Bild des „Apfelmännchens" erschien erstaunlicherweise als Kornkreis. Es entstand am 12. August 1991 zirka 15 Kilometer südlich von Cambridge in England (siehe Abb. 56). Es war das erste Zeichen, das eindeutig wissenschaftlich gedeutet werden kann.

Abb. 55: Computergrafik eines „Apfelmännchens", auch Mandelbrotmenge genannt

In der Chaos-Theorie kann mit Hilfe mathematischer Formeln die Grenze zwischen Ordnung und Unordnung bestimmt werden. Man kann sagen, daß sich in diesen Grenzzonen Ordnung in Unordnung wandelt und umgekehrt. Die mathematischen Berechnungen, die diese Grenze definieren, sind sehr komplex. Durch die Entwicklung leistungsfähiger Computer ist es heute aber dennoch möglich, z.B. das erwähnte „Apfelmännchen" grafisch darzustellen.

In der Computerdarstellung des „Apfelmännchens" in Abbildung 55 werden die Stellen, an denen sich Ordnung und Chaos annähern, deutlich sichtbar.

Der englische Kornkreis-Forscher Colin Andrews stellt in seinem Video *Undeniable Evidence* fest, daß das „Apfelmännchen" ein besonders bedeutsames Zeichen ist. Als Begründung

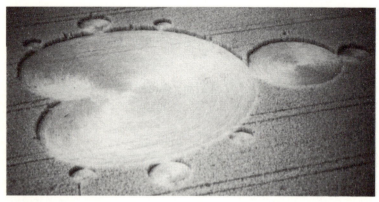

Abb. 56: Ein Kornkreis in Form eines „Apfelmännchens", der im August 1991 in der Nähe von Cambridge in England entstand. (Foto: Sharon Warren und Ron Russel, Center for Crop Circle Studies)

weist er ebenfalls darauf hin, daß es auf grafische und mathematische Art und Weise genau den Punkt beschreibt, wo Chaos und Ordnung sich annähern. Ein solcher Übergang wird in den Prophezeiungen der Ureinwohner Amerikas und in uralten Schriften als globales Ereignis vorhergesagt. Wir erleben also zur Zeit das Ende der alten chaotischen Weltanschauungen und Glaubenssysteme, die nun für eine höhere Ordnung Platz machen müssen – für eine Ordnung, die durch Frieden, Zusammenarbeit und Harmonie gekennzeichnet ist.

Der neue genetische Code

Im August 1991 erschien eines der meiner Meinung nach wichtigsten Zeichen in einem Feld bei Froxfield in England. Soweit ich weiß, ist dieses Piktogramm oder etwas Vergleichbares nie wieder irgendwo aufgetreten. Leider wurde es schon eine Woche nach seiner Entdeckung durch Abernten des Feldes wieder zerstört. Dieses Zeichen wird als die „Schlange" oder das „Gehirn" bezeichnet (Abb. 57, links). Meiner Überzeugung nach ist dieses Piktogramm eine „Karte" der genetischen Veränderungen, die durch den bevorstehenden Wandel hervorgerufen werden.

In der Genforschung hat man sich weltweit auf eine bestimmte grafisch-symbolische Darstellungsweise der Bausteine des Lebens, der Aminosäuren, Chromosomen und des DNS-Moleküls, geeinigt. Einige der Kornkreise der letzten Jahre scheinen in ähnlicher Weise auf grafisch-symbolischem Wege Informationen über die Strukturen der menschlichen Gene und sogar über die „schwachen" DNS-Glieder mitzuteilen. Vermutlich weisen die Piktogramme sogar genau auf jene Teile des DNS-Moleküls hin, an denen sich durch die gegenwärtige Veränderung von Magnetismus und Erdresonanzfrequenz neue Verbindungen bilden werden.

Als ich die „Schlange" zum ersten Mal sah, hatte ich gleich das Gefühl, daß dieses Zeichen eine ganz besondere Botschaft enthielt. Ich ahnte, daß dies eine Spur war, die zu den Ursachen der beschriebenen genetischen Anomalien der

Abschnitt	Verhältnis der Abschnittlängen	% der Gesamtlänge	% des Kreises
1	4,6	8,34	2,19
2	19,8	35,9	11,7
3	3,3	5,98	13,26
4	5,3	9,61	15,8
5	4,7	8,5	18,05
6	1,2	2,17	18,63
7	1,9	3,44	19,53
8	2,7	4,0	20,83
9	2,6	4,71	22,08

Abschnitt	DNS-Lageplan
1	große rRNS
2	Cytochrom-Oxidase II
3	ATPase, Untereinheit 6
4	URF 3
5	URF 4
6	URF 4
7	URF 5
8	URF 5
9	URF 5/6 (Grenze)

Tafel 6: Analyse der Abschnitte der „Schlange".

Menschheit wie den 44 ungenutzten Varianten des genetischen Codes führen würde. In Tafel 3 ist der genetische Code, der in jeder Körperzelle existiert, tabellarisch aufgelistet. Wie in Kapitel III erklärt wurde, entstehen aus den 64 Kombinationsmöglichkeiten der DNS-Drei-Codone, von denen eigentlich jede eine einzigartige Struktur erzeugen könnte, nur 20 unterschiedliche Verbindungen – die 20 bekannten Aminosäuren.

Das einzigartige Zeichen der „Schlange" könnte die Antwort auf diese und andere Fragen zur genetischen Reaktion des Menschen auf den bevorstehenden Wandel enthalten: Die „Schlange" besteht aus mehreren gewundenen Teilen unterschiedlicher Länge. In Tafel 6 ist die Länge der verschiedenen Segmente erfaßt, die mit Nummern entsprechend der Bruchstellen auf Abbildung 57 gekennzeichnet sind. Die Spalte mit der Überschrift „% der Gesamtlänge" zeigt den Anteil jedes Segments an der Gesamtlänge. Die Analyse der Längen allein erlaubt allerdings noch keine Rückschlüsse, dazu ist noch ein weiterer Schritt erforderlich.

Abbildung 57 ist ein wissenschaftlich allgemein akzeptiertes Schema der menschlichen DNS, mit dessen Hilfe Lage und Ausdehnung der Information für die einzelnen Aminosäuren und andere wichtige Elemente des Moleküls dargestellt werden. Wenn man die prozentualen Längenanteile jedes Segments der „zerbrochenen Schlange" auf die prozentualen Anteile in dem kreisförmigen DNS-Schema überträgt, wird es möglich, den Segmenten der „Schlange" bestimmte Teile der DNS zuzuordnen.

Von den auf diese Weise gefundenen neun Abschnitten der DNS sind erstaunlicherweise sechs sogenannte URF-Abschnitte, die nicht für den Code der Aminosäuren benötigt werden und daher auch nicht „aktiviert" sind. Wenn diese Abschnitte aus irgendeinem Grund brechen, hat dies daher keinen Einfluß auf die Reproduktion des Codes. Wenn aber im Zuge des Wandels neue Aminosäuren und Proteine entstehen, so kann deren Code genau in diesen ungenützten Abschnitten verankert werden. Ganz so, wie dies in den Smaragd-Tafel Thots angekündigt wurde: „Der Mensch wandelt sich jetzt zu Formen, die nicht von dieser Welt sind." (Die Smaragd-Tafeln von Thot, Tafel 8)

In Kapitel III wurde schon einmal auf die Bedeutung der „Erweiterung" der heute bestehenden Aminosäuren eingegangen.

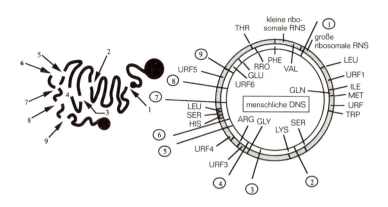

Abb. 57: Links: Schematische Darstellung des Kornkreiszeichens der „Schlange" (nach: Beth Davis, *Ciphers in the Crops*, 1991). Rechts: Kreisförmige Darstellung des DNS-Moleküls (nach: Norman Rothwell, *Understanding Genetics*, 1988)

Wenn man verstehen will, warum die menschlichen Gene nicht ihre gesamte Kapazität aktivieren, muß man ihr Umfeld untersuchen, in dem sie sich materialisieren könnten. Wie bereits erklärt, manifestiert sich die Materie immer in Übereinstimmung mit den Parametern ihrer Umgebung – unter anderem von Erdmagnetfeld und Erdresonanzfrequenz. Wenn sich jetzt die Feldbedingungen und die Energie verändern, muß sich auch die kristalline Struktur der Materie dementsprechend anpassen. Durch die gegenwärtige Verringerung der planetaren Magnetfelder und das Ansteigen der Grundfrequenz der Erde kann jedes dritte Glied der DNS-Dreier-Codone jetzt einem neuen Code Ausdruck verleihen. Die Bereitschaft des Menschen, während des Wandels mehr komplexe Informationen aufzunehmen, kann die Bildung neuer chemischer Verbindungen und damit neuer Formen der Aminosäuren unterstützen. Dies ist die Botschaft dieses höchst ungewöhnlichen Zeichens im Korn.

Die Kornkreise und das Energiefeld der Erde

In der modernen Elektrotechnik werden sogenannte Kondensatoren verwendet, die einen Spannungsabfall überbrücken können. Dies geschieht, indem der Kondensator seine gespeicherte Elektrizität in den Stromkreislauf abgibt, sobald der Stromfluß unterbrochen ist. Der Kondensator besteht hauptsächlich aus drei Teilen – aus zwei leitfähigen Platten und einer isolierenden Schicht dazwischen.

Die Erde ist im Prinzip auch ein riesiger, aber runder Kondensator. Dabei ist die Erdoberfläche ein Leiter mit negativer Ladung, und als Gegenpart sind Teile der höheren Atmosphäre positiv geladen. Die dazwischenliegende Luftschicht übt einen gewissen Isolationseffekt aus. Wissenschaftler kennen dieses Grundprinzip schon seit Jahren und nutzen es zur Informationsübertragung.

Zur Darstellung von Kondensatoren in einem Schaltplan werden heute ganz bestimmte Symbole verwendet, die verblüffenderweise schon auf jahrhundertealten Wandzeichnungen ägyptischer Tempel und auf Töpfereien der amerikanischen

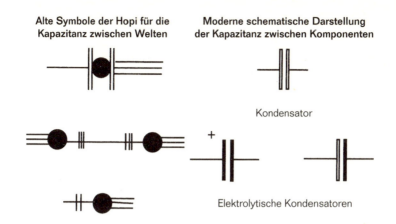

Abb. 58: Historische Symbole unbekannter Bedeutung und moderne Zeichen, die zur Kennzeichnung elektrischer Kapazität bzw. von Kondensatoren verwendet werden. (Quelle: Jesse Walter Fewkes, *Designs on Prehistoric Hopi Pottery*, 1975, und R.H. Warring, *Understanding Electronics*, 1978)

Ureinwohner zu sehen sind. Abbildung 58 stellt die alten und neuen Symbole im Vergleich vor.

Erstaunlicherweise findet man auch bei vielen Kornkreis-Zeichen ähnliche Formen, wie Abbildung 59 deutlich macht:

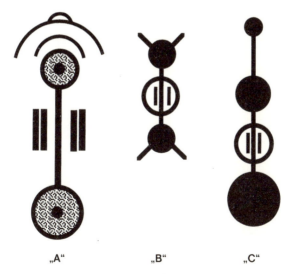

Abb. 59: Schematische Darstellung von Kornkreis-Formationen des Typs III aus miteinander verbundenen Kreisen und Zeichen, die an das Symbol für einen Kondensator erinnern. Die Piktogramme entstanden vor 1991 in England.

In jedem dieser Piktogramme sind bestimmte Zusammenhänge zwischen zwei Kreisen verschlüsselt. In Abbildung 59 A unterscheidet sich der obere Kreis vom unteren Kreis. Auch hier sind beide durch eine Linie verbunden. Die Kreise in den Abbildungen 59 B und C haben auch eine Verbindung, aber weisen keine unterschiedlichen Formen auf. Ein Aspekt der Botschaft dieser Kreisformationen ist in den Balken enthalten, die parallel zur Verbindungsachse der Kreise verlaufen. Wenn wir das übliche Zeichensystem der modernen Elektronik als Grundlage für eine Erklärung der Piktogramme heranziehen, könnten diese Balken auf eine Funktion oder Resonanz zwischen den Kreisen hinweisen.

Die Piktogramme enthalten also mindestens zwei verschiedene Informationen:

1. Die Kreise, oder was auch immer sie repräsentieren, sind miteinander verbunden und haben irgendeine lineare Beziehung zueinander.
2. Diese Verbindung könnte elektrischer Art sein oder eine Resonanzfunktion andeuten.

Dies sollte uns nicht überraschen, denn die Kornkreise reflektieren unsere Sprache, unsere Symbole und unsere Terminologie auch in vielen anderen Bereichen. Für diejenigen allerdings, die diese „Sprachen" – etwa die der Elektrotechnik – nicht beherrschen, bleiben die Botschaften der Piktogramme „böhmische Dörfer".

Da nun die Kornkreise auf dem Erdboden erscheinen, kann man davon ausgehen, daß mindestens einer der Kreise die Erde symbolisiert. Ziehen wir nun noch folgende Erkenntnisse zur weiteren Deutung heran:

- Die Erde ist ein Kondensator, der eine elektrische Spannung aufbaut und Ladungen speichert, bis er einen Weg findet, sie zu entladen.
- In der Vergangenheit betrug die Grundschwingung der Erde zirka 7,8 Hz. Aufgrund von Prognosen über den weiteren Verlauf des gegenwärtigen Frequenzanstiegs können wir

davon ausgehen, daß dieser Wert bis auf 13 Hz ansteigen wird.

● Wie wir durch unsere Erfahrungen wissen, steht unsere Erde in Resonanz mit anderen Himmelskörpern, vorwiegend mit unserer Sonne.

Während sich die Erde mehr und mehr dem großen Wandel nähert, erzeugt und speichert sie bis zu einem bestimmten Punkt immer mehr elektrische Ladung. Der Zeitpunkt der kompletten Entladung liegt am Ende dieses Umformungsprozesses und am Beginn eines Ereignisses, das in der Umkehrung der Magnetpole und der Erhöhung der Erdresonanzfrequenz auf 13 Hz gipfelt. Wenn die Erde, wie vorhergesagt wurde, den kosmischen Photonenring passiert, wird sie mit einer weit größeren Menge an Photonen als sonst bestrahlt und lädt sich dadurch noch stärker auf. Auch durch die Veränderung von Magnetfeld und Grundfrequenz wird sie in Resonanz mit einer höheren Ebene von Schwingungen versetzt, wobei sich ihre gespeicherte Energie im Takt von 13 Hz entlädt. Im holographischen Universum bilden die kapazitiven Kräfte des elektrischen Schaltsystems der Erde – also jene Energien, die seine Funktion als Kondensator ausmachen – zwar einerseits ein in sich vollständiges System. Andererseits ist dieses aber auch nur ein Teil eines viel größeren elektrischen Moduls, nämlich unseres Sonnensystems. Das Sonnensystem ist nichts anderes als ein resonierender Strom- bzw. Schwingkreis. Seine Bestandteile – die Planeten – versuchen ständig, äußere Veränderungen und Einflüsse – wie durch den Photonenring – auszugleichen, um in Übereinstimmung mit den Richtwerten der Sonne zu bleiben. Jeder Planet muß daher eine bestimmte Spannung bzw. Ladung aufrechterhalten, soll seine Position innerhalb des „Sonnen-Stromkreises" stabil bleiben.

Wenn also die Symbole aus der Elektrotechnik auf die Bedeutung der Kornkreise angewendet werden können, so weist uns diese Art von Piktogrammen auf die momentane und zukünftige Beziehung der Erde zu anderen Planeten und zu sich selbst hin. Die Erde scheint mit wenigstens einem anderen Planeten in einer besonderen resonanten, energetischen

Verbindung zu stehen. Dies könnte vielleicht bedeuten, daß durch eine energetische Entladung im Zusammenhang mit diesem Planeten bestimmte resonante Balancepunkte der Erde aktiviert oder Erdparameter verändert werden.

Heilige Geometrie: die Ordnung des Wandels

Seit über 10 000 Jahren hat die uralte, mystische Wissenschaft der Heiligen Geometrie das Wissen über die Beziehungen zwischen der menschlichen Form und den „kristallinen" Schöpfungsmustern bewahrt und weitergegeben. Bei jenen Schöpfungsgeometrien handelt es sich um stabile und berechenbare Strukturen, die den Schlüssel zum Gestaltungsrahmen der Materie enthalten. Wie bereits erwähnt, ist auch dieser geometrische Code in vielen Kornkreisen zu finden.

Wie in Kapitel II erläutert, wurde an den Wänden des mehrere tausend Jahre alten Osirion-Tempels im ägyptischen Abydos das geometrische Symbol der sogenannten „Blume des Lebens" aus 19 Kreisen gefunden. In den sich überschneidenden Bereichen zwischen zwei Kreisen entsteht jeweils eine gemeinsame Fläche, die in den alten Schriften der Heiligen Geometrie als „Vesica Piscis" bzw. „Fischblase" bezeichnet wird. Diesen Bereich kann man sich als eine Spannungszone zwischen zwei angrenzenden Schwingungs- und Erfahrungsbereichen vorstellen. Nach den Lehren der Heiligen Geometrie ist diese Spannung ein Ausdruck davon, daß verschiedene Aspekte der Schöpfung einen Ausgleich in einer gemeinsamen Erfahrung suchen. Dies entspricht recht genau dem philosophischen Aspekt des bevorstehenden Wandels. Eben dieses Zeichen der zwei ineinandergreifenden Kreise erschien im Sommer 1993 erstmals als Piktogramm in einem Getreidefeld (siehe Abb. 60).

Auch andere Symbolelemente der „Blume des Lebens" erschienen als Kornkreise. So z.B. der „Same des Lebens", der sich im Zentrum der „Blume" befindet (Abb. 61 links). Der „Same" setzt sich aus sechs „Blütenblättern" zusammen, die man sich aus zwei entgegengesetzten Bögen geformt vorstellen kann. In den Mysterienschulen wurden diese Bogenfelder als

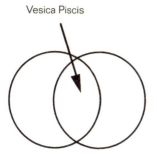 

Abb. 60: Links: Schematische Darstellung der „Fischblase", die aus zwei sich überschneidenden Kreisen gebildet wird. Rechts: Ein 1993 in England erschienener Kornkreis in Form dieses Zeichens der Heiligen Geometrie.

Ort der heiligen Vereinigung von entgegengesetzten Kräften, die die Schöpfung „antreiben", bezeichnet. Eine Beherrschung dieser Kräfte ermöglicht es, einen ausgeglichenen Zustand im Leben zu erlangen.

Mit diesen Kräften ist nun nichts anderes gemeint als die Energien der pulsierenden elektromagnetischen Felder. Somit besteht jedes Blütenblatt des „Samens des Lebens" aus der Vereinigung elektrischer und magnetischer Informationen, die sich zu den Strukturen von Energie, Information und Licht verdichten. Der „Same" ist das Herz der „Blume des Lebens" und damit der Beginn eines Wandels – ohne Samen gibt es keine Blume, so wie es ohne Erfahrungen keinen Wandel geben kann. Die rechte Seite der Abbildung 61 zeigt eine Abwandlung des

Abb. 61: Links: Schematische Darstellung des „Samens des Lebens", der aus sieben Kreisen geformt wird. Rechts: Ein im Herbst 1994 in England erschienener Kornkreis, (Foto: Steve Patterson, Winchester).

sechsblättrigen „Samens", wie er im Spätsommer 1994 in England erschien. Wenn man sich dieses Zeichen unter dem Gesichtspunkt der Heiligen Geometrie anschaut, wird einem klar, daß der „Same des Lebens" unsere Position in Beziehung auf den Wandel und das Ende dieses großen Zeitzyklus symbolisiert.

Abb. 62: Schematische Darstellung des Piktogramms von Barbary Castle. Das Kornkreis-Zeichen entstand im Juli 1991.

Das Piktogramm von Barbary Castle ist von allen Kornkreisen wahrscheinlich am meisten als „echtes Phänomen" anerkannt. Es hat eine sehr ungewöhnliche geometrische Form, in der Wissenschaft und Heilige Geometrie vereinigt sind (siehe Abb. 62). Im Zentrum des Zeichens befindet sich eine dreiseitige Pyramide bzw. ein Tetraeder – die einfachste Form der fünf Platonischen Körper und eine der fundamentalsten Strukturen, nach der sich Energie bei ihrer Verdichtung zur festen Materie ausrichtet. Im Mineralreich finden sich vielfach derartige Tetraeder-Formen. So besteht die Erde zu zirka 90 Prozent aus dem Mineral Silizium (Quarz). Die darin enthaltenen Silizium- und Sauerstoffatome aber verbinden sich bei der Kristallisation zu Tetraeder-Strukturen, die sich wiederum zu Fäden, Ketten und Ringen zusammenschließen (siehe Abb. 63).

Die Rolle, die das Tetraeder im menschlichen Körper und Energiesystem spielt, ist nicht ganz so offensichtlich wie bei der Gestalt der Erde. Die Heilige Geometrie hat uns über Tausende von Jahren hinweg daran erinnert, daß wir selbst diese Geometrie der Schöpfung leben. Dies ist tatsächlich so, denn im Augenblick der Empfängnis beginnt der Prozeß der Zellteilung

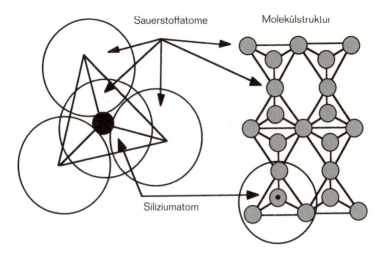

Abb. 63: Tetraeder-förmige Strukturen bilden das Mineral Quarz.

nach genau vorgegebenen Formstrukturen – es ist lebende Geometrie! Abbildung 64 zeigt eine Skizze der geometrischen Ordnung einer befruchteten menschlichen Eizelle nach den ersten zwei Zellteilungen. Aus den vier Zellen formt sich die dreiseitige Pyramide des Tetraeders. Das Strahlungsfeld der „Lebenskraft" Prana aus der Tetraeder-Form ist das Verbindungsglied zwischen Mensch und Schöpfungs-Matrix.

Doch dies ist nicht das einzige Beispiel für die Rolle des Tetraeders beim „Bau" des Menschen. Sein physischer Körper setzt sich hauptsächlich aus Kohlenstoff-Verbindungen

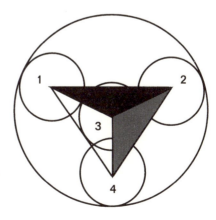

Abb. 64: Schematische Darstellung der ersten vier Zellen eines menschlichen Embryos in ihrer geometrischen Beziehung zueinander. Verbindet man die Zellmittelpunkte durch gerade Linien entsteht die Form des Tetraeders.

zusammen. Die Element-Verbindungen von Kohlenstoff und Sauerstoff aber haben die Form eines Tetraeders und machen 98 Prozent des gesamten Körpers aus. Unser materieller Körper besteht gewissermaßen aus unendlich vielen, kleinen Tetraedern. Somit überrascht es nicht, daß das Kornkreis-Tetraeder das bekannteste Piktogramm überhaupt geworden ist. Was aber ist die Botschaft dieses außergewöhnlichen Zeichens?

Diese „Mitteilung" im Korn von Barbary Castle betrifft offensichtlich die Formen von Energie und Materie, die mit dem Tetraeder in Verbindung stehen. Sie bezieht sich also auch auf die auf Kohlenstoff basierende menschliche Gestalt und die auf Silizium aufbauende Form der Erde. Was könnte es nun bedeuten, daß das Tetraeder mit je einem Kreis an den Ecken und zweien in der Mitte dargestellt wurde?

Um dies zu verstehen, wenden wir uns noch einmal der in Kapitel II beschriebenen „Mer-Ka-Ba", dem geometrischen Lichtkörper-Gefährt, zu. In den alten Überlieferungen der Heiligen Geometrie wird auch die Funktionsweise einer rotierenden „Mer-Ka-Ba" andeutungsweise erklärt. Danach besteht die Grundform der „Mer-Ka-Ba" aus zwei ineinander geschachtelten Tetraedern, „Stern-Tetraeder" genannt. Dieses wird durch den bekannten Davidstern, also durch zwei sich durchdringende Dreiecke symbolisiert. Im Symbol der „Mer-Ka-Ba" steht eines der Tetraeder für den magnetischen Teil der elektromagnetischen Felder, und das zweite Tetraeder symbolisiert die elektrischen Anteile. Wird die „Mer-Ka-Ba" in Rotation versetzt, bewegen sich „magnetisches" und „elektrisches" Tetraeder-Feld entgegengesetzt – d.h., die Felder rotieren gegeneinander. Dadurch können sich die Energien gegenseitig „aufschaukeln", und die „Mer-Ka-Ba" wird so stark beschleunigt, daß sie die dreidimensionale Raum-Zeit-Grenze überschreiten kann.

Das „magnetische" Tetraeder-Feld der „Mer-Ka-Ba" wird in der Heiligen Geometrie als rechtsdrehend beschrieben und durch einen Bogen nach rechts, „)", symbolisiert. Er steht zugleich auch für den femininen Aspekt der Schöpfung. Die Linksdrehung wiederum symbolisiert das „elektrische" Tetraeder-Feld, den männlichen Anteil, und wird durch einen Bogen nach links, „(", gekennzeichnet. Gemeinsam ergeben die zwei Bögen ein vollständiges elektromagnetisches Signal, das in Form der bereits erwähnten „Fischblase" dargestellt wird: „0". Diese Vereinigung von magnetischen und elektrischen Informationen erzeugt das Resonanzmuster, durch das sich die Schöpfung in unserer dreidimensionalen Raum-Zeit ausdrücken kann. In der Heiligen Geometrie wird dies als die Vereinigung der Polaritäten bezeichnet, bei der das männliche und das weibliche Prinzip den Bereich der „Fischblase" formen. Unter diesen Gesichtspunkten wird deutlich, warum die erwähnten Formen der „Blume des Lebens" und ihres „Samens" so bedeutungsvoll sind. Jedes der sechs Blätter im „Samen des Lebens" ist nämlich ein Ausdruck der Vereinigung von elektrischer und magnetischer Information.

Das in der Gegend von Winchester und Hampshire im Herbst 1991 erschienene Piktogramm kann auf Grundlage dieses Wissens nun wie folgt interpretiert werden: Der vollendete Kreis bedeutet das Alpha und Omega der elektromagnetischen Erfahrung – die Vereinigung des Magnetischen und des Elektrischen, also des Weiblichen und des Männlichen. Ihre Verbindung im Kreis symbolisiert die Ganzheit menschlicher Erfahrung.

Zurück zum Kornkreis von Barbary Castle. Wenn wir eine der beiden Komponenten der „Blume" – die elektrische oder die magnetische – entfernen, bleibt von der ganzen geometrischen Struktur nur die Hälfte übrig. Tatsächlich entspricht der linke Kreis im Piktogramm dem magnetischen Teil, symbolisiert mit Rechtsbögen (siehe Abb. 65). Damit werden wir darauf hingewiesen, welcher Bestandteil unseres Energiesystems und unserer Erfahrung einem Veränderungsprozeß unterworfen wird. Dies stimmt auch mit tatsächlichen Messungen überein, denn wie beschrieben verringert sich zur Zeit das Erdmagnetfeld rapide. Wir bewegen uns auf eine Erfahrung des „Null-Punkt-Magnetismus" zu.

An der zweiten Ecke des Tetraeders – in der Abbildung über dem magnetischen Spiralenkreis – befindet sich eine eigenartig gezackte Spirale in Uhrzeigerrichtung (siehe Abb. 62). Was kann dieses Symbol bedeuten?

In den Überlieferungen vieler alter Kulturen wird das Licht in Form eines versetzten Pfeils bzw. eines Blitzes dargestellt. Die uralten Wissenschaften sagen tatsächlich, daß sich das Licht nicht in einer geradlinigen Bahn vorwärts bewegt. Einige wenige Wissenschaftler vermuten dies heute ebenfalls. In der Heiligen Geometrie gibt es Hinweise, daß sich das Licht in bestimmten, miteinander verbundenen Kurven und logarithmischen

Abb. 65: Links: Ausschnitt aus dem Piktogramm von Barbary Castle. Rechts: Eine Abwandlung des Symbols „Same des Lebens", bei der nur jeweils die Hälfte der „Blütenblätter" eingezeichnet wurde. Diese Variante symbolisiert in der Heiligen Geometrie den magnetischen Anteil im elektromagnetischen Feld. Durch ein Quadrat wurde ein Teilbereich markiert, der exakt der Spirale im Piktogramm von Barbary Castle entspricht. (Grafik: Bruce Rawles)

Spiralen bewegt. Die Spirale könnte man daher als den gebogenen Weg des Lichtes interpretieren, der in jene Richtung geht, die sich in Harmonie mit den Lichtspiralen vom strahlenden Zentrum unserer Milchstraße befindet. Auch unsere Erde bewegt sich auf diese Strukturen des Lichtes zu und versucht, mit den Signalen des „neuen Lichts" der elektromagnetischen Zone des sogenannten „Photonenrings" in Resonanz zu treten.

Die übrigen zwei Kreise, von denen einer „schwarz" und der andere „weiß" ist, symbolisieren die Polarität – hier als positive und negative Ladungen. Diese vier Parameter – Magnetismus, Licht und polare Ladung – sind wesentlich dafür verantwortlich, daß Materie sich zu den Formen der dreidimensionalen Realität verdichten kann. Dies trifft auch auf Verdichtungsprozesse beim Menschen zu, z.B. auf die „Kristallisation" der Lebenskraft im Bauch einer Mutter zum Körper ihres Kindes. Das verbindende und vermittelnde Element dabei ist stets die Geometrie des Tetraeders. Die Botschaft der eindrucksvollen Kornkreis-Formation von Barbary Castle kann daher wie folgt zusammengefaßt werden:

Die grundlegenden Parameter Magnetismus, Licht und Polarität, die für Form und Zustand der Erde verantwortlich sind, befinden sich im Wandel. Diese Veränderungen stehen in Resonanz mit all jenen Gitternetz- und Matrix-Strukturen, die die Form des Tetraeders besitzen. Daher sind auch alle tetraederförmigen Strukturen der Materie davon betroffen. Das bedeutet, daß unter anderem alles Silizium (die Erde besteht zu über 90 Prozent aus Silizium) an die neuen Richtlinien der Photonenstrukturen des „neuen Lichtes" angeglichen wird. Ebenso erleben alle Kohlenstoffverbindungen diesen Wandel. Daher versuchen auch die tetraederförmigen Bindungsstrukturen des Menschen (der Mensch besteht zu 98 Prozent aus Kohlenstoff), sich an die neuen energetischen Resonanzfelder der Erde anzupassen.

So, wie sich die Felder der Erde durch die neuen Einflüsse verändern, unterliegt auch unser Leben und unsere Welt einem tiefgreifenden Wandel, der den höheren Informationsebenen Ausdruck verleihen soll. Auf nichts anderes verweisen die Prophezeiungen alter Schriften und der Ureinwohner Amerikas. So ist die Botschaft des Piktogramms von Barbary Castle eigentlich auch nicht völlig neu und fremd.

In diesem Zusammenhang ist zudem nicht mehr von Bedeutung, ob der Ursprung und die Tragweite der Kornkreise je erkannt werden. Hätte niemand je eines der Piktogramme gesehen, wäre der Einfluß auf die Erde aufgrund des Resonanzgesetzes gleich geblieben. Da diese Zeichen aber doch von vielen Menschen gesehen, erkannt und verstanden wurden, hat das kollektive Ganze ebenfalls davon seinen Nutzen und wird ihn weiterhin haben.

Wahrscheinlich werden die Kornkreise bis zum Ende dieser Zeitepoche weiterhin Jahr für Jahr in den Sommermonaten erscheinen. Die Zeichen drängen – für viele Menschen unbemerkt – jeden zu Entscheidungen. Sie sind ein Geschenk an alle Menschen und ein Beweis, daß es mindestens noch eine weitere Form von Intelligenz außer der menschlichen gibt!

■ ZUSAMMENFASSUNG

Obwohl man zweifelsohne über Herkunft, Entstehung, Wirkung und Bedeutung der Kornkreise streiten kann, sind doch drei Faktoren eindeutig:

1. Die Anzahl der Zeichen nahm seit den 70er Jahren dramatisch zu. Der Sommer 1991 scheint dabei einen Höhepunkt zu markieren. Seitdem gibt es etwas weniger Piktogramme, die dafür aber komplexere Strukturen aufweisen.
2. Die Zeichen entwickelten sich von einfachen Kreisen bis zu äußerst komplexen geometrischen Piktogrammen.
3. Die Zeichen sind sehr genau geformt, folgen intelligenten Formenregeln und lassen keine natürliche bzw. bekannte Ursache erkennen.

Wenn die Kornkreise tatsächlich eine Botschaft enthalten, dann ist die Dringlichkeit dieser Botschaft jetzt höher als in den vergangenen Jahren. Auch im Zusammenhang mit der heutigen Position der Erde innerhalb ihres 200 000jährigen Zeitzyklus, der in den kommenden Jahren enden wird (nach dem Maya-Kalender Ende 2012; d. Übers.), wird diese Dringlichkeit deutlich.

Die Kornkreise bieten der gesamten Menschheit eine Erfahrung, die nicht verschwiegen und versteckt werden darf. Die Kornkreise sind stark strahlende Informationsmuster. Allein durch ihre Existenz können sie in der Matrix des menschlichen Bewußtseins auf passive Art und Weise einschneidende Veränderungen hervorrufen.

Die Botschaft der Kornkreise wird auf zwei verschiedenen Ebenen vermittelt:

1. als Resonanzstrukturen, die von den Zellen und Genen als ihre eigenen geometrischen Strukturen erkannt werden
2. als Resonanzstrukturen, die wir bewußt als die Symbolsprachen unserer eigenen Wissenschaften wiedererkennen und die unsere Zellen mit Hilfe unserer eigenen veränderten „Weltanschauungen" reorganisieren

Dabei „benutzen" die Kornkreise verschiedene „Sprachen".
Die vom Autor bisher erkannten Sprachformen sind:

1. die Heilige Geometrie (Sprache des Herzens)
2. der genetische Code (die Symbole sowie die Resonanzstrukturen der DNS)
3. die Symbole elektrischer Stromkreise
4. die grafischen Darstellungen mathmatischer Konstanten
5. die Symbolsprachen unserer Vorfahren

Alle diese Sprachen übermitteln auf einer hohen Ebene die gleiche Botschaft – jeweils unter Verwendung zusätzlicher Symbole zur detaillierten Darstellung in den unterschiedlichen Themenbereichen.

Die Botschaft:

Die Erde als Teil des Sonnen-Stromkreises ist an einer von der Menschheit lange erwarteten und vielfach prophezeiten Schwelle angelangt. Jetzt werden sich die Erde und die menschliche Form rapide verändern.

V. Kapitel

DIE BOTSCHAFT DES NULL-PUNKTS
Der „Universale Christus"

Und ihr werdet nie den Todesschmerz erleiden, sondern wenn ich in meiner Herrlichkeit komme, werdet ihr in einem Augenblick von der Sterblichkeit zur Unsterblichkeit verwandelt werden, und dann sollt ihr im Reich meines Vaters gesegnet sein.

Das Buch Mormon, 3 NEPHI 28,8

Vor ungefähr 2 000 Jahren ereignete sich etwas, das die Geschichte der Menschheit und ihr Selbstverständnis entscheidend verändern sollte: Ein neuer Stern erschien am Himmel als lang erwartetes Zeichen für das Erscheinen eines neuen großen Propheten, und eine Jungfrau gebar ein Kind.

Die damaligen Machthaber hatten große Angst vor diesem Zeichen und ließen Tausende hebräischer Kinder ermorden, um so die Prophezeiungen vom Erscheinen eines Erlösers zunichte zu machen. Das ungewöhnliche Leben dieses Kindes namens Jesus, der Sohn von Maria und Joseph, ist vom ersten Tage seines Lebens an ausführlich dokumentiert. Der kleine Jesus zeigte sich als sehr heller Geist, der die heiligen Schriften interpretieren konnte und wußte, wie sie auf das tägliche Leben anzuwenden waren. Bis heute sind die ausführlichsten Aufzeichnungen über die ersten Jahre von Jesus in der Bibel zu finden. Sein Leben wurde bis zu seinem 12. Lebensjahr aufgezeichnet. Von da ab allerdings gibt die Bibel über die folgenden 18 Jahre seines Lebens keinerlei Auskünfte. Erst als Jesus in seinem 30. Lebensjahr beginnt, öffentlich zu lehren und zu heilen, wird wieder über ihn berichtet.

Berichte über diese 18 Jahre waren vielleicht noch in früheren Ausgaben der Bibel enthalten gewesen. Sicher ist, daß sie schon seit Konstantins Konzil von Nizza im Jahre 325 und der dortigen Festlegung und Kanonisierung der Bibeltexte nicht mehr enthalten sind. Während dieser Zeit wurden viele bedeutende Passagen aus der Bibel entfernt. Die restlichen Texte wurden zur heutigen Form der Bibel zusammengestellt. Es gibt historische Belege, daß die verlorengegangenen Bücher über die Ausbildungs- und Reifezeit von Jesus beim großen Brand der Bibliothek von Alexandria im Jahr 389 zerstört wurden. Das Leben, die Lehren, die Taten und die Reisen von Jesus waren aber offenbar so bedeutungsvoll, daß auch andere Schriften in anderen Bibliotheken der Welt über diesen bemerkenswerten Mann berichtet hatten. So sind uns zumindest Bruchstücke dieser „verlorenen Lebensjahre" erhalten geblieben:

Hinweise auf diese Lebensphase von Jesus finden sich z.B. in Überlieferungen der Klöster von Jemez in der Stadt Leh nahe Kaschmir. In ihnen wird von einem großen Propheten berichtet, der aus dem Gebiet des heutigen Israel kam, um die Lehren von Buddha, Krischna und Rama zu studieren und zu praktizieren. Die Originale dieser Aufzeichnungen befinden sich heute in Lhasa in Tibet und berichten bis ins Detail über das Leben dieses Propheten. Sein Name war Ehisa, und seine Reisen gingen durch Indien, Tibet, Persien und Ägypten. Erst nach einer 18jährigen Wanderschaft soll er im Alter von 30 Jahren wieder nach Israel zurückgekehrt sein. Dort angekommen, ist sein Ausspruch überliefert: „Mein Vater und ich sind jetzt Eins."

Der materiell sichtbarste Beweis für die Existenz von Jesus existiert heute in der Form eines Grabtuches mit einem „eingebrannten" Bild. In diese Stoffbahn soll Jesus nach seiner Kreuzigung eingehüllt worden sein. Es ist das sogenannte „Turiner Grabtuch", das in Turin in Italien aufbewahrt wird. Was seine Echtheit anbelangt, so wurde und wird darüber seit Jahrhunderten gestritten. Im Jahre 1978 aber hat ein Team von Forschern unter Leitung von Ray Rodgers im National Laboratory in Los Alamos nachgewiesen, daß das Bild auf dem Totentuch weder gemalt noch gefärbt wurde, sondern eher mit dem Negativ einer Fotografie verglichen werden kann. Auf bis heute unerklärliche

Weise entsteht das Bild aus einer hochenergetischen, elektromagnetischen Strahlung, die aus dem Inneren des Tuchstoffes dringt. Die Einzelheiten der Abbildung auf dem Grabtuch aber stimmen bis ins Detail mit der biblischen Beschreibung überein, in der die Wunden der Kreuzigung an den Händen, Füßen, Bauch und Kopf beschrieben werden. Nach der Auffassung von Ray Rodgers und seinem Team ist dieses Tuch daher tatsächlich ein echtes Abbild des Körpers von Jesus.

Andere spirituelle Texte geben Zeugnis von dem Besuch eines „weißen Propheten" zu einer Zeit, die mit den „verlorenen" Jahren in Jesus' Leben übereinstimmt. Mündliche Überlieferungen der Ureinwohner Nord- und Südamerikas berichten von einem bärtigen Propheten, der aus dem Osten kam, um seine Botschaft des Mitgefühls und der Ehrfurcht vor allem Leben zu verbreiten. Dieser Prophet soll zudem versprochen haben, am Ende dieses großen Erfahrungszyklus mit einer Botschaft vom „Vater" zurückzukehren. In den Hopi-Prophezeiungen gibt es die Geschichte von „Bahana", dem weißen Bruder, der versprach, zu denen zurückzukehren, die seine Lehren empfangen hatten. Er gilt als der „Reiniger", der alle erretten wird, die den Hopi-Weg des Friedens gegangen sind.

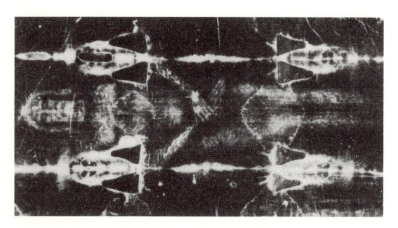

Abb. 66: Das Turiner Grabtuch mit dem Abbild eines Mannes, der die in der Bibel beschriebenen Kreuzigungsmale von Jesus Christus aufweist. Das Bild entstand auf eine bis heute unerklärliche Weise. Es muß durch einen unbekannten energetischen Vorgang in den Stoff „eingebrannt" worden sein, vergleichbar dem Negativ eines Fotos.

Nicht zuletzt beruhen auch die Grundsätze des Buches der Mormonen auf der Theorie, daß Jesus in Amerika war und seine Lehren auch in diesem Land fest verankert hat.

Ab seinem 30. Geburtstag taucht Jesus von Nazareth dann wieder in den Berichten der Bibel auf, nämlich als er von Johannes dem Täufer eine Einweihung erhielt. In der Bibel wird beschrieben, daß Johannes das Kommen von Jesus, den er als Messias bezeichnete, vorhergesehen und zu seinen Jüngern folgendes gesagt hatte:

> Ich taufe euch mit Wasser zur Buße; der aber nach mir kommt, ist stärker als ich, und ich bin nicht würdig, ihm die Schuhe zu tragen. Er wird euch mit heiligem Geist taufen.
>
> MATTHÄUS 3,11

Nachdem Jesus den Fluß, an dem Johannes gerade zahlreiche Menschen taufte, erreicht hatte, erkannte Johannes ihn sofort und sagte:

> Ich habe nötig, mich von dir taufen zu lassen, und du kommst zu mir?
>
> MATTHÄUS 3,14

Jesus antwortete: „So sei es." In den Jahren nach seiner Taufe wurde Jesus dann sehr schnell für seine Lehren und wahrscheinlich am meisten durch seine Wunderheilungen und Materialisationen bekannt. Jene, die ihn und die Wirkung seiner Lehren auf die Menschen fürchteten, konnten ihn nicht zum Schweigen bringen, sondern ihn nur töten. So wurde Jesus – zur Zeit des römischen Befehlshabers Pontius Pilatus – im Alter von 33 Jahren hingerichtet. Ironischerweise brachte man ihn aber mit der Hinrichtung nicht wirklich zum Schweigen. Vielmehr wurden seine Lehren und sein Leben erst durch seinen Tod fest in der Bewußtseins-Matrix der Menschheit verankert. Durch seine Auferstehung drei Tage nach seiner Kreuzigung hat Jesus die Realität der „Wiedergeburt", die in ein ewiges Leben jenseits des Todes und der Ängste führt, allen vorgeführt. Durch seine Auferstehung schuf er einen Prozeß, zu dem alle Menschen in diesem Leben Zugang bekommen werden: den Wandel, der durch die in den vorhergehenden

Kapiteln des Buches beschriebene „Auferstehung der Erde" möglich wird.

Üblicherweise wird mit dem Begriff „Christus" nur Jesus von Nazareth bezeichnet. Es gab aber schon viele Jahre vor Jesus andere sehr hochentwickelte Wesen – eine Person mit solchem Bewußtseinszustand wird „Christus-Mensch" genannt. Frühere Christus-Menschen waren z.B. Buddha, Echnaton, Shiva, Gogyeng-Sowuthi usw. Alle haben mit ihren Lehren einen Samen ins menschliche Bewußtsein gepflanzt, um den Weg für die jetzt beginnende Zeit großer Veränderungen zu ebnen. Mit diesen Veränderungen sollte auch ein „Bote" eintreffen. Er würde der Christus für alle Menschen aller Rassen und Völker sein – ein „Universaler Christus". Seine Botschaft sollte in allen die Erinnerung an Gott wecken.

Der Begriff „Christus" wird also im Folgenden nicht nur auf Jesus von Nazareth bezogen. Außerdem möchte ich betonen, daß hier allein das Lebenswerk von Jesus beschrieben werden soll. In keiner Weise werden mit Jesus Christus in Zusammenhang stehende kirchliche Dogmen, die aufgrund einer verzerrten Interpretation seiner Lehren entstanden sind, verkündet.

Ein Geschenk für die Erde

Das Geschenk von Christus für die Erde besteht in einer Botschaft an die ganze Menschheit, die er selbst durch seine Tugend vorgelebt und so in der Bewußtseins-Matrix der Menschheit fest verankert hat. Jeder vorangegangene „Christus" hatte eine ähnliche Botschaft und hätte ebenso als Universaler Christus auftreten können. Dennoch war es Jesus, der dazu auserwählt war. Damit sich alle Menschen mit ihm identifizieren konnten, kam er wie alle anderen auch auf die Welt: mit der Geburt aus einem Mutterschoß. Er offenbarte also anfangs keine Göttlichkeit, sondern nur seinen Glauben und sein Gottvertrauen. Jesus lebte zunächst unter seinen Mitmenschen wie jeder andere. Er erlernte ein Handwerk und den Gebrauch von Geld, nahm ganz normale Nahrung zu sich und schlief in den üblichen Häusern.

Neuere Belege machen es wahrscheinlich, daß er auch heiratete und wenigstens ein Kind, eine Tochter, hatte. Jesus besaß nicht mehr, als alle anderen – bis auf das Wissen um seine wahre Natur und seinen Glauben. Allein durch den Gebrauch zweier mächtiger „Werkzeuge", die allen Menschen in gleicher Weise zur Verfügung stehen, konnte er sich selbst und die Welt um sich herum verändern. So überwand er die Begrenzungen, die die Welt ihm auferlegen wollte. Diese Werkzeuge waren die „freie Wahl" und der „freie Wille".

Der Glaube daran, daß Jesus für die Sünden der Menschen starb, ist tief ins Bewußtsein der Menschen eingraviert. Es wird heute gelehrt, daß der Tod von Jesus am Kreuz als Opfer für die Sünden der ganzen Menschheit gedient habe. Dies sei angeblich durch einen mystischen Prozeß geschehen, den nur wenige Auserwählte verstehen könnten. Durch dieses Opfer soll die Menschheit nun die Möglichkeit haben, in seine Fußstapfen treten zu können und perfekte Christen zu werden.

Jesus Christus ist aber gar nicht für die Sünden der Menschen gestorben – er ist überhaupt nicht gestorben! Durch den Tod wäre seine Botschaft verloren gewesen. Jesus verankerte vielmehr durch seine Auferstehung das Wissen um die Wiedergeburt in der Menschheit. Dies ist aber etwas völlig anderes als das, was wir normalerweise unter dem Tod verstehen.

Christus wurde umgebracht, weil das herrschende Bewußtsein seine Botschaft und seine Liebe nicht tolerieren konnte. Er wollte den Menschen den Weg zu ihrer eigenen Vervollkommnung und Vollendung zeigen und lehren. Er war für diejenigen gekommen, die er so sehr liebte, daß er ihretwillen in die dichte Materie hinabstieg. Genau diese Menschen schafften erst das Umfeld für die Ereignisse, die später folgen sollten. Die Menschen, die Jesus töteten, haben damit ungewollt seine Botschaft der Liebe, der Barmherzigkeit und der Vergebung in der unvergänglichen Matrix des menschlichen Bewußtseins versiegelt. Diese Menschen nutzten ihren freien Willen nur, um Angst, Schuld, Zorn und Egoismus auszudrücken. Sie töteten das fleischliche Leben von Jesus Christus, nicht aber seine Botschaft, für die er auf die Erde gekommen war. Durch seine Hinrichtung demonstrierte Christus, daß es keinen Tod gibt, sondern nur verschiedene Seins-Zustände. Jesus erschien nach seiner Kreuzigung wieder als ein lebendiger, vollständiger und geheilter Mensch und zugleich als ein auferstandenes Wesen, das in Resonanz mit einer „höheren" Ebene stand. Er war ein Engel des Lichts.

Sein Tod und seine Auferstehung dienen bis heute als lebendige Brücke zwischen den Ebenen des täglichen Lebens bzw. des Alltagsbewußtseins und den Bereichen eines „höheren" Bewußtseins, nämlich den Ebenen der Matrix des „Christus-Bewußtseins". Durch seine Art zu leben zeigte Jesus, daß eine Resonanz zwischen beiden Ebenen möglich und erstrebenswert ist. Christus bewies außerdem – anders als die Kirche heute behauptet –, daß in Wirklichkeit von Seiten der Schöpfung her kein Gericht für die Taten der Menschen existiert. Es wird nie einen Tag geben, an dem das Gewicht der Sünden einen Menschen davon abhalten wird, sich zu höheren Ebenen weiterzuentwickeln. Das größte Hindernis liegt allein in uns selbst, wie wir mit unserem Willen umgehen. Wir bestimmen selber unser Ziel, unseren geistigen Fortschritt und unseren Weg in die Freiheit!

Die Entscheidungen für unsere Entwicklung liegen bei uns und nicht bei anderen mächtigen Wesen. Sicher, wir werden von hochentwickelten Wesen, geistigen Führern und aufgestiegenen Meistern auf unserem Weg begleitet. Die wichtigste Hilfe auf unserem Weg aber ist der Prozeß unseres Lebens selbst, unsere täglichen Entscheidungen. Was denken wir über uns selbst? Was denken wir über andere Menschen? Wie behandeln wir sie? Jede Wahl, vor der wir stehen, wird so zur Gelegenheit, unsere Meisterschaft auszudrücken. Mit Hilfe all unserer Erfahrungen legen wir fest, wohin unser Entwicklungsweg führen wird. Unser Verhalten im Leben spiegelt uns wider, in welchem Maß wir innerlich mit den höheren Gitternetzen des Mitgefühls und Nicht-Wertens in Resonanz stehen.

Wir müssen lernen, uns von alten einschränkenden Informationen, Gesetzen, Regeln und Dogmen zu befreien, die wir seit Tausenden von Jahren in unser Gedächtnis „eingraviert" haben. Wenn wir diese alten „Programme" fallenlassen, können wir lernen, uns an neue Bewußtseinsebenen anzukoppeln.

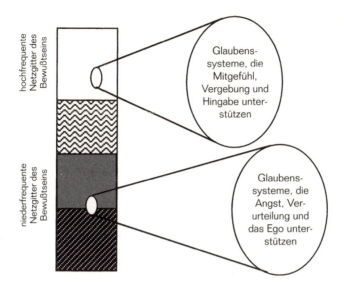

Abb. 67: Neutralität und Toleranz können dabei helfen, sich von alten Mustern, Strukturen und Wertvorstellungen zu befreien. Sie eröffnen den Weg zu jenen Ebenen, in denen die Schwingungen des Christus-Bewußtseins verankert sind.

Diese Ebenen waren zwar schon immer in der Bewußtseins-Matrix vorhanden, aber noch nie so leicht zugänglich wie heute (siehe Abb. 67). Die Bereitschaft, Neues zu übernehmen, wird immer der Intensität unserer Verbindung zu neuen Weisheiten entsprechen. Unsere Gedanken, unser Glauben und die Art und Weise, wie wir uns ausdrücken, sind unsere „Werkzeuge", uns zu ändern – es sind unsere persönlichen „Schlüssel" zu den höheren Ebenen des Christus-Bewußtseins.

Jesus Christus hat mit seinem Leben, seiner Kreuzigung und seiner Auferstehung eine energetische „Brücke" geschaffen, über die wir alle noch in diesem Leben Zugang zu diesen Bewußtseinsebenen erlangen können.

Der Zeitplan für die Ankunft Christi

Durch sein lebendiges Beispiel und in seinen Lehren gab Christus der Menschheit eine Vorstellung davon, was ein Mensch innerhalb einer Lebensspanne alles erreichen kann. Sein Geschenk war die Botschaft von Hoffnung, Glaube und Liebe. Er wurde jedoch mit Mißtrauen, Ungläubigkeit, Angst und Intoleranz empfangen, und seine Botschaft wurde gründlich mißverstanden. Bis heute sind die Interpretationen seiner Lehren immer wieder Gegenstand von Streitigkeiten, besonders bei denen, die sich auf die übliche Fassung der Bibel berufen. Diese Texte sind jedoch über alle Maßen ungenau, zerpflückt und unvollständig, oft sind sie erst mehrere Jahrhunderte nach den Ereignissen entstanden, über die sie berichten.

Viele alte Schriften sind vollständiger, werden aber für die Allgemeinheit immer unzugänglicher. Dies hat mehrere Gründe. Zum Beispiel sind die in Qumran nahe dem Toten Meer entdeckten Schriftrollen zwar wiederentdeckt, restauriert und übersetzt worden. Die legalen Verwalter sorgten aber dafür, daß diese Rollen für fast alle Menschen tabu blieben. So entschied im Sommer 1993 ein Gericht in Jerusalem, daß das Copyright an den bedeutenden Schriften der 2 000 Jahre alten MMT-Rollen an Elisha Quimron von der Ben-Gurion-Universität übertragen wurde. (Inzwischen gibt es Veröffentlichungen der Qumran-Texte, die vollständig sein sollen; d. Übers.) Ohne diese und die vielen anderen Schriften, die nicht in der Bibel enthalten sind – etwa die Bücher von Henoch, die sogenannten apokryphen Schriften und zahlreiche wichtige Briefe, etwa die von Herodes und Pilatus, gibt es keine umfassenderen, für alle verfügbaren Aufzeichnungen der Lehren von Jesus Christus. Aber auch wenn man nicht alle seine Lehren lesen kann, so ist seine Schwingung und seine Botschaft doch in den energetischen Gitternetzen verankert. Der Zugang dazu ist jedem Menschen möglich, wenn er es versteht, sich in Resonanz mit diesen Schwingungen zu versetzen.

Warum aber kam Christus gerade zum damaligen Zeitpunkt und auf diese Art und Weise zur Erde? Was beabsichtigte er? Hatte er Erfolg?

Wenn wir uns eine schematische Skizze anschauen, die seinen Geburtstag und seinen Geburtsort in Beziehung mit unserem großen Zeitzyklus bringt, erhalten wir einige Hinweise auf die dahinterstehenden Zusammenhänge: Die Erde erlebt zur Zeit das Ende eines großen Zeitzyklus, der vor zirka 200 000 Jahren begann. Christus wurde also etwa 2 000 Jahre vor Ende dieses Zyklus geboren. Die höhere Absicht, die mit seiner Geburt verbunden war, bestand darin, die Menschheit wieder an ihren Evolutionsprozeß zu erinnern. Nachdem 99 Prozent der 200 000jährigen Zeitepoche abgelaufen waren, sollte dies der richtige Moment für Christi Geburt sein. Zu einem früheren Zeitpunkt hätte niemand Jesus Christus verstanden. Wäre er später gekommen, hätte die Zeit nicht gereicht, das Bewußtsein der Menschheit für seine Lehren genügend zu öffnen.

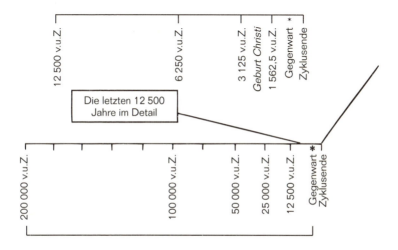

Abb. 68: Die Zeitskala zeigt die Beziehung zwischen dem Beginn unseres Zeitzyklus, der Geburt Christi und dem Ende dieses Jahrhunderts. 99% der Zeitspanne des gegenwärtigen Bewußtseinszyklus waren bereits verstrichen, als Jesus als Universaler Christus auf die Erde kam.

Zum Zeitpunkt von Christi Geburt war die Stärke des Erdmagnetfeldes noch relativ hoch. Wie bereits in vorhergehenden Kapiteln erläutert, unterstützen relativ schwache Magnetfelder die Bereitschaft für Veränderungen, starke Magnetfelder hingegen haben einen stabilisierenden Einfluß auf die bestehenden Strukturen und behindern Veränderungen. In Abbildung 10 sieht man, daß Jesus eine Zeit mit relativ starkem Magnetismus für die Übermittlung seiner Botschaft gewählt hatte. Warum

207

suchte er sich nicht eine Epoche aus, in der sich die Menschheit offener und toleranter seiner Botschaft gegenüber verhalten konnte? Und warum hat er sich dafür entschieden, seine Botschaft gerade im Nahen Osten zu verkünden?

Um diese Fragen beantworten zu können, müssen wir uns nochmals die Absicht von Jesus vergegenwärtigen. Sein Geschenk war die Botschaft der Wahrheit, die er vorgelebt hat, aber die damals nicht akzeptiert wurde. Er mußte seine Kräfte und seine Liebe zur Erde vorleben, um diese Botschaft „verankern" zu können. Jesus nutzte die gegen ihn gerichteten Handlungen für dieses Ziel, denn gerade durch die Ängste der anderen Menschen wurde die Kraft seiner Botschaft wesentlich verstärkt. Ihre Absicht, Jesus durch seinen Tod zum Schweigen zu bringen, brachte genau das gegenteilige Resultat. Wenn er seine Botschaft in eine Welt mit niedrigem Magnetismus gebracht hätte, wäre ihre Wirkung und Dauer lange nicht so groß geworden.

Interessanterweise war gerade im Nahen Osten der Magnetismus damals nicht so hoch wie das allgemeine Niveau des Erdmagnetfeldes (siehe Abb. 11). Jesus Christus wählte also den damals besten Ort auf Erden – mit niedrigem Magnetismus und hoher Bevölkerungsdichte –, um seine Botschaft zu verkünden. Die dortige Situation ermöglichte die tolerante Aufnahme seiner Ideen bei möglichst vielen Menschen. Da aber das Umfeld durch hohen Magnetismus geprägt war, kannte er sein Schicksal der Kreuzigung im voraus, denn nur so konnte er seine Botschaft in der menschlichen Matrix verankern.

Es scheint früher schon einmal die Auffassung geherrscht zu haben, daß die Entwicklung des menschlichen Bewußtseins ein einheitlicher und gradliniger Prozeß sei. Nicht alle Menschen aller Völker sind zur gleichen Zeit auf dem gleichen Entwicklungsstand, obwohl sich das Bewußtsein der Menschheit als Ganzes durchaus einheitlich entwickelt. Es gibt jedoch immer einen unbekannten Faktor, der aus dem freien Willen des Menschen entsteht. Aber kann sich die Menschheit wirklich allein auf sich gestellt, nur mit Hilfe des freien Willens und ohne jegliche göttliche Einflußnahme weiterentwickeln? Wird die Menschheit über längere Zeit hinweg in positiver Art und

Weise voranschreiten und ein höheres Kollektivbewußtsein ausbilden können? Dies läßt sich noch nicht beantworten, denn unser Zeitzyklus ist noch nicht zu Ende. Bei der kurzen Zeit aber, die wir bis dahin noch haben, deutet alles darauf hin, daß sich im Bewußtsein der Menschen ein gewaltiger Wandel vollzieht – in einem Ausmaß, das der großen kosmischen Zeitenwende entsprechen wird.

In der Entwicklung von Bewußtsein ist es notwendig, fortschreitend immer wieder mit „höheren" Ebenen bzw. Gitternetzen in Resonanz zu treten, was stets in Übereinstimmung mit den geometrischen Gesetzmäßigkeiten der Matrix-Ebenen geschieht. Dies ist normalerweise ein langsamer Entwicklungsprozeß, der sich über große Zeiträume hinweg erstreckt. Von Zeit zu Zeit aber treten plötzliche Entwicklungsschübe auf, in denen grundlegende Veränderungen nur sehr kurze Zeit benötigen. Dies ist zur Zeit der Fall. Das Bewußtsein der Allgemeinheit entwickelt sich momentan so schnell, daß die alten Prophezeiungen, nach denen nur auserwählte Individuen die Zeitenwende überleben würden, sich nicht zu bewahrheiten scheinen. Vielmehr wird jeder Mensch, der sich zum Zeitpunkt des Wandels innerhalb des Erdmagnetfeldes befindet, an der Erfahrung des Dimensionswechsels oder – mit den Worten der Bibel ausgedrückt – an der „Auferstehung" teilhaben. Dabei kann jeder wählen, auf welche Art und Weise er den Prozeß erleben will: „schlafend" oder „wach". Dies ist die tiefere Bedeutung der Botschaft, die Christus der Menschheit brachte. Zugleich gab er den Menschen auch die „Werkzeuge" für ihre bewußte, „wache" Auferstehung. Darauf wird in den folgenden Ausführungen näher eingegangen.

Der Mythos der Sünde

Vielfach besteht die Ansicht, daß alles physische Dasein auf einer niedrigen Stufe geistiger Entwicklung beginnt. Dieser niedrigen Ebene sei ein „Fall" von einer „höher" entwickelten Bewußtseinsebene vorausgegangen. Weiter heißt es, der „Fall" wäre ein Resultat von begangenen Sünden, genauer gesagt von

Verstößen gegen die moralischen Gesetze der Religion. Derartige Sünden seien auch die Ursache für das jeweilige vorherbestimmte Schicksal des Menschen – etwa ein Leben in Armut und in Rechtlosigkeit. Weiterhin wird gelehrt, daß sich alle Menschen für ihre falschen Taten vor Gott verantworten müßten. Wir bekommen außerdem gesagt, daß niemand die geistige Entwicklungsebene von Jesus erreichen kann – egal, wie sehr er sich auch anstrengen mag. Derartige Mißverständnisse, die durch Verzerrungen der authentischen Lehren entstanden sind, gibt es viele – im Folgenden eine kleine Zusammenfassung dieser verbreiteten Irrtümer:

■ Mythos 1.

Du bist in Sünde geboren und bekommst auf Erden die Gelegenheit, dich von deinen Sünden vor den Augen deines Schöpfers reinzuwaschen. So kannst du dich der Entwicklungsstufe von Christus annähern, aber du wirst sie niemals erreichen.

■ Mythos 2.

Du bist ein gefallener Engel, der mit seiner Geburt auf Erden von den hohen Tugenden abgefallen ist.

■ Mythos 3.

Du brauchst einen Vermittler, der für dich bei Gott Fürsprache hält und sich für dich einsetzt, weil du von ihm abgefallen bist.

■ Mythos 4.

Dein Leben ist für dich ein undurchschaubares Mysterium, und dein Schicksal ist vorherbestimmt in einem „Plan", den du nicht verstehen kannst.

Immer mehr Menschen durchschauen jetzt – kurz vor dem Ende dieser Zeitepoche – diese Lehren als Mythen. Daher wenden sie sich in nie dagewesener Zahl von den traditionellen Religionen ab. Obwohl die jeweiligen Gründe dafür unterschiedlich sein mögen, erkennen die meisten Menschen, daß die heutige christliche Religion nur auf Ängsten und Dogmen beruhen und dem Menschen keinerlei „Rüstzeug" vermittelt, damit er die Herausforderungen des täglichen Lebens meistern kann. Die traditionellen Glaubensrichtungen nützen dem Menschen heute sogar noch viel weniger als früher, denn gerade jetzt gilt es, nie dagewesene Herausforderungen, die die nahende Zeitenwende in Form von Ängsten, gescheiterten Partnerschaften und Gefühlszusammenbrüchen mit sich bringt, zu bewältigen. Die etablierten Religionen können die Bedürfnisse der Menschen nicht mehr erfüllen, weil sie auf der Annahme basieren, daß alle Menschen hilflos und machtlos sind und ihr Leben nicht zu steuern vermögen. Aus diesen Gründen suchen die Menschen heutzutage etwas, das ihnen hilft, das zu verwirklichen, was sie innerlich fühlen. Diese Suche führt sie zurück zu den uralten Glaubensrichtungen.

Durch die Lehren dieser alten Glaubenssysteme zieht sich ein „roter Faden" der Wahrheit. Dieser ist auch in den authentischen Lehren von Jesus Christus, nicht jedoch in den Interpretationen der Bibeltexte durch unsere heutigen Kirchen zu finden. Dieser „rote Faden" ist auch bei den Ägyptern, den Ureinwohnern Amerikas, den Buddhisten, Essenern und Urchristen sowie in den uralten Mysterienschulen die Basis ihres jeweiligen Glaubenssystems. Gemeinsam sind ihnen folgende Grundsätze:

1. Du bist ein Teil all dessen, was du siehst, und hast die Möglichkeit, mit der Schöpfung in Harmonie zu leben, anstatt sie kontrollieren und regieren zu wollen.
2. Du bist kein gefallener Engel. Du bist aus freien Stücken hier und hast dich bewußt dafür entschieden, eine gewisse Zeit auf der Erde zu leben.
3. Du bist ein sehr engagiertes und mächtiges Wesen. Du bist der Schöpfer deiner Gedanken und Gefühle sowie der daraus resultierenden Konsequenzen.
4. Du hast in dir nicht nur einen direkten Zugang zu Gott, deinem Schöpfer, sondern du bist selbst ein Funken der kreativen Intelligenz, die für deine Existenz verantwortlich ist.

Wir sind und waren schon immer unseren himmlischen „Gegenstücken" ebenbürtig. Wir selbst sind der Schöpfer unserer

Welten und somit auch ein Teil all dessen, was wir sehen und
was es je gegeben hat. Wir sind „Alpha" und „Omega", der
Anfang und das Ende. Alle Möglichkeiten sind in uns vorhanden
und warten darauf, sich durch unsere Gedanken- und Wil-
lenskraft offenbaren zu dürfen.

> Du bist immer noch so rein wie zu dem Zeitpunkt, als du aus dem
> Herzen Gottes ins Leben getreten bist. Dein strahlendes Selbst
> ist nie von deinen dunklen Erfahrungen auf Erden berührt oder
> beschmutzt worden.
>
> Alan Cohen

Mitgefühl als befreiende Emotion

Die Zeit der äußeren Tempel, Netzwerke und Führung neigt sich
ihrem Ende zu. Das Wissen, das viele Menschen durch Innen-
schau erlangen, ist bereits in jahrtausendealten Schriften enthalten. Wir erinnern uns allmählich, daß wir ein Ausdruck einer
hochentwickelten Einheit, einer „heiligen Ehe", zwischen den
Elementen der Erde und einer übergeordneten subtilen Kraft
sind. Diese subtile Kraft bezeichnen wir als „Geist". Die vielleicht erstaunlichste Erkenntnis, die bereits in den überlieferten
Schriften erwähnt wird, ist die Verbindung zwischen Gefühlen
und Gedanken und der menschlichen Physiologie.

> Es gibt drei Ebenen, auf denen der Mensch beheimatet ist. Nie-
> mand kann zu dem (Einen) gelangen, der nicht den Engel des
> Friedens in allen dreien erkannt hat. Es sind dies die Ebenen des
> Körpers, der Gedanken und der Gefühle.
>
> *Das Friedensevangelium der Essener*

Der Frieden, den wir uns für unsere Welt und unseren Körper
wünschen, ist der gleiche Frieden, der von den Essenern beschrieben wird. Mitgefühl ist definiert als eine Eigenschaft der
Gedanken, Gefühle und Emotionen, die sich in unserem All-
tagsleben manifestieren kann. Die Vitalität unseres Körpers, die
Qualität unseres Blutes und unseres Atems, unsere Beziehungen und Emotionen und sogar unsere Fortpflanzungsfähigkeit

sind davon abhängig, wie wir die Kraft des Mitgefühls in unserem Leben wirken lassen.

Je mehr wir diese Kraft annehmen, um so leichter können sich Veränderungen vollziehen. Wer dafür Beweise fordert, kann sie jetzt bekommen. Andere betrachten die neuesten Erkenntnisse über den direkten Zusammenhang zwischen Emotionen und der DNS als eine Bestätigung jenes inneren Wissens, das ihr Leben bereits seit Jahren steuert.

In den Schriften vergangener Zeitalter finden wir Hinweise über wissenschaftliche Strategien, mit deren Hilfe wir uns auf den bevorstehenden Zeitenwende vorbereiten können. Mitgefühl ist eine Qualität der Gefühle, Gedanken und Emotionen, die es dem 1,17-Volt-Kristallsystem unserer Körperzellen ermöglicht, sich auf den aus sieben Schichten bestehenden flüssigen Kristalloszillator, den wir „Herz" nennen, auszurichten. Mitgefühl ist die Folge kohärenter Gedanken, Gefühle und Emotionen. Es ist ein Programm, durch das wir unsere Lebensprozesse auf die Herzschläge der Erde abstimmen können. Mitgefühl ist die Verschmelzung von Gefühlen und Emotionen und die körperliche Manifestation unserer Gedanken!

Mitgefühl ist die Essenz unserer wahren Natur. Gelangen wir durch das Leben zu einer neuen Sicht und zu neuem Wissen von uns selbst, und gelingt es uns, all unsere Erfahrungen zu integrieren, verwandeln wir uns in Mitgefühl.

Obgleich es so unglaublich einfach ist, waren diese Geheimnisse des Lebens seit Jahrhunderten Anlaß zu heftigen Kontroversen und Auseinandersetzungen. Wir haben die Extreme erforscht, indem wir in die tiefste Dunkelheit und das strahlendste Licht vorgedrungen sind. Die alten Traditionen erinnern uns an zwei wichtige Aspekte:

- Die Ereignisse des Lebens ermöglichen uns die Erfahrung eines breiten Spektrums an Emotionen – die „guten" wie die „schlechten".
- Es gibt eine Ordnung, in die sich alle Erfahrungen eingliedern lassen. Alle Erfahrungen ergänzen sich und bauen aufeinander auf.

Der Weg zum Mitgefühl führt über die bedingungslose Annahme aller Erfahrungen als Bestandteile des Einen. Leben wir ausschließlich im „Licht" und ignorieren oder verdrängen alles andere, stehen wir uns in einer Welt der Polarität selbst im Weg! Es ist leicht, im Licht zu leben, sofern es nur Licht gibt. Wir befinden uns jedoch in einer Welt, in der das Licht in Verbindung mit seinem Gegenpol existiert.

Sind wir in die Falle geraten, in der wir einen Aspekt der Polarität gegenüber den anderen für besser halten oder glauben, ein Teil unserer Welt der Polarität sei etwas anderes als der Schöpfer?

Oft höre ich von Menschen, die sich als spirituelle Krieger bezeichnen, die den ewigen Kampf zwischen Licht und Dunkelheit ausfechten. Diese Einstellung ist ein Weg für sich. Jeder Weg hat seine Folgen. Untrennbar verknüpft mit dieser kriegerischen Perspektive ist die Bewertung – das Kennzeichen der Polarität.

Ohne Bewertungen gibt es keinen Kampf.

Wie kann es „richtig" und „falsch" in einer Erfahrungswelt geben, in der wir uns aus allen erdenklichen Perspektiven erlebt und kennengelernt haben? Durch die Einteilung in gut, schlecht, Licht und Dunkelheit wird aus der Einheit eine Polarität.

Könnte nicht auch die Dunkelheit als kraftvoller Katalysator in unserem Leben wirken? Und ist es nicht denkbar, daß wir uns mit Hilfe dieser Katalysatoren über die Polarität erheben und zu einer höheren, aus Mitgefühl erwachsenden Technologie gelangen?

Die vielleicht größte Ehre, die wir uns selbst erweisen können, ist gleichzeitig die größte Herausforderung an unsere persönliche Entwicklung: die Rückkehr zu unserer wahren Natur des Mitgefühls. Dieses Mitgefühl entdecken wir, wenn wir die Erfahrungen unseres Lebens so annehmen, wie sie sind, ohne sie zu bewerten und zu beurteilen. Durch den Zugang zu unseren Gefühlen finden wir zurück zu jenen Teilen von uns, die am meisten der Heilung bedürfen. Gefühle sind die Werkzeuge, mit deren Hilfe wir die der Intensität unserer Emotionen zugrundeliegenden Ursachen ergründen können.

In jeder Zelle unseres Körpers existiert ein „bioelektrisches" Potential, das durch die unterschiedlichen Ladungen der inner- und außerhalb der Zellmembranen befindlichen Flüssigkeiten entsteht. Unser Gehirn steuert diese Potentiale durch die Aufrechterhaltung des Säure-Basen-Gleichgewichts. (Dieses Gleichgewicht ist am pH-Wert ablesbar. Ein pH-Wert von 7 ist neutral. Ein höherer Wert bedeutet einen Basenüberschuß, ein geringerer Wert einen Säurenüberschuß.) Befinden sich unsere Gefühle und Emotionen im Einklang mit den Gaben des Lebens, können wir wahrnehmen, wie sich elektrische Ladungen von einem Bereich des Körpers in einen anderen verschieben! Die von uns in solchen Momenten erfahrenen Gefühle beruhen auf den Veränderungen des pH-Werts in unserem Gehirn und die daraus resultierende, sich über alle Zellen des Körpers erstreckende elektrische Potentialverschiebung. Die elektrische Ladung innerhalb der flüssigen Kristalle unseres Körpers nehmen wir als Emotionen wahr.

Diese Potentialveränderungen polarisieren unsere Lebenserfahrungen in positiv und negativ sowie gut und schlecht und verhindern somit eine neutrale und ausgeglichene Sichtweise. Verändert sich unser elektrisches Potential, senden wir in unsere Umwelt die Frequenzen jener Dinge aus, bei denen wir noch eine „Ladung" spüren. Dies sind unsere Bewertungen. Und genau durch diese Frequenzen ziehen wir jene Menschen, Umstände und Erfahrungen an, die uns unsere Bewertungen widerspiegeln. Diese Spiegel werden in meinem Buch *Walking Between the Worlds: The Science of Compassion* beschrieben.

Verändern wir unsere Interpretation des Lebens durch die Kraft des Mitgefühls, verschwinden allmählich diese Spiegel in unserer Außenwelt, die uns nur darauf hinweisen sollten, in welchen Bereichen wir der Heilung bedürfen. Als Wesen des Mitgefühls können wir fortan die hochentwickelte Schwingungstechnologie nutzen, die durch die subtile Kraft der Gedanken, Gefühle und Emotionen wirkt (Abb. 69).

Der Austausch mit anderen kann insbesondere in der heutigen Zeit der psychischen Feineinstellung wie ein ständiges emotionales Auf und Ab erscheinen, in dem es keinen Platz für Mitgefühl gibt. Mitgefühl kann nicht gespielt werden. Auch wenn wir unsere Emotionen unterdrücken, ändert dies nichts an den in unserem Körper ablaufenden pH-Wert-Veränderungen. Auf zellulärer Ebene erkennt unser Körper die Wahrheit. Daher erleichtert die aufrichtige Beobachtung unserer Beziehungen

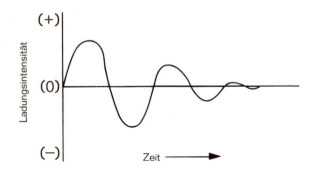

Abb. 69: Schematische Darstellung der Energie von Wertungen. Über längere Zeit hinweg löst sie sich auf. Durch Schaffung eines Energiefeldes der Neutralität wird der Zeitraum bis zu ihrer Auflösung verkürzt.

und Erfahrungen die Einsicht in unsere Tendenz, Menschen und Situationen mit Vorurteilen zu begegnen und zu bewerten.

In alten Tempelstätten wie der Königs-Kammer in Gizeh, den Türmen im südlichen Peru und den Kivas im Südwesten der USA gibt es Strukturen, in denen wir in einen Zustand neutraler Ladung gelangen können. Durch die „passive Dynamik" der Geometrie dieser Strukturen kommt es zu einer erheblichen Abschwächung der magnetischen Felder, die normalerweise wie ein Klebstoff unsere Ängste, Bewertungen, Vorurteile und unser Ego anziehen. Es kommt zu Prozessen, die mit jenen vergleichbar sind, die sich durch verschiedene mystische Techniken oder die Null-Punkt-Meditation einstellen. Somit wird ein direkter Zugang zur elektrischen Essenz des Selbst ohne störende magnetische Einflüsse ermöglicht. Es herrschen Null-Punkt-Bedingungen. Die vorgestellten Beispiele einer externen Technologie erleichtern den Zugang zur inneren Null-Punkt-Erfahrung. Obgleich sie wirksam sind, halte ich diese Werkzeuge nicht für notwendig. Jesus hat uns gezeigt, wie sich durch Mitgefühl der gleiche innere Zustand erreichen läßt.

Eine der bedeutendsten und zugleich am wenigsten verstandenen Lehren Jesu ist die mitfühlende, liebevolle Toleranz – andere so zu lieben, daß wir all ihre Erfahrungen annehmen können. Dies ist nur durch die Einsicht möglich, daß wir alle mit einzigartigen Fähigkeiten, Vorgeschichten und Ausdrucksmöglichkeiten auf die Erde kommen und uns alle den Herausforderungen des Lebens stellen müssen. In dem Maße, in dem wir die Erfahrungen anderer bewerten, verbleiben wir in der Polarität der Trennung und werden von der Ladung unserer Beurteilungen beeinflußt.

Mitgefühl kann sich durch unsere Handlungen im Alltag manifestieren. Obgleich sich Sprache, Kultur und Gesellschaft verändert haben, ist die Botschaft Jesu noch immer so gültig wie vor 2 000 Jahren. Es ist eine Botschaft der inneren Technologie. Unsere innere Wissenschaft ist die Quelle aller äußeren Errungenschaften. Die Welt, die wir wahrnehmen, ist ein Spiegel unserer inneren Prozesse. Wir kreieren unsere Erlebnisse, um uns an uns selbst zu erinnern. Das Leben und die Auferstehung Jesu eignen sich als Metapher für unser eigenes Leben. Seine Kreuzigung ist ein Modell für die Prozesse, die alle Menschen individuell und kollektiv durchlaufen. In den letzten Jahren des gegenwärtigen Zyklus wird jede Lebensform wahrnehmen können, wie die Erde von der dritten in die vierte Dimension eintritt. Daraus resultiert das Null-Punkt-Bewußtsein und die Möglichkeit der Auferstehung.

Die ewige Kraft

In der turbulenten Geschichte der Menschheit gibt es schon immer eine Konstante, die sich als subtile, aber mächtige Kraft äußert und den Prozeß des Lebens vorantreibt. Diese Kraft kennt jeder Mensch als Lebenswillen. Viele Menschen fühlen sich durch ihn zu einem Ziel „gedrängt", zu irgend etwas, für das es sich lohnt zu leben. Dieses „Etwas" stellt den Antrieb für das Bewußtsein dar, während die Trägheit des Willens weitere Erfahrungen nötig macht. In der Tiefe des Gedächtnisses der Menschheit blieb die Bedeutung dieser Kraft bewahrt – als

„göttlicher" Geistesblitz oder in Form eines Traumes. Ihre Botschaft dringt ins Bewußtsein der Menschen vor, um sie an den Sinn ihres Daseins zu erinnern. Die Suche der Menschen nach Wahrheit und Weisheit ist der Beweis für die reale Existenz dieser Kraft. Es ist eine Suche, die sich über viele Leben hinzieht und viele Leben gekostet hat. Was aber ist der Grund für eine derartige Suche nach Wissen und Wahrheit über die Grenze einer Inkarnation hinweg?

Eigentlich ist das Wissen über das Leben ohne Bedeutung, da es aus unvereinbaren Strömen von Informationen besteht, von denen die meisten für einen viel späteren Zeitpunkt gespeichert werden müssen. Dennoch ist es erst die Suche nach dieser Weisheit, die dem Leben seinen Sinn verleiht. Auf unserer persönlichen Suche nach dem Sinn des Lebens werden wir einen Punkt erreichen, an dem wir fühlen, daß sich unser Leben grundlegend verändern wird und all unsere Erfahrungen und unser Wissen aus vorangegangenen Inkarnationen ihre Anwendung finden werden. Einige Menschen nennen dieses Gefühl den „sechsten" Sinn. Sie haben ihn ihr ganzes Leben lang trainiert, um sich auf etwas Unbekanntes und Großes vorzubereiten. Dieses Gefühl ist im Laufe der Zeit auch aus den extremen Erfahrungen des Lebens gewachsen. Dies ist auch einer der Gründe, warum wir als Gruppenbewußtsein ebenfalls Grenzerfahrungen benötigen. Zudem kann nur so die Balance der Neutralität erlernt werden. Jede Lebenserfahrung wird zu einer neuen „Vergrößerungslinse", durch die das Wunder des Lebens mit all seinen Möglichkeiten genau betrachtet werden kann. Auf diese Weise wird uns offenbar, daß jedes Individuum einzigartig ist. In ihm offenbart sich jeweils ein ganz bestimmter Teil jener großen, ehrfurchtgebietenden Kraft des Universums. Wie kann diese Kraft nun näher beschrieben werden?

Es ist die Energie, die jeden Menschen nach dem Sinn des Lebens suchen läßt und ihn schließlich zu einem Punkt der „Auflösung" treibt. Es ist jene Kraft, die viele Menschen als den Willen zur Rückkehr in die Einheit beschreiben. Diese Kraft ist nichts anderes als die Lebenskraft selbst, das „Chi" oder „Prana" der östlichen metaphysischen Lehren. Es gehört zur

Natur des Lebens, daß es den Menschen zwingt, alle Teile seines Erfahrungs- und Bewußtseinsschatzes zusammenzutragen, um den Zustand der Einheit und Vollständigkeit, wie er vor allen Erfahrungen in der Polarität geherrscht hat, wiederzuerlangen. Die Bewußtseinsstrukturen, die diesen Zustand der Balance und Einheit anstreben, sind wiederum nichts anderes als unser Willen. In unserer materiellen dreidimensionalen Welt muß der Willen durch den physischen Körper verwirklicht, umgesetzt werden. Daher ist es nicht verwunderlich, daß wir Probleme haben, wenn unser Bewußtsein auf den „Null-Punkt-Zustand" der Auflösung in der Einheit zusteuert. Unsere Materie wehrt sich gegen eine solche Auflösung ihrer Form. Dies behindert die Funktion des Körpers, als Flüssigkristall-Resonator des Bewußtsein zu dienen.

Dennoch wird die Lebenskraft schließlich ihre Botschaft verwirklichen können. Diese Botschaft wird zu einer Wahrheit, die nicht nur unter bestimmten Bedingungen Gültigkeit besitzt, sondern von universaler Natur ist. Diese ewig gültige Wahrheit, die der Antrieb der kreativen Intelligenz ist, kann wie folgt zusammengefaßt werden:

Es gibt eine Kraft in uns, die unendlich und ewig ist, die nicht erschaffen wurde und die nicht zerstört werden kann. Unser Leben ist ihre Manifestation, durch die wir diese Kraft erkennen können.

Bevor du jetzt weiterliest, halte einen Moment inne und denke über die Aussage nach, die du gerade gelesen hast. Du hast dies sicherlich in ähnlicher Weise schon oft gehört. Aber denkst und fühlst du wirklich, daß dies wahr ist? Manchmal wird die Lebenserfahrung mit der Lebensessenz verwechselt. Die elektrische Struktur deiner Lebensessenz wird weiterbestehen, egal welche Erfahrungen damit verbunden sind. Durch das Geschenk des Lebens bekommst du die Gelegenheit, deine Essenz in einer jeweils neuen und einzigartigen Art und Weise auszudrücken. Mache jetzt eine kleine Pause und verinnerliche diese Aussagen. Wenn du zu dem Schluß kommst, daß du dies alles nicht glauben willst, dann frage dich bitte, warum. Was hat dich im Laufe deines Lebens gelehrt, diese universale Wahrheit nicht zu glauben?

Aus der Sicht der alten Schriften gibt es kein wirkliches Leben und keinen wirklichen Tod. Unsere gesamte Erfahrung ist nur eine Art Traum. Innerhalb dieser Erfahrung sind Leben und Tod nichts als Träume in einem Traum, die nicht voneinander zu trennen sind. Es existiert nur unser Bewußtsein, unsere unterschiedlichen Wahrnehmungen sowie was wir darüber denken.

Können wir im Rahmen der modernen Naturwissenschaften Parallelen für all diese Prozesse finden? In der westlichen Wissenschaft stellt man sich die Lebenskraft als eine Energie vor, die aus einer Reihe elektromagnetischer Impulse besteht. In der Sprache der Wissenschaft heißt es: Energie kann nicht erschaffen oder zerstört werden! Sie reagiert nur auf verschiedene Einwirkungen, indem sie ihre Form ändert.

An früherer Stelle in diesem Buch wurde beschrieben, daß die Energie der Lebenskraft die gesamte Schöpfung durchdringt, indem sie alle Grenzen von Zeit und Raum überschreitet. Die Lebenskraft ist in ihrem Wesen unendlich.

In der Physik werden die Eigenschaften der Energie in Form mathematischer Gleichungen beschrieben. Von Einstein wurde zu Beginn unseres Jahrhunderts die Masse gewissermaßen mit Energie gleichgesetzt – als physikalische Formel: $E = mc^2$ („E" bedeutet „Energie", „m" steht für „Masse" und „c^2" bedeutet die Konstante der Lichtgeschwindigkeit, die mit sich selbst multipliziert wird). Aus dieser Gleichung kann folgendes abgeleitet werden: Materie als begrenzter Bereich im Schwingungsspektrum wird durch Beschleunigung auf eine andere Ebene von Schwingungen gebracht bzw. in seiner Frequenz erhöht. Damit wird in der Sprache der Physik der gleiche zuvor beschriebene Sachverhalt ausgedrückt – zwei Sprachen, aber die gleiche Wahrheit. Die eine Sprache ist intuitiv und wird der rechten Gehirnhälfte zugeordnet, und die andere ist mehr analytisch und wird der linken Gehirnhälfte zugeordnet. Beide haben die gleiche Gültigkeit. In beiden ist die Wahrheit enthalten, daß die Entwicklung schließlich im „ewigen Leben" und im Erreichen des „Licht-Zustands" gipfelt.

Du kennst diese Wahrheit, denn sie ist schon immer in dir. Du weißt intuitiv, daß deine Essenz nicht erschaffen oder zerstört werden kann. Du mußt dies einfach wissen, denn sonst wäre es dir nicht gelungen, durch die Schöpfungs-Matrix zu gelangen und deine Essenz zur kristallinen Form deines Körpers zu verdichten.

Niemand kann euch etwas anderes offenbaren als das, was schon untergründig in eurem Bewußtsein dämmert. Die Vision eines Menschen verleiht einem anderen Menschen keine Flügel. So wie Gott jeden einzelnen von euch kennt, so muß jeder von euch für sich allein Gott erkennen und die Mysterien der Erde entschlüsseln.

Der Prophet, Khalil Gibran

Du mußt deine Erfahrungen, dein gesamtes Leben in Einklang mit dieser Wahrheit bringen. Du mußt dich und alle deine Möglichkeiten vollständig erkennen, damit du dich ganz und gar an dich selbst verschenken kannst. Deine ganze Freude, dein Schmerz, dein Zorn, deine Eifersucht und deine Wertungen sind wertvolle Gefühle, die dir helfen, dich zu erkennen. Dank dieser Erfahrungen kannst du die Grenzen deiner Scheinpersönlichkeit durchbrechen, um deine wahre Identität zu finden. Mit dieser Erkenntnis öffnen sich dir ungeahnte Möglichkeiten, und extreme Erfahrungen helfen dir, deine „Mitte" zu finden.

Auch wenn du es im Alltag nicht spürst, deine unzerstörbare Seele verleiht dir jeden Morgen den Schwung aufzustehen, um das Leben weiterzuleben. Tief im Unterbewußtsein kennst du dein ewiges Wesen, das in Form verschlüsselter Lichtstrukturen in jeder Zelle deines Körpers wohnt. Das ewige Leben basiert auf einer ewigen Wahrheit, auf dem „Absoluten", das in jedem Teil der Schöpfungs-Matrix enthalten ist. Die Strukturen der Wahrheit sind in sich vollkommen und drücken sich in jeder Zelle deines Wesens aus. Gleichzeitig sind diese individuellen Strukturen Teil eines viel größeren Ganzen, sie sind Teil des universellen kosmischen Gesetzes.

Die Lebenskraft ist in ihrer Existenz ewig, holographisch und wiederkehrend. Die Unzerstörbarkeit von Bewußtsein ist das Gesetz der Schöpfung. Man kann die Wahrheit nicht „rückgängig" machen.

Dies ist die Botschaft der uralten Schriften – die Basis aller Religionen, heiligen Orden, Sekten und Mysterienschulen. Dein Selbst, deine Essenz, ist etwas Ewiges und befindet sich jenseits von Angst, Wertung, Ego und allen anderen „Störfrequenzen" dieses Erdenlebens. Die Welt, die du dir selbst geschaffen hast – mit all deinen Freunden, deiner Karriere und deinem gesamten sonstigen Umfeld –, ist das Resultat deiner Gedanken und Gefühle. Sie besteht aus Energiestrukturen, die du erzeugt hast, damit sie dir helfen, dich selbst von vielen verschiedenen Standpunkten aus erkennen zu können. Alles dient nur der Umwandlung deines Wesens und letztlich der Verwandlung der gesamten Erde in „feinere", „höher" schwingende Strukturen. Aus den Prophezeiungen erfährst du, daß du den bevorstehenden großen Wandel nicht nur überleben wirst, sondern daß der gesamte Prozeß nur deinetwegen geschieht – damit du neue kreative Schwingungen als Ausdruck deines Lebens kennenlernen und übernehmen kannst.

Jesus erinnert uns mit folgenden Worten an unsere große Gelegenheit: „Ich bin die Auferstehung und das Leben. Wer an mich glaubt, wird leben, selbst wenn er stirbt. Wer an mich glaubt, wird niemals sterben." Die Zeitenwende bedeutet Auferstehung und neues Leben, die einer neuen Weisheit entspringen. Unsere Aufgabe ist lediglich, sie Wirklichkeit werden zu lassen!

■ ZUSAMMENFASSUNG

Das Geschenk von Jesus Christus an die Erde war sein Leben und nicht sein Tod. Jesus ist nicht gestorben, er ist auferstanden. Eine Auferstehung aber ist kein Tod, sondern die Botschaft des Lebens.

Die Wissenschaft des 20. Jahrhunderts hat bewiesen, daß Energie nicht zerstört werden kann. Nur ihre Erscheinungsform ändert sich. Darin liegt die tiefere Botschaft, die Jesus der Erde vor 2 000 Jahren gebracht hat – die bestehenden „niedrigeren" Energien sollen in die „hohen" Schwingungen der Liebe, der „Christus-Energie" verwandelt werden.

Die Erde wird in wenigen Jahren zum Ende dieses Zeitzyklus ihre Form verändern, und du hast die Gelegenheit, die Erde dabei zu begleiten. Was auch geschieht, denke daran, daß du unzerstörbar bist, denn deine Essenz ist pure Lebenskraft, ist reine Energie, die nicht zerstört werden kann. Nur die Art und Weise, in der sich Energie manifestiert, kann sich verändern. Diese Veränderung ist eine Erhöhung deiner Schwingungen und eine Erweiterung deines Schwingungsspektrums.

Dein Leben ist das Werkzeug, mit dem du Schwingungen verändern kannst. Du strebst danach, ein harmonisches, ausbalanciertes Wesen zu werden. Du bleibst bei all deinen Erfahrungen „neutral" und bewertest sie nicht als „gut" oder „schlecht", „richtig" oder „falsch". Diese Form von „Neutralität" äußert sich in wahrem Mitgefühl, Toleranz und bedingungsloser Liebe.

In dem Maße, wie du deine Erfahrungen als Sünden bewertest und sie als etwas von dir Getrenntes ansiehst, wirst du selbst der Polarität von Trennung und Wertung unterliegen.

VI. Kapitel

Die Illusion des Getrenntseins
Die holographische Botschaft der Wahrheit

Ich habe jetzt die Bedingungen gefunden, unter denen dein Herzenswunsch zur Realität deines Wesens werden kann. Bleibe hier, bis du eine Kraft in dir findest, die durch nichts zerstört werden kann.

Begegnungen mit bemerkenswerten Menschen,
Georg Gurdjieff

Es ist Juni 1994. In den Hochanden Perus beginnt die Trockenzeit. Heute ist der zweite Tag eines viertägigen Marsches. Ich will gemeinsam mit einer Gruppe von 22 Personen eine Strecke von rund 43 Kilometern bewältigen, wobei drei Berge von jeweils etwa 4 000 Metern Höhe überwunden werden müssen. Nach jedem dieser Aufstiege geht es wieder rund 1 200 Meter in den dichten grünen Wald hinab, von wo aus wir den nächsten Bergpaß erklimmen. Die bisherigen Abende waren sehr kalt gewesen, und daher möchte ich die Teilnehmer bis zum Abend ins Camp führen, damit sie warme und trockene Kleidung bekommen, noch bevor die Temperaturen ihren Tiefstand erreichen. Gerade hatten wir erfahren, daß vor einem Jahr zwei Träger nachts unter gleichen Bedingungen erfroren waren. Nasse Kleidung und Temperaturen unter null Grad sind die „idealen" Voraussetzungen zum Erfrieren, da der Körper mehr Wärme verliert, als er erzeugen kann. Obwohl wir uns fünf Tage lang akklimatisiert hatten, sind einige der Wanderer durch Krankheit und Höhenluft geschwächt. In zwei Gruppen aufgeteilt, marschieren wir einige Kilometer voneinander entfernt – angeführt jeweils von gut vorbereiteten peruanischen Führern und Trägern – zu unserem Camp, wo wir mit warmen Zelten, heißem Essen und Tee erwartet werden.

Am Morgen war ich mit der ersten Gruppe aufgebrochen und mit ihr bis zum mittäglichen Rastplatz gewandert. Von dort war ich dann der zweiten Gruppe entgegengegangen, um zu sehen, ob alle das Tempo mithalten konnten. Ich war beruhigt, als ich sie wohlbehalten gemeinsam mit den Führern und einem peruanischen Schamanen, der sich unserem Treck angeschlossen hatte, antraf. Ich verließ daraufhin die zweite Gruppe und versuchte, die anderen Teilnehmer wieder einzuholen. Auf einem steilen felsigen Weg kurz unterhalb der Paßhöhe hielt ich inne, blickte zurück und wurde der großen Stille um mich herum gewahr. Mir wurde bewußt, daß ich seit unserem Aufbruch vor sechs Tagen in Miami zum ersten Mal ganz allein war.

Obwohl es noch ein paar Stunden bis zur Dunkelheit waren, verschwand die Sonne bereits hinter den hohen Berggipfeln auf der anderen Seite des Tales. Bald würden die Gruppen im Schatten weiterwandern müssen. Direkt unter mir war ein Gletschersee, den ich zuvor nicht bemerkt hatte. Er war klar wie ein Kristallspiegel und vervielfältigte das grandiose Bergpanorama um mich herum noch einmal. Prachtvoll leuchteten die Farben der Natur vom tiefen Smaragdgrün des Dschungels und dem klaren Blau des Himmels bis zum grellen Weiß der schneebedeckten Gipfel. Ein Foto von derartiger Leuchtkraft hätte ich für künstlich nachcoloriert gehalten. Sanft wehte mir eine leichte Brise ins Gesicht, was im Vergleich zu den heulenden Winden, die vor Sonnenaufgang durch die Täler gefegt waren, eine Wohltat war. Ich war dankbar dafür, diese rauhe Schönheit erleben zu dürfen. Langsam ging ich das letzte kurze Stück bis zum Sattel des Passes hinauf. Als ich die höchste Stelle des Weges erreicht hatte, setzte ich mich auf einen Felsen und sog die Luft – eine der saubersten der ganzen Welt – tief in mich hinein...

Plötzlich werde ich völlig unerwartet von starken Gefühlen geschüttelt. Wie Wellen durchlaufen sie meinen Körper, und pulsierend strömen sie aus meiner Brust. Immer stärker werden die Gefühlswellen und das Pulsieren. Tränen treten mir in die

Augen, und ich beginne, hemmungslos zu weinen. Meine tiefe Bewunderung der reinen Schönheit der Natur entlädt sich jetzt in langen tiefen Seufzern. Während ich weine und seufze, fühle ich plötzlich eine weitere Veränderung in meinem Körper: ein Gefühl großer Herzenswärme und Hingabe breitet sich aus.

Da ist es wieder, jenes Gefühl, das ich erstmals vor sieben Jahren auf dem Moses-Berg im Sinai erlebt habe. Obwohl ich diese besondere Empfindung seitdem schon mehrmals willentlich erzeugen konnte, bin ich jetzt völlig überrascht, sie spontan zu erleben – zum zweiten Mal in meinem Leben.

Einer der Gründe für diesen Viertagesmarsch als Teil einer „heiligen Reise" durch Peru liegt in der damit verbundenen körperlichen Anstrengung. Sie soll bewußt derart groß sein, damit niemand mehr genügend Energie zur Aufrechterhaltung seiner Neurosen und Psychosen hat. So kann er wieder Zugang zu seinen verdrängten Gefühlen erhalten. Im dadurch möglichen direkten und „ungeschützten" Kontakt mit der Natur sollen die Teilnehmer leichter zu sich selbst finden können. Jetzt geschieht genau dies – völlig unbeabsichtigt – auch mit mir. Ich werde vom Führer zum bloßen Teilnehmer dieser heiligen Reise.

Während das Gefühl durch meinen Körper strömt – ganz so wie damals auf dem Moses-Berg –, schließe ich die Augen. Ich beginne, der Resonanz mit jener kreativen Kraft, die seit meiner Nahtoderfahrung als Kind immer für mich da war, nachzugeben. In den Tagen vor der Peru-Reise hatten mich Fragen über den Sinn des Lebens und Zusammenlebens auf Erden beschäftigt. Jetzt, im Kontakt mit der göttlichen Kraft, beginne ich zu fragen:

„Vater, ich bitte um die Weisheit, die Beziehung zwischen Licht und Finsternis verstehen zu können. Bitte hilf mir, die Rolle dieser beiden Kräfte in meinem Leben verstehen zu können, so daß ich Hindernisse auflösen kann."

Sofort wird der Wind stärker. Die Tränen in meinem Gesicht trocknen, und als ich mir die Salzkörnchen aus den Augen reibe, höre ich eine mittlerweile schon bekannte Stimme – weder männlich noch weiblich tönt sie aus dem Nichts und stellt mir eine Gegenfrage:

„Glaubst du an mich? Glaubst du, daß ich die Quelle allen Seins und all deiner Erfahrungen bin?"

Ich muß nicht lange nachdenken, um eine Antwort zu finden, denn ich habe schon oft in meinen Meditationen eine Bestätigung dafür bekommen, daß es nur eine einzige Quelle der Schöpfung gibt. In Form eines Tons, einer „stehenden" Welle, ermöglicht sie das Hologramm der Schöpfung. Sofort antworte ich daher in Gedanken mit „ja". Die Stimme aber fragt weiter:

„Wenn du wirklich an mich glaubst und wenn du wirklich glaubst, daß ich die Ursache der ganzen Schöpfung bin, wie kannst du dann gleichzeitig glauben, daß es außer mir noch etwas anderes gibt?"

Bei diesen Worten spüre ich plötzlich eine große Erleichterung in mir. Obwohl ein Teil von mir diese Wahrheit schon immer gewußt hat, spüre ich sie jetzt erstmals tief in mir, in meinem ganzen Körper. In meiner spirituellen „Lehrzeit" hatte ich erfahren, daß die Finsternis eine eigenständige Kraft ist, die als Gegensatz zu allem Guten existiert. In diesem Moment aber wird mir klar, was die Finsternis tatsächlich ist: Es ist ein Aspekt der ursächlichen Schöpfungskraft.

Wir benötigen die Finsternis, um durch die Polarität, die sie erzeugt, unsere Persönlichkeit in allen ihren Aspekten erkennen zu können. Das Gute und das Böse sind aber eigentlich keine eigenständigen Kräfte, die einander bekämpfen. Sie sind nur wie die zwei Seiten einer Medaille. Dies ist ein subtiler, aber großer Unterschied zu meiner vorherigen Auffassung.

Wir halten die Illusion der Trennung von Gut und Böse in dem Maße für wahr, wie wir selbst dem Drang nachgeben, etwas als gut oder böse zu bewerten. Das Leben als holographischer Spiegel unserer Gedanken stellt nämlich sicher, daß wir genau jene Erfahrungen machen, die unserem Denken und Bewußtsein entsprechen. Im Getrenntsein des dualen Denkens aber werden wir nie den Zustand der Einheit erreichen. Was würde geschehen, wenn wir lernen, die Ereignisse des Lebens einfach nur als neue Erfahrungen ohne jede Wertung anzunehmen?

Mein spirituelles Erlebnis in 4 200 Metern Höhe auf dem peruanischen Andengipfel währte nur 15 Minuten lang – weniger als ich für eine Pausenmahlzeit benötigt hätte. Die geistige Nahrung aber hat meine Auffassung von Gut und Böse für immer verändert.

Wissen: der erste Schritt zur Heilung

Viele Menschen wagen den ersten Schritt zu wirklicher Heilung erst dann, wenn es ihnen gelingt, ihre Gefühle in Worte zu fassen. Nur in Worten können wir die aus unseren Erfahrungen gewonnenen grundlegenden Wahrheiten reflektieren. Denke bitte jetzt einmal über folgendes nach:

Du bist ein Kind deines Schöpfers – egal, was oder wen du als die erste Ursache allen Seins ansiehst. Du bist ein holographisches Bild deines Schöpfers, das in die Matrix der Schöpfung projiziert wurde und einen schrittweisen Verdichtungsprozeß durchlaufen hat. Dadurch wurdest du zu der Realität, die du als materielles Sein wahrnimmst. Aufgrund der Dichte des „schweren Lichtes", der Gravitation und der Polarität des Magnetismus glaubst du, der Dualität und dem Gefühl des Getrenntseins unterliegen zu müssen. In Wahrheit aber bleibst du stets ein Teil des Ganzen, das nur durch die Projektion deiner eigenen Gedanken bruchstückhaft erscheint.

Dein Wesen ist Teil jenes unendlichen Geistes, der die Bewußtseins-Matrix, die allen Aspekten der Schöpfung zugrunde liegt, erzeugt. Es ist genau diese Intelligenz, die es dir überhaupt ermöglicht, zu existieren und dein Bewußtsein durch einen physischen Körper auszudrücken. Du bist ein sehr hochentwickeltes, starkes Wesen, das sich selbst nur durch die eigenen Projektionen begrenzt. Dies sind die Grenzen, mit denen du für dich definierst, was möglich ist und was nicht, was existiert und was nicht, was du kannst und was nicht.

Du warst noch nie wirklich von deinem Ursprung, dem Schöpfer, getrennt – auch wenn es dir so erscheinen mag. Es gab noch nie irgendwelche Schleier, die dir den Zugang zu dem alten Wissen der Mysterienschulen, über das du schon viel gelesen hast, versperrt hätten. Du fühlst dich allein, weil dein Weg so lang und schmerzhaft war. Die ersehnte Heilung findest du, wenn du lernst, deine Erfahrungen nicht dauernd zu bewerten.

Deine Lebenserfahrungen machst du nur, weil du dich selbst dafür entschieden hast. Du bist auf die Erde gekommen, um deine zuvor gesetzten Ziele zu verwirklichen. Der Prozeß, der dich zu diesem Ziel führt, ist fast zu Ende. Dieser Weg in dein eigentliches Zuhause ist die Rückkehr zum Null-Punkt. Die nächsten Tage und Monate können die größten Herausforderungen deines Lebens mit sich bringen. Die Zellen deines Körpers versuchen zur Zeit, sich an die neuen Frequenzen anzupassen, die am Ende dieses Prozesses das Sein bestimmen werden. Die gesamte Erde befindet sich in dieser Anpassungsphase auf dem Weg zum Null-Punkt.

Alle Situationen und Umstände in deinem Leben sind das Resultat jener mächtigen Energie, die du selbst für deine Heilung ausgesandt hast. Versuche einmal, Zorn, Schmerz und Frustrationen unter diesem Gesichtspunkt zu sehen. So wirst du erkennen, daß sie nur ein Ausdruck deiner eigenen Ängste sind. Versuche einfach, die Erfahrungsmöglichkeiten, die sich dir bieten, anzunehmen. Du bist in Wahrheit viel stärker als sie, denn alle Ängste sind nur ein kleiner Teil deines Wesens. Als Ganzes bist du viel umfassender: Du bist ein Ausdruck der göttlichen Schwingungen der Liebe, ein „Herz-Gedanke", der durch den großen Geist der Schöpfung nach außen projiziert wurde. Diese Schwingungen sind nicht den Grenzen der Dimensionen unterworfen. Sie wissen nichts von Polarität, Dualität, Angst und Ego. Dein Wissen, daß du nicht selbst Schmerz, Zorn und Angst bist, ist dein wichtigstes Hilfsmittel im Leben. Diese Gefühle stammen aus disharmonischen Schwingungen, die in deinen Zellen bzw. im Resonanzfeld deines projizierten Körpers gespeichert sind. Sie werden aber zu deinen Verbündeten, denn sie helfen dir, deine Unausgewogenheiten zu erkennen und zu begreifen.

Die Schwingungen von Liebe, Mitgefühl und Toleranz sowie die Kraft des Vergebens dienen der Auflösung deiner Ängste. So erhältst du die Möglichkeit zur Heilung. Was bleibt, wenn du deine Erfahrungen nicht mehr als gut oder schlecht bewertest und lernst, deine Ängste aufzulösen? Läßt du all diese Verzerrungen wirklich los, bleibt nur eines: die Liebe. Liebe muß nicht extra erzeugt werden, sie allein existiert immer und ewig.

Jeder Mensch ist in seinem Wesen vollständig und vollkommen, und doch ist er zugleich nur ein Teil des großen Ganzen. Wir leben – bewußt oder unbewußt – in einem holographischen Universum, und alle unsere Erfahrungen dienen der Entwicklung eines Gruppenbewußtseins. Dieses erlebt zur Zeit eine rasante Beschleunigung hin zu Frequenz- und Bewußtseinsbereichen, die an der Schwelle einer neuen Weisheit und eines neuen Seins liegen. Alles, was ein einzelner Mensch in dieser Richtung lernt, nutzt daher bis zu einem bestimmten Grad auch dem Ganzen. Sobald wir das Böse und die Angst neu definieren können, werden wir fähig, nach den Lehren der alten aufgestiegenen Meister zu leben. Schon einzelne Menschen können der Samen für eine neue kollektive Resonanz im holographischen Universum sein. In dem Maße, wie wir beginnen, in der „Christus-Energie" zu schwingen und zu leben, können wir einander das größtmögliche Geschenk bereiten – ein Geschenk, das uns zur kollektiven Resonanz mit der Einheit und der Vollkommenheit führt.

■ ZUSAMMENFASSUNG

- Die verbreitete Auffassung, daß das Gute und das Böse zwei eigenständige Kräfte seien, erzeugt im Menschen erst das Gefühl des Getrenntseins.
- Die Erkenntnis, daß gut und böse nur zwei Aspekte einer einzigen Energie sind, dient als Brücke zur Heilung dieses Getrenntseins.
- Wenn wir wirklich glauben, daß die gesamte Schöpfung nur einen Ursprung hat, wie können wir gleichzeitig glauben, daß es etwas gibt, das einen anderen Ursprung hat?

VII. Kapitel

ERWACHEN AM NULL-PUNKT
Die zentralen Thesen und Fakten zum Wandel

 Zum Schluß wirst du über die Lehren der äußeren Meister hinauswachsen. Je mehr du dich selbst kennst, desto weniger Lehren brauchst du. Der Irrtum eines „Weges" liegt darin, daß es überhaupt keinen Weg gibt; es gibt nur deine Erfahrung.

Gregg Braden

Um mich ganz klar auszudrücken: Ich mache keinen Unterschied zwischen einer außergewöhnlichen „spirituellen" Handlung und dem „alltäglichen" Leben. In Wahrheit bist du an sich schon ein spirituelles Wesen, das sich momentan durch einen materiellen Körper ausdrückt. Schließlich ist jede tägliche Handlung ein Ausdruck von Geist, egal welche Wertung sie erfährt oder wieviel Freude oder Schmerz sie anderen Menschen bringt.

Viele Menschen fühlen sich aber „sicherer", wenn sie zwischen spirituellen und weltlichen Handlungen unterscheiden können. Diese Unterscheidung ruft jedoch die Illusion des Getrenntseins und das Leiden daran erst hervor. Bitte beachte dies auch in der folgenden Zusammenfassung:

- Erde und Menschheit nähern sich dem Ende eines Zeitzyklus, der vor zirka 200 000 Jahren begann.
- Die Stärke des Magnetfeldes unseres Planeten nimmt rapide ab, vermutlich weil sich die Erdrotation – zumindest die Rotation der Kernschichten – verringert. Dieser Prozeß setzt sich fort, bis der Magnetismus gänzlich zusammenbricht. Dadurch wird eine kollektive „Null-Punkt-Erfahrung" ermöglicht.

- Gleichzeitig steigt die Erdresonanzfrequenz (der „Herzschlag der Erde") an. Von zirka 7,8 Hz erhöhte sie sich bisher auf über 8,5 Hz und wird voraussichtlich 13 Hz erreichen. Dies bedeutet für den Menschen eine völlig neue Erfahrungswelt, denn im Bereich seiner Gehirnwellen wird ein neues Frequenzspektrum dominant, was zum Sprung in eine andere Bewußtseinsdimension führt.

- Jede Zelle unseres Körpers strebt danach, in Resonanz mit den neuen Schwingungen zu treten. Die schnelleren Schwingungen und das schwächer werdende Erdmagnetfeld bilden gemeinsam die Voraussetzung dafür, verdrängte, im Körper gespeicherte Emotionen aufarbeiten zu können.

- Diese geophysikalischen Voraussetzungen wurden früher künstlich in den alten Einweihungstempeln geschaffen, und die uralten Mysterienschulen haben schon vor langer Zeit eine darauf aufbauende Methode zur Heilung der Seele entwickelt. Die aus diesem Wissen entstandenen Lehren bilden – allerdings in einer verzerrten und verkürzten Form – die Basis vieler Religionen.

- Gut und Böse sind nichts weiter als verschiedene Manifestationen ein und derselben Kraft. Die durch sie hervorgerufenen polaren Erfahrungen dienen uns als „Brücke" zu unserem Heilungsprozeß. Gefühle der Angst und des Getrenntseins erfüllten bisher einen bestimmten Zweck in unserem Leben, jetzt aber, in der Zeit des Wandels, behindern sie uns nur noch.

- Der Universale Christus Jesus von Nazareth und andere hohe spirituelle Meister haben in der jeweiligen Sprache ihrer Zeit mehrere Methoden zur Heilwerdung vermittelt, die heute noch ihre Gültigkeit besitzen.

- Die Energiefrequenz, die durch Neutratlität bzw. Nicht-Wertung, Toleranz und Mitgefühl gefördert wird, ist die der Liebe. Ihre Schwingungen sind unabhängig von Dimensionen und den Grenzen der dreidimensionalen Raum-Zeit. Wenn die Angststrukturen aufgelöst sind, bleibt nichts als Liebe, denn sie muß nicht erzeugt werden – Liebe ist ewig.

Richtlinien für das Leben im Hologramm

Die Schöpfungs-Matrix deiner Erfahrungen wird von dir selbst erzeugt. Alle deine Erfahrungen sind Reflexionen der von dir zuvor projizierten Strukturen. Mit diesem Wissen solltest du dir auch deiner Verantwortung für das Sein bewußt werden.

Im Folgenden möchte ich dir einige Richtlinien anbieten, die die Essenz meiner Lebenserfahrung verkörpern. Heute weiß ich, daß man einfach ganz bewußt leben und ein festes Ziel vor Augen haben muß. Dein Leben wird mehr und mehr zum Ausdruck dieses Ziels werden. Du wirst dann auch sofort erkennen, welcher Schritt, welche Entscheidung in deinem Leben dich ihm näherbringt. In der Rückschau auf dein bisheriges Leben wirst du selbst feststellen können, ob du mit dem zufrieden bist, was du alles getan hast, inwieweit du dein Ziel erreicht und deine Absicht verwirklicht hast. Im Sinne des holographischen Charakters jeder Lebenserfahrung wie des gesamten Seins hoffe ich, daß dir die anschließenden Richtlinien helfen können:

1. *Du mußt selbst erst zu dem werden, was du im Leben bekommen möchtest.*
   - Die Gesetze innerhalb der Matrizen sorgen stets dafür, daß deine Erfahrungen immer genau die gleichen Strukturen besitzen wie die von dir ausgestrahlten Schwingungen. Daher wirst du das erleben, was du ausstrahlst.

2. *Du wirst immer das erleben, womit du dich am meisten identifizierst.*
   - Deine Realität besteht immer aus jenen Schwingungen, mit denen du in Resonanz stehst. Zur gleichen Zeit und am gleichen Ort gibt es aber noch andere Welten. Vielleicht kannst du sie manchmal erahnen. Eine Wahrnehmung daraus zu erhaschen ist aber nur möglich, wenn du völlig mit ihr in Resonanz treten kannst.

3. *Laß dich nicht von dem begrenzen, was du gelernt hast.*
   - Wenn du nur innerhalb der Schranken deines angelernten Wissens lebst, schränkst du deine Erfahrungsbereiche

ein. Dein bisheriges Wissen sollte immer wieder zum Ausgangspunkt für eine Suche nach neuen vollständigeren Wahrheiten werden.

4. *In dem Maße, wie du den logischen Verstand dem „Denken des Herzens" unterordnest, wirst du von der Illusion des Getrenntseins geheilt.*
   - Wenn du die Ereignisse deines Lebens ganz ohne Wertung betrachten kannst, wird es dir gelingen, das Gefühl des Getrenntseins und der Dualität aufzulösen. Im Herzen gibt es keine Polarität.

5. *Das großartigste Geschenk, das du einem Menschen anbieten kannst, bist du selbst in deiner Vollkommenheit und Wahrheit.*
   - Indem du nach der höchsten Wahrheit lebst, projizierst du diese Wahrheit in das ganze Universum. In ihr existieren alle Kräfte, mit deren Hilfe du dich vervollkommnen kannst – einfach nur durch Sein.

Was wäre, wenn die Zeitenwende nicht kommt?

Das ist sehr unwahrscheinlich, denn die Zeichen für die Zeitenwende sind bereits deutlich sichtbar. Du wirst nicht erleben, daß darüber in Fernseh- und Radionachrichten oder in Tageszeitungen berichtet wird. Es wird wohl sogar Menschen geben, die auch nach dem Wandel nicht erkennen werden, daß sich eine wirkliche Zeitenwende vollzogen hat. Wenn du der Meinung bist, daß der Inhalt dieses Buches nicht der Wahrheit entspricht, dann bewahre es bitte dennoch auf – eines Tages wirst du vielleicht sehen, daß diese Informationen doch zutreffen, und dann könnten die hier vermittelten Informationen dir nützlich sein.

Was aber ist, wenn aus irgendeinem Grund doch alles anders kommt, als hier beschrieben wurde? Überlege dir bitte, ob nicht in jedem Fall die obigen Richtlinien eine gute Philosophie für dein Leben sein könnten.

Hinweise zur Wahrnehmung des Wandels

■ Das bewußte Erkennen der Zeitenwende

Wird die Zeitenwende wirklich eintreten? Dies werden sich viele Leser fragen und den Wahrheitsgehalt dieses Buches daran messen, ob das Beschriebene mit den Theorien anderer Menschen übereinstimmt. Ich bitte dich, laß dich nicht von deinem bisherigen Wissen begrenzen. Wissen ist immer relativ und sollte als Grundlage dafür dienen, sich eine viel umfassendere Wahrheit zu erschließen. Es ist immer besser, auf vorhandenem Wissen aufzubauen und bereit zu sein, etwas Neues zu lernen. Bei jeder Erweiterung deines Wissens wirst du feststellen, daß immer alles auf dich zurückkommt, denn du bist ein Spiegel aller Prozesse, aller Möglichkeiten und aller Kombinationen der Schöpfung.

Die Ereignisse der Zeitenwende, die sich jetzt entfalten, werden wahrscheinlich nicht von allen Menschen erkannt und erlangen wohl nie öffentliche Anerkennung, denn die Erfahrung des einzelnen ist immer auf jenes Frequenzspektrum begrenzt, das er wahrnehmen kann. Du kannst dich aber durchaus in deiner persönlichen Wahrnehmung schon jetzt auf die „Töne" des großen Wandels einstimmen – auch wenn andere Menschen überhaupt nichts bemerken. In diesem Buch hast du erfahren, daß es eine durch wissenschaftliche Erkenntnisse bestätigte Verbindung gibt zwischen den Feldern der Erde und den menschlichen Feldern des Gehirns, des Herzens und des Immunsystems. Der Prozeß des Lebens wirkt in allem, so auch der bevorstehende Wandel. Du kannst diese Zusammenhänge jetzt bewußt nutzen!

■ Das Erkennen durch die Weisheit des Körpers

Während der Lektüre dieses Buches hast du gleichzeitig auch viele Informationen aus anderen Ebenen als der des gedruckten Wortes aufgenommen. Zwischen den Worten des Textes und den Feldern deines Bewußtseins entstehen nämlich Wechselwirkungen, wodurch Gedankenprozesse aktiviert werden. Diese Resonanzen haben dich auf eine etwas andere Bewußtseinsebene gehoben, auf der du feststellen kannst, daß die wirklichen

Informationen eigentlich aus dir selbst heraus entstehen und nicht von außen, vom Text aus in dein Bewußtsein treten. Du selbst wirst zur Information.

Meiner Meinung nach ist es aber dennoch nicht wichtig, woher eine Information kommt, sondern wie sie sich anfühlt! Wie reagiert dein Körper auf den Einfluß der Gedankenstrukturen, die aus den Wörtern dieses Buches entstehen?

Dein ganzes Leben mußtest du vor allem aus Vergleichen lernen: Du hast Informationen gesammelt und deren Gültigkeit durch einen Vergleich mit anderen Informationen geprüft. Vielleicht hast du einen Fachmann befragt oder irgendwelche Statistiken gewälzt, um herauszufinden, ob eine bestimmte Information wahr ist. Mit dieser Methode bist du bisher gut zurechtgekommen, und ich empfehle dir, auch weiterhin alles zu hinterfragen. Es gibt aber noch eine andere Form des Lernens: die „Resonanz der Wahrheit", das „Lernen vom Herzen".

Solltest du noch keine Erfahrungen damit haben, so wirst du bald mit einer Situation konfrontiert werden, in der es für dich keine Vergleichsmöglichkeiten mehr gibt. Diese Erfahrung wirst du ganz allein machen. Und obwohl du vielleicht von Menschen umgeben sein wirst, wird es niemanden geben, an den du dich wenden kannst. Entweder werden dich die anderen Menschen nicht verstehen, oder sie werden dir keinen Rat geben können. Du wirst ganz auf dich allein gestellt sein.

Diese Erfahrung wird dich dann – ebenso wie es dieses Buch beabsichtigt – daran erinnern, daß in dir schon alles verborgen ist, was du je benötigen wirst. Du hast schon alles Wissen, alle Hilfsmittel und jede Führung, die du je benötigen wirst. Versuche, deinen Geist über das Alltagsbewußtsein und über die dichten Erdenkräfte hinaus zu jenem Ort zu erheben, an dem dein perfektes Schöpfungsbild gespeichert ist. Auf dieser Ebene wirst du immer deine Wahrheit finden.

Dein Körper bzw. das Bewußtsein deiner Zellen kennt diese Sphäre ganz genau. Jedes Mal, wenn du dich in das Energiefeld irgendeiner Information begibst, weiß dein Körper, in welcher Beziehung du zu dieser Energie stehst. Dabei ist es egal, ob die Information z.B. ein gesprochenes Wort oder eine

Farbe ist. Sie kann auch ein Film sein oder dich in Form von Musik erreichen – stets werden die subtilen energetischen Sensoren deines Körpers verläßlich darauf reagieren, so daß du die Information analysieren und bewerten kannst. Die Empfindungen deines Körpers sind dein ganz persönlicher Schlüssel zur Wahrheit. Dies versteht man unter der „Wahrheit des Körpers".

Wie du die Wahrheit deines Körpers wahrnimmst, ist individuell sehr verschieden, aber bleibt bei einem Menschen stets gleich. Wenn du daher einmal gelernt hast, die Signale deiner Körperwahrheit zu erkennen, zu verstehen und zu deuten, kannst du dich immer an ihnen orientieren. Vielleicht wirst du sogar entdecken, daß du dies unbewußt schon immer getan hast. Treten bestimmte Körperempfindungen im Zusammenhang mit einer Situation oder Information auf, können sie wie ein Leuchtsignal zum Ansteuern deiner Wahrheit genutzt werden. Derartige physische Reaktionen können unter anderem sein:

- Schwitzen an ungewöhnlichen, begrenzten Körperstellen
- plötzlich und für kurze Zeit auftretende erhöhte Körpertemperatur
- Klingeln oder Pfeifen in den Ohren
- kurzzeitig erhöhter Pulsschlag, ohne daß man sich angestrengt hat
- plötzlich auftretende flache Atmung
- Kitzeln im Gesicht oder an Händen und Füßen
- Gänsehaut

Für einige Menschen wird Wahrheit durch das Schwitzen auf den Augenbrauen, an den Händen oder auf der Brust signalisiert. Dieser Schweiß ist etwas anderes als Transpiration nach körperlichen Anstrengungen. Tatsächlich enthält er auch weniger Salz.

Manche Menschen bekommen eine Gänsehaut, die Sekunden andauert. Sie ist ein Zeichen hoher Resonanz zwischen diesem Menschen und dem Energiefeld, in das er gerade eingetaucht ist.

Klingelnde Ohren, ein kitzelndes Gefühl im Gesicht oder an Händen und Füßen kann ebenfalls auf eine positive Übereinstimmung mit Energiefeldern hinweisen, in denen man sich befindet.

Es gibt so viele derartige Zeichen, daß sie hier nicht alle erwähnt werden können. Jeder Mensch ist einzigartig, und deshalb treten bei verschiedenen Menschen auch unterschiedliche Reaktionen auf. Beobachte dich, und lerne deine Körpersprache in den verschiedenen Situationen kennen. Hast du vielleicht gerade beim Lesen dieses Kapitels eine derartige Wahrnehmung verspürt? Nutze die heiligen Gaben dieser inneren Technik und Körperweisheit, um den Zugang zu deiner Wahrheit zu finden.

*Bitte gebrauche das Geschenk
deines Lebens weise.*

Tachyon-Energie –
Der neue Weg zu körperlicher Heilung und geistiger Entwicklung

Christian Opitz

UNBEGRENZTE LEBENSKRAFT DURCH TACHYONEN

Die neue Tachyon-Technologie des Amerikaners David Wagner ist das Tor zur „Medizin der Zukunft" und hat bereits Tausende begeisterter Anwender gefunden.

Christian Opitz ist der führende Experte in Deutschland. Seine Beispiele aus der Praxis belegen das großartige Potential dieses Verfahrens, das die Intelligenz und universelle Kraft der kosmischen Urenergie für jeden Menschen direkt nutzbar macht.

Er zeigt, wie Tachyon-Energie nicht nur für das körperliche Wohlbefinden, sondern auch zur Lösung emotionaler Blockaden und zur geistigen Entwicklung eingesetzt werden kann.

„Ich bin Christian Opitz sehr dankbar für das vorliegende, mit sehr viel Fachwissen und flüssig geschriebene Buch. So bringt er auf seine Weise den Menschen das näher, was sie ins nächste Jahrtausend begleiten wird. Es ist das Jahrtausend der Tachyon-Energie, die, so Gott will, nur zum Wohl der Menschen benutzt wird."

Herbert Hoffmann

128 Seiten, gebunden
DM 24,– / SFr 22,– / ÖS 175,–
ISBN 3-929475-34-0

Für weitere Literatur zu diesem Thema besuchen Sie HANS-NIETSCH-VERLAG im Internet: www.nietsch.de
oder fordern Sie unser Verlagsprogramm an: Poststraße 3, D-79098 Freiburg

Zeitenwende in den Zellen

Tashira Tachi-ren
DER LICHTKÖRPER-PROZESS
12 Stufen vom dichten zum lichten Körper

Die mittlerweile auch von Wissenschaftlern anerkannte Schwingungserhöhung der Erde und ihrer Bewohner hat nicht nur Auswirkungen auf das Bewußtsein des Menschen, sondern transformiert auch seinen physischen Körper. Erzengel Ariel beschreibt die zwölf Stufen des „Lichtkörper-Prozesses" und gibt Erklärungen für die vielfältigen körperlichen Symptome, die auf dem Weg vom „dichten zum lichten Körper" auf jeder Stufe auftreten. Es wird klar herausgestellt, daß dieser Lichtkörper-Prozeß keine spirituelle Technik für eine „esoterische Elite" ist, sondern alle Menschen und den Planeten Erde betrifft. Ariel gibt uns Werkzeuge, Techniken und kraftvolle Invokationen, die uns in dieser Zeit des Übergangs helfen. Dieses Buch ist die ideale Ergänzung für das „Handbuch für den Aufstieg" von Tony Stubbs.

„Die beste Erklärung des Lichtkörper-Prozesses, und sie kommt direkt von Erzengel Ariel. Eine Pflichtlektüre für jeden Lichtarbeiter!"

Tony Stubbs

128 Seiten, gebunden
DM 24,– / SFr 22,– / ÖS 175,–
ISBN 3-929475-66-9

Für weitere Literatur zu diesem Thema besuchen Sie EDITION STERNENPRINZ im Internet: www.sternenprinz.de oder fordern Sie unser Verlagsprogramm an: Poststraße 3, D-79098 Freiburg